能源转换的
政治经济学分析

宁留甫／著

NENGYUAN ZHUANHUAN DE
ZHENGZHI JINGJIXUE FENXI

 吉林出版集团股份有限公司

图书在版编目（CIP）数据

能源转换的政治经济学分析 / 宁留甫著. -- 长春：吉林出版集团股份有限公司，2015.12（2025.4重印）

ISBN 978 - 7 - 5534 - 9791 - 4

Ⅰ. ①能… Ⅱ. ①宁… Ⅲ. ①能量转换－政治经济学－研究 Ⅳ. ①F407.2

中国版本图书馆 CIP 数据核字（2016）第 006913 号

能源转换的政治经济学分析

NENGYUAN ZHUANHUAN DE ZHENGZHI JINGJIXUE FENXI

著　　者：宁留甫

责任编辑：矫黎晗　杨　鲁

封面设计：韩枫工作室

出　　版：吉林出版集团股份有限公司

发　　行：吉林出版集团社科图书有限公司

电　　话：0431 - 86012746

印　　刷：三河市佳星印装有限公司

开　　本：710mm×1000mm　　1/16

字　　数：215 千字

印　　张：14.5

版　　次：2016 年 4 月第 1 版

印　　次：2025 年 4 月第 3 次印刷

书　　号：ISBN 978 - 7 - 5534 - 9791 - 4

定　　价：65.00 元

前　言

石油、煤炭、天然气、核能、水能、风能和太阳能等能源，共同构成了一次能源。这些不同的能源形式虽然都可以提供能量，但在不同国家和不同时代，使用一种能源而不是另一种能源，一种能源使用数量的多少和比例高低，从来都不是纯粹由主观决定的。迄今为止，人类社会已经历了两次能源结构的大转换，第一次是薪柴居首的能源结构向煤炭居首的能源结构的转换，第二次是煤炭居首的能源结构向石油居首的能源结构的转换。近来天然气和可再生能源的发展，在某种程度上预示着能源结构新一轮转换大幕的开启。

本书运用归纳与演绎相结合的方法、历史研究法和案例研究法，以经济学和政治经济学的理论为分析基础，通过对历史上两次能源大转换的回顾，总结出能源转换的一般成因和影响，并将其运用到对初现端倪的新一轮能源大转换的分析上。

能源转换是各种经济和政治因素共同作用的结果。能源结构转换的成因大致包括五个方面：新旧能源的供求态势变化、新旧能源的相对价格变化、政策的变革、技术进步、能源品质变化。

需要强调的是，政策变革会对能源转换的进程起到加速或拖累的作用。从表面上看，能源转换似乎是个市场自发作用的过程，由"看不见的手"完全操控。但实际上，政府这只"看得见的手"也无时无刻不在发挥作用。国家出于维护自身安全和促进经济发展的需要，会对生产和使用一种能源而不是另一种能源作出整体上的安排。随着全球化的发展、国际关系的演进和大国竞争的加剧，一国的能源结构不再完全由该国自身决定，而是越来越多地受到其他国家、国际组织和跨国公司等国际行为体的影响。最为明显的是，一国政府会为了达到影响甚至控制特定对象国的战略目的，而有意通过相关政策影响对象国的能源结构及其变迁。

能源转换的影响不仅体现在经济层面，同样也体现在政治层面。经济层面的影响，主要表现为推动长期经济发展；政治层面上，能源转换影响和塑造国际权力和地缘政治格局。不仅如此，能源转换还产生货币方面的影响。在第二次能源大转换中，能源转换为美元霸权的确立奠定了基础。而货币问题并不仅仅是经济和金融的问题，也是一个政治问题。

率先完成能源转换的国家，往往能够获得其他国家所不具备的经济和政治先发优势，这种优势是其成为国际体系中领导国家的重要筹码。率先完成第一次能源大转换的英国和率先完成第二次能源大转换的美国，都从能源转换中获得了后来者难以比拟的经济、政治、军事甚至是货币上的优势，对各自掌握世界霸权助益良多。

就新一轮能源大转换而言，虽在能源安全、气候和环境变化等问题的驱动下初现端倪，却仍面对价格、政策和技术等一系列因素的羁绊，前景仍未充分明朗。新一轮能源大转换的影响只是刚刚开始隐约浮现出的冰山一角，更全面、更深刻、更真实的影响还有待能源转换进程的进一步推进，留待日后观察。单从历史的视角来看，其很可能带来国际体系的新一轮重构，远远超出当前已经展现的水平。

目　录

第一章 导 论

第一节 问题的提出

一、概念辨析

（一）能源

关于能源，并没有一致认可的定义。在此仅列举一些较有代表性和权威性的说法。能源在《辞海》上的全称是"能量资源"，指能够从中获得各种形式能量的一切自然资源。中国的《能源百科全书》将能源定义为能够直接或间接提供人类所需的任何一种形式能量的载能体资源。《日本大百科全书》称能源是可利用来作为热能、机械能、光能、电能等能量源泉的自然界中的各种载体。上述定义都提到了能量这个概念。维基百科对能量给出的定义是"某一个物理系统对其他的物理系统做功的能力"。在中国古文字中，周代流行的大篆字体清晰地显示出"能"的本义是熊，由熊在冬眠时长期不吃东西引申出有能力和能量的含义。

综上，能源是一切能够直接或间接提供热、光、电、动力等能量形式的自然资源。简单地说，能源即能量的来源或载体。能源包括许多类型，主要有以下几种分类方法：

按照是否天然存在，能源分为一次能源和二次能源。前者也称初级能源，指自然界天然存在的能源，如薪柴、煤炭和石油等。后者是由一次能源加工转换而成的能源，如电力等。

按照是否是化石或碳氢能源，能源分为化石能源与非化石能源。化石能源就其化学构成而言，属于碳氢化合物或其衍生物，包括煤炭、石油和天然气，它们都是由古代动植物的化石经过漫长演化形成的。除化石能源外的其他能源形式都是非化石能源。

按照消耗过程中的污染程度，能源分为污染型能源与清洁型能源。前者包括煤炭、石油等，后者包括电力、水力、风能、太阳能和核能等。所谓清洁能源并不是完全无污染，只是污染程度与煤炭和石油相比大大降低。而且，如果从全生命周期的角度来看，即从每一种能源形式产生的源头直至最终被消耗的全过程，清洁能源也是有污染的。

按照是否可再生（或可耗竭），能源分为可再生能源（或称再生能源、非耗竭能源）和不可再生能源（或称非再生能源、耗竭能源）。可再生能源是能够持续得到补充或可在较短时间内再产生的能源，包括生物质能、风能、太阳能和水能等；反之就是不可再生能源，包括煤炭、石油和天然气等。

按照使用类型，能源分为常规能源和新型能源。技术完善、成熟，使用比较广泛的能源称为常规能源或传统能源，刚刚开始开发利用的能源叫作新型能源或新能源。就当前而言，常规能源包括薪柴、水能、煤炭、石油和天然气等，新能源包括风能、太阳能、海洋能、地热能和氢能等。

（二）能源转换

迄今为止的研究中，能源转换包括两个范畴：一个范畴指的是能源结构的转换，体现主导能源和次要能源的历史动态变迁；另一个范畴指的是同一能源利用形式的转变，是一个相对静态的概念。笔者在本书所讨论的能源转换主要是第一个范畴意义上的能源转换。

格茹布勒（2008）指出，当能源消费的水平、结构和（或）品质发生改变时，就发生了能源转换。除了能源来源的变化外，重要的（指主要的或中级的）能源转换常常伴随着新技术带来的能源服务提供方式的变化。[1]

福盖特（2010）将主要的能源转换界定为经济的一种激进转变，甚至是创造新的文明类型。这样就在文明的性质和能源之间建立起直接关联。中级的能源转换是从一种能源体系或结构（包括能源的生产、分配和消费）到另

---

[1] Arnulf Grubler："Energy transitions"，http://www.eoearth.org/view/article/152561/，2013年3月12日访问。

一种能源体系或结构的转变。中级的能源转换可能导致能源消费发生显著改变，有望带来经济的重要转变。微小的能源转换指在能源消费的水平或品质上没有重大变化的那种转换。①

斯米尔（2010）指出，关于能源转换并没有正式的或普遍接受的定义。能源转换这个词最常用来描述一次能源供应的组成或结构的变化，指的是从能源供应的一种特定模式向一种能源体系的新状态的逐步转变。他认为能源转换的重点应该是它的过程，而不仅仅是它的初始和结束状态。斯米尔认为，对于能源供应结构变革的研究应该包括三个方面：通常的研究聚焦于转换的时间，即从一种新的一次能源的引入到占整体市场的较大份额，或者变成本地、国家或者全球能源的单一最大份额或支配性供应来源所需的时间。除上述质变之外，还应对能源转换过程中能源绝对数量的变化进行密切研究。能源转换还应研究的是那些取代动物和人类肌肉、将初级能源转化为动能或机械能的机械装置，斯米尔将其称为 prime movers。②

在这个范畴中，衡量某次能源转换是否完成的标志，主要是看新旧两种能源在能源结构中的占比变化，一般以新的能源形式在整体能源消费结构中占比是否超过旧有能源居首位为标志。不过，需要注意的是，新能源在整体能源结构中占比超过了旧有能源，并不一定能在能源的所有应用领域中占优。

再来看另一个范畴的能源转换。百度百科关于能源转换的定义指的是适应生产和生活的需要来改变能源形式（即物理形态）的工艺过程。为了提供适合消费者需要的能源，往往需要将从自然界直接获得的一次能源转换成易于运输、分配和利用的二次能源，最后变为实际上存储于产品或体现在服务中的有效能。一般来说，与一次能源相比，二次能源的终端利用效率更高，使用更便利、更清洁，然而在热转换过程中会伴随程度不一的转换损失。

能源转换同样有许多类别。按影响程度，分为主要的（大型的）能源转换和次要的（中型或小型的）能源转换。大型能源转换意味着，在世界整体范围内，处于主导地位的一次能源由一种能源形式转换为另一种能源形式。

---

① Fouquet，R.：*The slow search for solutions：Lessons from historical energy transitions by sector and service.* Energy Policy，38(11)，2010，p. 6588.

② Smil，V.：*Energy transitions：history，requirements，prospects.* Santa Barbara，California：ABC-CLIO，2010，pp. vii—viii.

迄今为止，大型的能源转换只发生过两次，第一次是从薪柴向煤炭的转换，第二次是从煤炭向石油的转换。中型能源转换是在处于主导地位的一次能源未发生变化的情况下，二次能源结构发生的重大、系统性的变化。以向电力时代的转换为例，之所以说它是中型能源转换，是因为电力是煤炭这个一次能源所生成的二次能源。微型和小型能源转换比比皆是。比如，照明燃料从鲸油到煤油，再到电的转换；石油从单一的煤油到汽油、燃料油、柴油等多种油品的使用转换；煤炭的清洁利用；汽车燃料从汽油到柴油，再到混合动力，直至纯电动；发电燃料从煤炭到石油、天然气、核能等的转换以及刚刚崭露头角的风能、太阳能和生物质能等，诸如此类不可胜数。正在轰轰烈烈展开的美国"页岩革命"，在能源结构意义上指的是作为非常规油气资源的页岩气和页岩油日益侵蚀常规油气资源的比例，其本质还是油气资源，因此只能算是小型能源转换。

按地理范围，分为单个国家、一组国家和世界整体的能源转换。能源转换发生在一个或几个国家，与发生在整个世界的影响是截然不同的。以法国为例，核能在 1992 年超过石油成为最主要的一次能源，法国从此进入核能时代。核能对于法国来说意义重大，占法国一次能源结构的 42.7%（2010 年），提供了法国 75% 的电力。但就世界整体而言，核能在一次能源中仅占 5.7%，提供了全球电力需求的 12.9%（均为 2010 年）。也就是说，核能对于世界尽管很重要，但绝非像在法国那样起引擎和支柱作用。

从供求来看，分为能源消费结构的转换和能源生产结构的转换。要注意，是能源的消费结构而不是生产结构反映着本国内部社会生产、生活的实际需要。与能源消费结构相比，本国能源生产结构仅仅受制于本国政府和企业关于是否生产某种能源以及生产多少的决定，其转换相对容易。这一点在欧盟的能源结构上表现得比较明显。2013 年，欧盟 28 国的一次能源生产结构是：核能占 28.7%，可再生能源占 24.3%，煤炭为主的固体燃料占 19.7%，天然气占 16.7%，原油占 9.1%。[①] 尽管如此，欧盟的能源消费依然绝对依赖化石能源，石油牢牢占据首位。2011 年，欧盟的能源消费结构是：石油占

---

① Eurostat："Energy production, 2003 and 2013", http://ec. europa. eu/eurostat/statistics-explained/index. php/File：Energy_production,_2003_and_2013_(million_tonnes_of_oil_equivalent)_YB15. png # filehistory，2015 年 10 月 24 日访问。

35％，天然气占 24％，以煤炭为主的固体燃料占 17％，核能占 14％，可再生能源占 10％[①]。生产与消费结构的差异体现出欧盟对于进口能源较高的依赖程度上。

能源转换既是静态或结果意义上的，也是动态或过程意义上的。从一种新的能源取代旧有能源成为主导能源，直到其主导地位被另一种能源取代的漫长过程中，能源结构并不是一成不变的，而是随着各种能源供求态势的变化而变化。在一次能源结构不变的情况下，二次能源结构也会出现巨大变化。电力是最具典型性的二次能源形式。自 19 世纪 70 年代起，世界进入电力时代，二次能源的消费结构随之深刻改变。时至今日，一次能源直接使用的比例持续降低，相反将其转化为电再进行使用的比例则越来越高。

二、选题意义

能源转换问题属于能源问题的范畴，是能源问题的一个侧面和维度。研究能源转换的意义，首先要从能源问题本身的意义说起。

长期以来，能源在主流经济学界并无立足之地，甚至都未被视为生产要素的一部分。经济学家研究能源时更多关注能源价格对短期经济增长和通货膨胀的影响。这种状况与能源的实际地位和作用很不相称。

事实上，能源是人类文明和社会的基石，为其提供能量和动力。"能源机制塑造了文明的本质，决定了文明的组织结构、商业和贸易成果的分配、政治力量的作用形式，指导社会关系的形成与发展。"[②] 能源具有不可替代性。不管在什么年代、什么国家，能源的供应不足，都会对社会的正常运行带来巨大的系统性冲击，供应中断可能导致国家和文明的崩溃。在人类社会尚未进入煤炭时代时，拥有丰富的森林资源成为国家长久存续的重要保障。布罗代尔曾经指出，"欧洲强盛的原因之一是它利用了良好的林木条件，而在很长一段时间内，伊斯兰国家相对地因为林木资源的匮乏和逐渐枯竭而衰落"。

（一）能源是经济增长的根基

能源是经济增长不可替代的根基。然而，正是由于能源对于经济增长和

---

① The European Commission:"Energy challenges and policy",http://ec.europa.eu/europe2020/pdf/energy2_en.pdf,2013 年 11 月 12 日访问。

② ［美］杰里米·里夫金：《第三次工业革命》，张体伟、孙豫宁译，中信出版社 2012 年版，第109 页。

发展所起的作用太过基础，以致在正常状态下往往被忽视甚至误解。

提到能源消费与经济增长的关系，"资源诅咒"或"能源诅咒"的话题无法回避。最先提出"资源诅咒"概念的学者理查德·M. 奥蒂提出，"能源诅咒指与自然资源匮乏的国家相比，自然资源富足的国家经济增长反而更慢。丰富的资源不仅不是国家经济发展的有利条件，反而是一种限制和诅咒"。对特定时期的部分资源富足的国家而言，情况的确如此。相反，诸如法国、德国和日本这样的资源贫乏的国家都在二战后成长为国际舞台上重要的大国，也支持了上述说法。

其实，资源本身的充裕，虽不必然保证一国的成功发展，但也绝非国家发展的天然破坏力量；资源的匮乏，在一定情况下可能激发一国的持续变革和创新，最终实现发展，但显然并非所有资源匮乏的国家都能成功发展。若将考察的国家样本和时间段扩展到工业化及工业化前期的发达国家，就不难发现在最近几十年短暂历史的基础上提出的所谓"资源诅咒"远非"放之四海而皆准"。泥炭丰富的荷兰、煤炭丰富的英国和德国、煤炭和石油均丰富的美国，在各自发展的黄金时期都大大受益于资源的丰裕，经济增速远高于同期资源匮乏的国家。遗憾的是，这些相距久远但却十分关键的事实从未进入"资源诅咒"论者的视野。

即使是那些曾经陷入"资源诅咒"的国家，也应一分为二地看待。20 世纪80 年代中后期，国际油价大跌，致使严重依赖石油出口换取硬通货和维持国家财政收入的苏联经济步履维艰，苏联解体与此不无关系。然而，同样是借助能源出口，俄罗斯经济摆脱了濒临破产的窘境。伴随油价上涨，俄罗斯 2005 年提前偿还了拖欠国际货币基金组织的所有债务，2006 年还清拖欠巴黎俱乐部的全部贷款①。2000—2008 年间，俄罗斯的经济腾飞基本上是建立在能源和武器产品输出的基础之上。主要依靠能源收入，俄罗斯的黄金和外汇储备从 2004 年到2008 年全球金融危机前夕猛增 6.8 倍，经受住了资本大量外流的冲击。

能源的供应状况和能源价格与通货膨胀和物价水平密切相关。特定的时间和事件为我们提供了观察能源影响的极好窗口。20 世纪 70 年代西方世界的高通胀，正是 1973 年和 1979 年两次石油危机的直接后果。西方发达资本

---

① 童伟：《抵御经济危机的国家安全气囊——俄罗斯财政预算稳定机制分析》，《俄罗斯中亚东欧研究》2010 年第 4 期。

主义国家在二战后出现的"黄金二十年"经济增长因此宣告结束，取而代之的是令人头疼的经济滞胀。再以 20 世纪 20 年代的德国恶性通胀为例。当时盛产煤炭的鲁尔是德国经济赖以运作的能源基地。然而，1923 年年初，法国和比利时出兵强占鲁尔，导致爆发"鲁尔危机"。德国煤炭产量的 88％、生铁产量的 96％和钢材产量的 82％旁落他人，全社会由此出现严重的物资短缺。"鲁尔危机"发生后，德国宣布总罢工，政府靠印钞向罢工矿工提供资金，流通中的货币数量激增，直接造成德国的通胀由加速阶段进入失控式狂飙阶段[①]。尽管这次德国超级通胀的直接原因是货币滥发，但更深层次的原因则是"鲁尔危机"造成的能源短缺。

（二）能源深刻塑造国际权力与地缘政治格局

能源深刻塑造国际权力与地缘政治格局。在某种程度上，石油是战争的缘由，也决定了战争的结果。一战爆发后，除了作为主战场的西欧，在东欧的罗马尼亚、高加索和里海之滨的巴库这两个主要的石油产地，在紧邻波斯的伊拉克巴士拉、北海、北大西洋和苏伊士运河等石油运输通道，战斗也异常激烈。二战中，石油发挥了比一战中更为重要的作用，甚至这次大战都可以称为"石油大战"。驻欧美军在二战中消耗的汽油是一战中的一百倍。一战中，美军一个师一般所需的动力为 4000 马力，二战中这一数字激增至 18.7 万马力。在轴心国方面，对外争夺石油是它们发动战争的主要原因之一，最后又都因为石油资源的匮乏而战败。由于石油短缺，当时出现了许多匪夷所思的交通和作战工具。德国专门研制出使用煤炭做燃料的坦克，不仅外形奇怪，而且作战效率也不及使用石油的常规坦克。1944 年秋开始，德国空军就只能得到其最低汽油需求量的 1/10。1945 年 3 月开始，德国的航油完全停产，日本本土石油供应也完全断绝。战争结束前，德国的部分陆军卡车只能靠公牛拉动才能前进，日本甚至号召本国居民在全国挖松树根以提炼油料。驻日盟军总司令麦克阿瑟前往"密苏里号"军舰上接受日本投降时，乘坐的日方提供的汽车由于缺乏汽油而只能用焦炭驱动。[②]

---

① ［美］查尔斯·P. 金德尔伯格：《西欧金融史》，徐子健、何建雄、朱忠译，中国金融出版社 2007 年版，第 326—345 页。

② ［美］丹尼尔·耶金：《石油风云》，东方编译所、上海市政协翻译组译，上海译文出版社 1997 年版，第 418—461 页。

如果没有石油，现代战争根本无法开展。资料显示，一个士兵平均每天的耗油量情况如下：苏军在二战中为 0.73 千克；美军在 1945 年柏林战役期间为 2.6 千克；美军在 1950—1953 年的朝鲜战争中为 18 千克；英军在 1982 年的马岛战争中为 200～230 千克；美军在 1991 年的海湾战争中为 700～750 千克①。在 2001 年的阿富汗战争中，美军 B-2A 轰炸机从美国本土往返战场一次耗油高达 300 吨。在 2003 年的伊拉克战争中，美军整体日耗油量超过 5 万吨②。很多时候，人们往往注意到战争"烧钱"的一面，而忽视"烧油"的一面。

目前，除核动力航空母舰和核潜艇外，几乎所有军事机器都以石油为主要燃料和动力来源。例如，一艘常规动力的航空母舰油耗为 16.8 吨/小时，M1A1 主战坦克油耗约为 1 吨/小时③。没有石油，任何"高精尖"军事装备都只是一堆废铜烂铁。这正是美国国防部成为世界上排除国家后最大的单一石油消费者的原因所在。

20 世纪 70 年代的石油危机发生后，能源在全球范围内上升为事关国家安全的高政治性议题。时任美国国务卿的亨利·基辛格放言，"谁控制了石油，谁就控制了所有国家"。进入 21 世纪以来，以中国、印度为代表的新兴市场国家经济迅速发展，对于石油等资源的需求呈现爆发式增长，能源的政治地位更加凸显。2003 年的伊拉克战争和 2011 年的利比亚战争都和石油有着千丝万缕的联系。美联储前主席艾伦·格林斯潘 2007 年在其回忆录《动荡时代：新世界中的冒险》中直言不讳地揭露，"布什政府'发动伊拉克战争主要是为了石油'是'人所共知的事实'，只不过政府在政治上不便承认"④。

谈到能源的影响，不得不提的是俄罗斯和沙特这两个国家。在相当长的时间里，全球最大油气出口国的身份确保俄罗斯在国际能源地缘政治格局中占据重要地位，成为俄罗斯政治大国地位的重要保证。2013 年，欧盟进口原

---

① 高春翔编：《新军事革命论》，军事科学出版社 1996 年版，第 63 页。
② 杨志伟：《推进信息化 提升保障力》，《解放军报》2005 年 1 月 25 日。
③ 尹成国、冯连勇、王建良：《美国军事用油现状分析》，《国际石油经济》2011 年第 8 期，第 56—57 页。
④ 李贝卡："格林斯潘：美国打伊拉克为的就是石油"，http://news.sina.com.cn/w/2007-09-21/190313944563.shtml，2013 年 2 月 21 日访问。

油的 33．5％、进口固体燃料的 28．8％和进口天然气的 39％来自俄罗斯[1]。2011 年，欧盟 27 国进口能源的 27.8％来自独联体，其中主要是俄罗斯。这是俄罗斯掌握的重要地缘政治筹码。而由于三成进口能源来自俄罗斯，欧盟在处理对俄关系时就无法像美国那样相对超脱。石油给沙特带来的利益显而易见。在 20 世纪 30 年代发现石油之前，沙特国王只能借债度日。大量石油的陆续发现使沙特摇身一变成为世界石油市场的"执牛耳者"。自 20 世纪 70 年代起沙特一直坚持出口石油以美元标价结算的政策，这使得保守的沙特王室，获得了美国最大程度的庇护和支持，坐拥巨大的石油财富，沙特顺理成章地成为国际货币基金组织的第七大出资国和 20 国集团的成员。

总之，当今世界"能源已经成为政治和经济力量的通货，是国家之间力量等级体系的决定因素，甚至是成功和物质进步的一个新的筹码"[2]。

（三）能源转换的历史与现实意义

能源转换确保了能源供应的稳定性，从而能够持续满足人口增长和经济发展的需要。由此来看，能源本身具有的经济和政治意义自然内嵌于能源转换之中。

不仅如此，大规模的能源转换作为漫长历史发展的产物，具有更为深远的意义。它往往意味着国际格局的重大变迁：随着煤炭取代薪柴成为主要能源，英国逐渐掌握世界霸权，以英国为首的资本主义国家相继开展工业革命，积极推进远洋贸易和殖民掠夺，广大亚非拉国家则不幸沦为殖民地半殖民地；随着石油取代煤炭成为主要能源，英国霸权衰落，美国取而代之，以美国为首的西方阵营在二战后再次迎来经济的黄金发展期，美苏争霸和东西方冷战以美国和西方的胜利而告终。如今，天然气和可再生能源的发展，在某种程度上预示着能源结构新一轮转换大幕的开启。正是基于对历史的深邃认识，目前欧美发达国家纷纷积极投身于能源结构的转换进程。

回顾历史是为了更好地抓住现在和把握未来，研究外国是为了更好地服务中国。就中国而言，在人均能源消费仍处于快速增加阶段，同时环境压力

---

① Eurostat："Main origin of primary energy imports，EU-28，2003—13"，http：//ec. europa. eu/eurostat/statistics-explained/index. php/File：Main_origin_of_primary_energy_imports，_EU-28，_2003％E2％80％9313_（％25_of_extra_EU-28_imports）_YB15. png，2015 年 10 月 24 日访问。

② ［美］保罗·罗伯茨：《石油的终结》，吴文忠译，中信出版社 2005 年版，前言。

愈发沉重的背景下，能源供应和能源结构调整的压力巨大。虽身为全球第一大能源消费国，中国的能源结构却位于最落后国家之列，能源转换的进程远远落后于发达国家。尽管中国在清洁能源方面是全球最大的投资国，仍不能掩盖中国能源结构和能源转换落后的事实。结合历史的经验和横向的对比，这种状况不能不引起深深的担忧。因此，客观地展现历史上主要的能源转换，揭示其成因和影响，对于中国认清形势和把握未来，具有极强的现实意义。

三、选题目的

在上述背景下，本书试图回答的问题是：能源转换的基本动因是什么？或者说，是什么因素促成了能源转换？能源转换又产生了什么影响？

关于能源转换，人们往往存在很多的认识盲点和误区。主要的问题包括：第一，为什么要推进能源转换？或者为什么要以一种能源取代另一种能源？对此抱有疑问者认为没有必要以一种能源取代另一种能源，否认存在打破能源利用既有状况的理由。第二，什么因素会推动或促成能源转换？能源转换在哲学意义上究竟是自发的还是自觉的？是客观的产物还是主观调控的结果，抑或兼而有之？第三，能源转换影响何在？

上述第一个问题和第二个问题实质上是同一个问题。能源转换的发生和过程并非完全是有意为之的结果。在静态条件下，或者说在某个确定的时刻，如果能源市场上供求关系十分顺畅，整体社会经济没有出现大的非周期性的波动，国家的战略安全和自然环境并未受到根本威胁，技术没有革命性的突破，在这些条件下主动去推进能源转换无异于"拔苗助长"，是注定要失败的。换句话说，能源转换的发生一定是上述几个方面的条件出现了变动。

相比于西方国家的人们，中国人更容易提出上述问题，或者说更容易对这些问题的产生和提出本身发出质疑。这背后有特殊的背景。中国历史上长期处于薪柴主导的能源结构之中，真正的能源转换只有20世纪中期完成的从薪柴时代向煤炭时代的转换，这使得当今的多数国人对于能源转换这一概念本身十分模糊。而且，自新中国成立以来并未真正遭遇过堪与20世纪70年代西方两次石油危机相比的能源危机，对于西方在石油危机后长期采取的节约石油、摆脱石油依赖的措施的必要性和系统性缺乏直观感受和切身体会。

第三个问题，即能源转换的影响，常常为人们所忽略。人们对于先后出现的英国霸权和美国霸权往往并不陌生，却对能源和能源转换在英美霸权中所起的作用知之甚少。这其中部分原因是年代久远所致，部分原因是对于能源的选择性遗忘和偏见所致。

如今，在第三次能源大转换端倪显现的时代背景下，探讨能源转换问题具有极强的现实意义。通过对能源转换历史的回顾和梳理，对能源转换成因和结果的探讨和总结，有助于人们全面认识第三次能源大转换及其所带来的影响。而只有在正确认识的基础上，才能把握机会并合理应对。

第二节 文献述评

一、能源转换相关问题的文献综述

(一) 国外对于能源转换的研究

国外关于能源转换的研究主要有以下几种路径。

1. 定量分析不同能源间的替代关系和程度

在经济学研究中，能源往往不被视为一种单独的生产要素。少数人将能源作为一种生产要素，研究能源与资本、劳动等要素之间的替代关系。对于不同能源间替代关系的研究就更少。Marchetti（1977）提出了一次能源替代的综合模型[1]。Smil（2000）指出，根据 Marchetti 的模型，每种能源都需要后续新的能源形式对其进行替代，否则，最后一种能源最终需要满足全球所有能源的供应，这种假设具有一定的不合理性。因为能源的替代具有相对性，不同能源之间并非绝对的替代关系[2]。

后来对于能源替代的经济学分析主要借助弹性这一工具。众所周知，一种能源的价格和其自身的供求均衡状况互相影响。与此同时，由于煤炭、石

---

① Marchetti, C.: Primary energy substitution models: on the interaction between energy and society. *Technological Forecasting and Social Change*, 10 (4), 1977, pp. 345—356.

② Smil, V. "Perils of long-range energy forecasting: reflections on looking far ahead". *Technological Forecasting and Social Change*, 65 (3), 2000, pp. 251—264.

油和天然气等不同能源在作用上的相似性，一种能源的价格和供求关系的变化也会对其他类型能源的价格和供求关系产生影响。不同能源间价格和需求变动的关系以需求交叉弹性表示。若交叉弹性为正，则两种能源为替代关系；若交叉弹性为负，则两种能源为互补关系；若交叉弹性为零，则两种能源为独立品。

Pindyck（1979）研究了 10 个发达国家的煤炭、石油、天然气和电力市场，发现煤炭在四种能源形式里自身价格弹性最大，而电力恰恰相反。在这 10 个国家里，煤炭和石油、煤炭和天然气之间能源交叉弹性都为正，即存在替代关系，而其他品种间则存在互补关系。煤炭与石油的交叉弹性小于煤炭与天然气的交叉弹性。最明显的是西德，天然气和煤炭的交叉弹性高达 4.73。煤炭与石油间替代弹性最高的是美国，其中煤炭的石油价格弹性为 0.92，石油的煤炭价格弹性为 0.9[1]。Renou-Maissant（1999）对 1960—1993 年间七大工业国工业部门的能源间替代效应的分析结果显示，长期来看，石油和电力在除美国外的六国都是替代品，而天然气和电力在所有国家都是替代品[2]。Söderholm（2000）以西欧电厂所使用的燃料为例进行分析，指出西欧电厂在石油与天然气间存在明显的短期互相替代，而英国和西班牙的电厂所用石油的煤炭价格交叉弹性也很明显。他由此提出了能源灵活性或能源柔性的概念，意指厂商根据能源相对价格的变化在不同类型的能源之间进行选择，以实现能源成本最小化。能源灵活性增强了经济部门面对能源供应中断的反应能力，还造成能源之间因价格变化引起的短期竞争，从而降低能源成本[3]。Cho 等人（2004）对韩国的研究发现，煤炭与石油之间存在替代性，电力与煤炭和石油之间存在互补性。对替代性的影响最大的是石油价格的变化，影响最小的是煤炭价格的变化[4]。在上述对不同能源间替代弹性的计算中，最常用的方法是超越对数成本函数模型及线性 Logit 模型。

---

[1] Pindyck，R. S. "Interfuel substitution and the industrial demand for energy: an international comparison". *The Review of Economics and Statistics*，61（2），1979，pp. 169—179.

[2] Renou-Maissant，P. "Interfuel competition in the industrial sector of seven OECD countries". *Energy policy*，27（2），1999，pp. 99—110.

[3] Söderholm，P. "Fuel flexibility in the West European power sector". *Resources Policy*，26（3），2000，pp. 157—170.

[4] Cho，W. G.，Nam，K.，& Pagan，J. A. "Economic growth and interfactor/interfuel substitution in Korea". Energy Economics，26（1），2004，pp. 31—50.

总的来看，定量研究显示，不同能源间的确具有替代性，但替代程度的强弱存在一定差异，这种差异主要体现为四个方面：国别之间、行业之间、短期效应与长期效应之间、不同时间跨度之间。

2. 定性研究特定国家、地区、行业或领域的能源转换

Leach（1992）研究了发展中国家居民部门里现代能源形式对于传统生物质能的替代。这一过程高度取决于城市的规模和城市居民的收入水平，因为上述能源转换的主要障碍就是，现代能源的利用渠道缺乏和使用成本高昂，能源的相对价格则显得不那么重要。他指出，"非常微小的、低成本的干预，或者市场条件的变化，只要能改善配送现代能源的基础设施并且持续提高收入水平，就能大大加速能源转换在正常发展过程中的'自然'步伐"[1]。

Kern 和 Smith（2008）对荷兰政府 2001 年实施的第四次全国环境政策计划的实施效果进行了评估，该计划的目的之一正是通过对能源体系转换进行干预，以重建具有革新能力的能源系统。他们研究发现，该计划对日常能源政策只产生了有限的影响，主要是由于受到现有能源系统的掣肘，使得该计划的初衷并未完全实现。例如，现有能源系统的支配地位影响到计划关于实施主题、推进路径和实验项目的选择标准，从而并未为全新的能源实践提供足够的空间，如有关节能生活方式的实验就没有出现。最终结果是只能在现有能源系统的基础上进行优化，而并没有出现熊彼特所谓"创造性破坏"那样激进的结构革新[2]。

3. 整体上研究能源转换的原因、特征及前景

能源转换发生的原因是研究关注的焦点之一。由于能源转换是个宏大的历史过程，影响能源转换的因素多种多样。

范登堡和奥斯特修斯（2005）将能源转换分为自发的能源转换和引导的或目标导向的能源转换。历史上多数能源转换都是自发的[3]。

O'Connor（2010）提出，技术创新是能源转换的主要驱动因素。然而，

———————

[1] Leach, G., "The energy transition". *Energy policy*, 20 (2), 1992, pp. 116—123.

[2] Kern, F., & Smith, A., "Restructuring energy systems for sustainability? Energy transition policy in the Netherlands". *Energy Policy*, 36 (11), 2008, pp. 4093—4103.

[3] Jeroen C. J. M. van den Bergh & Frans H. Oosterhuis; "An Evolutionary Economic Analysis of Energy Transitions", http://www-sre. wu. ac. at/ersa/ersaconfs/ersa05/papers/823. pdf, 2013 年 5 月 23 日访问。

技术必须与需求、与政策制定者和消费者的决定相结合。政治的、经济的、文化的和地理的因素塑造了对于能源服务的需求，以及对于提供这些服务的技术的选择。他指出，美国的能源消费体系是在空气污染对于健康的影响被充分认识、气候变化被认为是一个问题之前发展起来的。而建立在资源充裕和忽视能源使用负面效应基础上的能源系统是不值得作为效仿对象的。①

Elias 和 Victor（2005）指出，收入是能源转换的主要驱动力，其他因素如人口密度、竞争性燃料的可获得性也影响能源选择。尽管能源转换与经济增长之间的相关程度很高，但它们之间的因果关系，即谁为因谁为果则很难确定。②

Fouquet（2010）提出，能源转换的主要动力是提供更便宜的或更好的能源服务的机会；在大多数情况下，成功的新的能源来源或技术能够以更好的或额外的特性（如更容易使用、更清洁或使用起来更灵活）提供同样的服务（如加热、发电、交通或照明）；平均来看，由传统能源向新能源的革新链条花费超过一百年，扩散过程将近五十年；低碳能源来源和技术因其较低的环境影响而被重视，它们将逐步发展并最终与化石燃料相竞争；然而，由传统能源向新能源的转变要想发生，低碳能源来源和技术将必须提供更加便宜的能源服务，这可能通过碳税或可交易的认证途径达到；基于历史的经验，向低碳经济的完全转变可能会非常缓慢③。

蒙哥马利（2012）提出能源转变的六大基本要素和条件：严峻的政治经济形势带来的变革需求；供应充足、可靠且能够大规模利用的替代能源的出现；能源优势，如更高的效率或能量，更灵活地使用，更安全、更小的副作用；具备经济优势，可以赢得公众在观念上和财力上的支持；具备能使新的资源变得实用的新技术，甚至在性能、成本和适应性上全面占优；具有优秀的倡导者、投资者、开发者和营销者。这些因素和条件可以简化为，短缺、

①　Peter A. O'Connor："Energy Transitions"，http：//www. bu. edu/pardee/files/2010/11/12-PP-Nov2010. pdf，2013 年 4 月 3 日访问。

②　Rebecca J. Elias & David G. Victor："Energy Transitions in Developing Countries：a Review of Concepts and Literature"，http：//www. trunity. net/files/158401_158500/158492/elias-and-victor-2005. pdf，2013 年 4 月 7 日访问。

③　Fouquet，R. "The slow search for solutions：Lessons from historical energy transitions by sector and service". *Energy Policy*，38（11），2010，pp. 6586—6596.

社会经济不稳定和技术共同促成新的选择（转变）。他指出，以往的能源更替，均由一种在六大方面均占优势的能源进行主导。如今，新的能源选择还必须具备环境优势，这种优势甚至被认为是决定性的。未来，能源多元化将占主导。地缘政治、能源价格的剧烈波动以及对污染、公众健康、环境和气候变化的担忧将在越来越大的程度上塑造能源转变。在新的转变中，社会利益将首次优于能源利益①。

一些学者描述了能源转换所具有的特征。

Hughes（1987）指出，对于能源体系可持续的一个挑战是，一旦具有变革能力的能源资源——石油、煤炭、天然气、核能和水电在工业化社会的社会、技术和经济层面深深扎根，它们都将对被替换的前景高度抵制。

Smil（2010）指出，任何一种新的一次能源形式从引入到上升至一国或全球能源市场20％～30％的比例，都需要花费几十年甚至几个世纪。生物质能、风能和太阳能发电尽管已经在能源系统中存在了几十年，然而它们加在一起也只占当今世界一次能源消费总量的1％。能源转换是内在复杂的、难以驾驭的长期事务，特别是在那些人均能耗已经很高、拥有大规模和耗资不菲的基础设施的大国。当今社会要想从对化石能源的依赖转向碳中性的可再生能源，至少需要几十年的时间，而不是几年。目前广泛存在的开明的政治意愿将大大加速这种能源转换的期望，将是一种危险的幻觉。未来三四十年里，可再生能源能够在一次能源结构中占到多大比重，不仅取决于对于革新的承诺，还取决于我们的决心和意愿，即是否愿意节制我们的能源消费。Smil以美国为例指出，"更多的能源消费并不意味着更多的个人幸福，1947年美国的人均能耗还不到目前水平的一半，但民意测验显示个人的幸福感受实际上并没有变化"。不过他也明确承认减少能源使用将受到人们广泛抵制，尤其是在政治现实上不可接受。

他认为，能源成本很明显是任何一种能源体系可用性的关键决定因素，原因是只有高额的能源回报才能造就出拥有大量闲暇时间的富足社会。然而，能源价格通常不是由自由市场运作决定的，因为能源行业（尤其是石油行业

① ［美］斯科特 L. 蒙哥马利：《全球能源大趋势》，宋阳、姜文波译，机械工业出版社2012年版，第20—21页。

和核电行业）整体上一直都是政府补贴、税收优惠和特殊管制的最大受惠者[①]。

能源转换的前景或方向也是学者普遍关注的问题，观点众多，见仁见智。

萨尔瓦多（2005）指出，预计在 21 世纪尤其是 21 世纪上半叶，化石燃料将继续是世界能源消费的主要来源。不过，人们将逐渐放弃煤的直接燃烧利用，转而对煤炭进行清洁利用。随着 21 世纪下半叶油气产量的减少，煤炭将能够取代汽油成为主要的运输燃料。在更远的未来，随着技术问题的解决，煤炭、氢、核电和水电，将成为全世界的主要能源。[②]

海夫纳三世（2013）指出，能源大转型始于 19 世纪中叶的液体燃料替代固体燃料，此后二百年内将逐渐过渡到气体能源时代的最后阶段。气体能源可以确保人类文明的可持续生存与发展。他认为，如果不考虑政治因素，能源大转型的最后阶段将最终在 2050 年完成。[③]

国际能源署署长范德胡芬（2013）表示，能源结构的演化，受到政策选择、技术进步、能源价格和经济增长等诸多因素的影响。化石能源在能源转型的漫长周期内将一直担当重要角色。相比其他化石能源，供应充分的天然气作为清洁燃料，需求将会有更快的增长。煤炭存在严重的负面效应，是空气污染和二氧化碳排放的来源。煤炭在未来能源结构中的位置，有赖于政府的取舍。全球范围内石油消费将更加集中在交通运输和石化两个行业。[④]

4. 从能源转换角度看全球的发展和霸权变迁

André Siegfried（1928）指出，英国声望和实力如日中天的维多利亚时代（1837—1901 年）实质上是一个煤炭时代。只要煤炭实际上仍是唯一的燃料，只要英国的煤矿保持准垄断地位，英国的工业就能保持几乎无人匹敌的地位。而这正是英国能够在不太好的基础和有限的领土上孕育出一个日益增

[①] Smil，V. *Energy transitions：history，requirements，prospects. Santa Barbara，California：ABC CLIO*，2010，pp. 1—153.

[②] ［美］阿莫斯·萨尔瓦多：《能源：历史回顾与 21 世纪展望》，赵政璋等译，石油工业出版社 2007 年版，第 139—156 页。

[③] ［美］罗伯特·海夫纳三世：《能源大转型》，马圆春、李博抒译，中信出版社 2013 年版，第 4—5 页。

[④] 张旭东："专访国际能源署署长范德胡芬：未来油价会高位运行"，《第一财经日报》2013 年 12 月 27 日 T34 版。

长的工厂系统，并养活越来越多严重依赖进口食物的人口的原因。[①]

Podobnik（2006）在考察了世界历史研究的传统后，从三个角度看待能源转换，即国家层面的地缘政治对抗、公司层面的商业竞争和群体层面的社会冲突。这三个层面都包含相对平静和相对混乱两个时期。相对平静的时期通常都有一个大国或霸权，而相对混乱的时期通常都是原有霸权衰落，新的霸权尚未出现。世界秩序从相对平静走向相对混乱，将会显著影响全球能源体系。在世界秩序混乱的时期，全球能源体系最容易发生根本性变化。他认为，英美两国的霸权秩序都依赖各自关键能源的增长。两国引领新的能源体系发展的率先成就，使它们在面对争霸过程中的竞争者时拥有巨大的优势。这种资源优势决定谁能在战争中获胜。在霸权确立后，对能源的分配推动了国家间联盟的形成，提高了由领先国家维持的政治秩序的合法性。[②]

Mert Bilgin（2008）根据主导能源的不同，将工业革命以来的历史分为煤炭时代（18—19 世纪）、石油时代（20 世纪）、石油时代晚期（20 世纪末21 世纪初）和后石油峰值时代（21 世纪）。有意思的是，他将能源来源、国际秩序和能源贸易条件联系在一起。在煤炭时代，能源领域的霸权国家是英国，法、德两国作为竞争者和有影响的国家，能源贸易中起支配地位的硬通货是黄金和英镑；在石油时代，能源领域的霸权国家是美国，俄罗斯、OPEC 和欧盟作为竞争者和有影响的国家，能源贸易中起支配地位的硬通货是美元和苏东的易货贸易；在石油时代晚期，能源领域的霸权国家缺失，供应方的 OPEC 和俄罗斯，需求方的美国、欧盟、中国和印度作为竞争者和有影响的国家，能源贸易中起支配地位的硬通货是美元加上使用量日增的欧元和日元；在后石油峰值时代，能源领域的霸权国家是多中心的，美国、欧盟、中国、OPEC、俄罗斯及其他非 OPEC 产油国和拟议中的天然气 OPEC 都是竞争者和有影响的国家，能源贸易中起支配地位的硬通货是由美元、欧元、卢布和人民币组成的"一篮子货币"，并且还可能出现一种新的国际货币或一个"亚洲货币篮子"。[③]

① Siegfried, A. "The Passing of England's Economic Hegemony". *Foreign Affairs*, 6 (4), 1928, pp. 525—540.

② Podobnik, B. *Global energy shifts*. New Delhi: TERI Press, 2006, pp. 1—16.

③ Bilgin, M. "Energy Supply Security Problems and Alternative Solutions". Working Paper, Turkey's Strategic Vision in 2023 Project, Istanbul, TASAM, 2008.

Scott Jiusto（2009）指出，那些最好地利用能源体系转换所带来的科学、商业和军事潜力的国家，收获了建立在持续的社会和环境变革基础上的财富、帝国和世界秩序。无论是 19 世纪的英国还是 20 世纪的美国，都是基于获取、控制和发展各自时代领先的能源资源而增强其经济和军事潜力。[①]

（二）国内对于能源转换的研究

国内对于中国能源转换的研究在 21 世纪前并不多见。这可能是两个原因所致：其一，中国的能源消费结构一直是煤炭占绝对主导地位，并不像发达国家和部分发展中国家经历过从煤炭主导的能源结构向石油主导的能源结构的转换，国人对此缺乏直观感受。其二，能源问题在 21 世纪前还不是中国经济的焦点，当时的能源供求形势远不像今天这样紧迫。

当时仅有的少数研究主要是从历史研究和国别研究的角度切入，介绍其他国家能源转换的历史。如杨国玉（1994）从历史的角度分析了美国的主导能源由薪柴过渡到煤炭，再过渡到石油和天然气的原因。

近十年来，国内关于能源和能源结构的研究逐渐增多，主要是因为随着中国经济的快速增长，面临的能源供应压力和能源安全挑战越来越大，能源问题本身成为"显学"；另一方面，传统的高投入、高耗能、高污染、高排放的经济增长方式越来越难以为继，环境压力日益凸显。

相关研究主要沿着以下几个路径展开。

1. 对能源替代和转换问题进行一般性分析

张玉卓（2008）对同一市场上两种能源的价格博弈分析发现，不同能源间的价格和供应不仅受自身成本和功能的影响，也受另一能源相关参数的影响。一种能源的供求与自身成本呈负相关，与另一能源的成本呈正相关。不过，他所研究的是不存在能源供给能力约束条件下的价格博弈。[②]

杨敏英、吴滨（2010）提出了增量替代和存量替代的说法，认为煤炭和石油的发展很大程度上是增量替代，即它们的发展创造出新型产业或部门，使得能源消费总量达到新高度，而现阶段的能源替代在很长一段时间内以存量替代

① Jiusto, S. "Energy transformations and geographic research". In Castree, Noel, et al. eds, *A companion to environmental geography*, West Sussex: Blackwell Publishing Ltd., 2009, pp. 533—551.
② 张玉卓：《共存市场中的能源替代博弈研究》，《煤炭学报》2008 年第 2 期，第 232—236 页。

为主，发展新能源主要不是致力于满足新型行业的需要。他们认为，能源替代本质上属于技术创新的范畴。不同能源形式之间的替代往往要通过技术进步的推动形成新的生产可能性曲线。在历史上主要的能源替代中，新技术的出现发挥决定性作用。在现阶段的能源替代中，技术创新的作用更加明显。他们还提出了现阶段能源替代内在机制的三个方面：价格机制是能源替代的基本动力；能源替代面临路径依赖的制约；能源替代需要互补性资产的完善。[1]

2. 关于改变中国以煤为主的能源结构的必要性

王安建、王高尚（2002）将能源结构与经济发展阶段联系起来，提出石油、天然气和煤炭的消费比例是经济发展阶段的标志。工业化早期使用的能源以煤炭为主，中后期以石油为主，末期以天然气为主。化石能源结构演变历史中隐含着经济发展历程、经济结构变迁的信息。他们（2008）又进一步通过对英、法、美、日、韩、俄、印、中八个国家以及全球一百多年来经济发展与能源消费相关关系的研究，系统总结出能源消费与经济社会发展的规律。并以此为基础，展望全球能源供需趋势和市场格局，提出了保障我国能源安全和持续发展的思路和对策。他们指出，中国的能源消费尚未摆脱传统工业化不可持续的模式，在能源结构调整方向上，以煤为主的能源结构必将逐步改变。用煤炭占 2/3 的能源结构实现中国的现代化，不论从资源、环境和经济发展效率等各方面看都是不可取的，也是不可持续的。[2]

刘戒骄（2003）指出，优质能源取代劣质能源是工业化进程中的一个必然趋势。拥有丰富煤炭资源的中国将逐步放弃以煤为主的能源结构，实现能源的优质化，洁净煤技术也只能建立在这个基础上。这个过程可能耗时几十年，对此必须清醒认识，并将其马上纳入国家能源战略。[3]

王顺庆（2006）指出，中国丰富的煤炭资源和低廉的煤炭价格，是出现以煤炭为主的能源结构的主要原因。他从这样的能源结构带来的环境污染、生态破坏和高能耗三个方面来论证其不合理性，提出改善我国能源结构的政策建议。[4]

---

[1] 杨敏英、吴滨：《我国石油替代的战略选择》，《经济研究参考》2010 年第 51 期，第 41—44 页。
[2] 王安建、王高尚等：《能源与国家经济发展》，地质出版社 2008 年版，第 300—304 页。
[3] 刘戒骄：《从战略视角把握中国的能源结构调整》，《中国能源》2003 年第 6 期，第 17—23 页。
[4] 王顺庆：《我国能源结构的不合理性及对策研究》，《生态经济》2006 年第 11 期，第 63—65 页。

刘清志、王臻（2012）指出，中国存在能源结构失衡问题。过高的煤炭消费比例导致中国二氧化碳排放量持续上升，而且使得石油、天然气和清洁能源难以发挥更重要的作用，无法应对未来煤炭短缺造成的经济风险和能源问题。因此中国有必要调整能源结构。[①]

3. 关于改变以煤为主的能源结构的可行性

王建（2005）指出，中国的能源消费结构向以石油为主的转换面临两个因素的长期限制。其一是世界资源的不可能性，即世界石油资源远远不能满足中国的巨大需求。其二，大规模进口石油容易引发国际冲突，在政治上不安全。因此从长期来看，中国将很难出现西方国家工业化过程中经历的能源结构转换。这一点与刘戒骄的立场几乎针锋相对。王建指出，考虑到煤炭资源相对丰富，中国的未来发展必将更多地依赖煤炭来满足能源需求，石油消费比重的降低将是长期趋势。他称中国必须提高对环境保护的投入，以确保中国经济能借助煤炭在传统工业化的道路上走出足够长的时间。[②]

卫建林（2008）指出，美欧指责中国的温室气体排放，其用意是限制中国利用自己的煤炭资源发展工业，使中国继续大量依赖进口石油。这是诱使欧洲能源结构从煤炭转向石油，从而控制欧洲的"马歇尔计划"的中国版，是维持目前国际政治经济秩序的老套路。中国煤炭资源相对丰富，在降低煤炭在能源结构中地位的同时发展经济，短期内并不现实。[③]

4. 关于中国能源结构变迁的前景和途径

王安建、王高尚（2002）认为，只有依靠超常规的节约型能源消费模式，加快实现能源和产业的全球配置、建立节约型消费理念、全面发展节能技术、变革生活方式和进行超常规的能源管理，才能实现中国的现代化。他们提出，大力发展核电也许是控制中国煤炭消费和环境问题的最有效途径。[④]

刘戒骄（2003）指出，改变中国以煤炭为主的能源结构需要相当长的时间，煤炭将长期作为一种主要能源而发挥作用[⑤]。

---

① 刘清志、王臻：《低碳背景下中国能源结构调整思考》，《中国石油大学学报》（社会科学版）2012年第1期，第13—14页。
② 王建：《能源结构转换困难与未来环境挑战》，《煤炭企业管理》2005年第11期，第13—14页。
③ 卫建林：《能源与国际格局》，《红旗文稿》2008年第2期，第9—12页。
④ 王安建、王高尚等：《能源与国家经济发展》，地质出版社2008年版，第300—304页。
⑤ 刘戒骄：《从战略视角把握中国的能源结构调整》，《中国能源》2003年第6期，第17—23页。

卫建林（2008）对洁净煤技术寄予厚望，希望这样能减少对美国控制的中东石油的依赖。此外，他还提出城市中"轿车进家庭"的口号不符合中国国情。①

林伯强（2012）指出，在相当长一段时间里，新能源都无法对常规能源在量和价上进行具备实质意义的替代。通过进口能源来满足国内能源需求也不可行。中国作为一个经济大国，不能把经济增长和现代化置于不确定的能源环境和对外高度依存的基础上。而要避免大量进口能源，就只能减缓能源需求的增长。②

刘清志、王臻（2012）指出，中国的能源结构很难在短期内发生突破性改变，这是因为煤矿开采技术的成熟和资源的便利性赋予煤炭价格极大的竞争力。不过，尽管如此，在适当范围内减少煤炭的消费比例、增加其他能源的比例还是可行的。③

徐小杰指出，煤炭在中国能源结构中最理想的比例是低于 50％。他指出，煤炭本身的利用成本在所有能源中最低。这决定了煤炭消费规模的居高不下，也扼杀了其他清洁能源的发展空间。要解决中国能源结构问题，需要提高煤炭价格，计入煤炭利用的环境成本。④

5. 关于能源与货币的联系

在国内学者中，管清友（2010）率先对于能源和货币之间的关联作出了开创性研究。他认为，核心能源的转换往往与主要出口国国家地位的波动及其货币的国际化的过程一致。这其中的联系可以解释为：由于工业化对能源的需求，大量的能源出口增加出口国的国民财富，提供了大量的资本，对该国国家实力的提升起到了重要作用。能源出口国要求进口国支付本位币或者本国货币，这就促进了本位币和本国货币的国际化。

他指出，一国货币要想成为国际货币甚至关键货币，通常遵循计价结算货币—储备货币—锚货币的基本路径，而与国际大宗商品，特别是能源的计

---

① 卫建林：《能源与国际格局》，《红旗文稿》2008 年第 2 期，第 9—12 页。

② 林伯强：《能源经济学视角的科学发展观的理论探索》，《经济研究》2012 年第 3 期，第 154—159 页。

③ 刘清志、王臻：《低碳背景下中国能源结构调整思考》，《中国石油大学学报》（社会科学版）2012 年第 1 期，第 14 页。

④ 马建胜：《"让煤炭成为贵能源是治本之道"——专访中国社科院世界经济与政治研究所能源研究室主任徐小杰》，《中国电力报》2014 年 3 月 20 日第 2 版。

价和结算绑定权往往是货币崛起的起点。能源贸易量在总贸易量中所占比重一直很高。在贸易活动和金融实践中，一国经济活动与能源贸易的结合度是决定该国货币地位的重要因素，包括向世界范围的能源出口或控制全球范围内最重要能源供给的能力，以及该国是否拥有该能源的国际定价权等，能源绑定往往成为国家崛起和本国货币充当国际货币的助推剂。

在工业革命之前，能源和货币绑定的关系尚未清晰显现。工业革命及机器大工业的产生和发展，极大地刺激了能源需求总量的急剧增长，能源绑定与关键货币的关系表露无遗。1840 年，英国率先完成工业革命，也是煤炭成为主体能源最早的国家。19 世纪中叶，英国的煤炭产量已占到世界总产量的2/3 左右，成为世界煤炭供给的主要来源地，完全左右了世界煤炭市场。随着欧洲国家先后完成了工业革命，重工业迅猛发展，对英国煤炭的需求猛增。很大程度上，工业革命之所以从英国发端并蓬勃发展，是因为其丰富的煤炭储藏量。由此所带来的能源控制力，对于推动巩固英镑的关键货币地位起到了不可或缺的作用。当时金本位制下的英镑地位显赫，以至于国际贸易中大多数商品以英镑计价，国际结算中 90% 使用英镑，许多国家的中央银行国际储备是英镑而不是黄金。

美元后来能够取代英镑而成为关键货币，除了受益于两次世界大战外，也伴随着石油对煤炭的核心能源更迭。尽管美国今天不是世界主要的石油出口国，但美国保持了对世界油源的强力控制，以及掌握国际石油期货市场的定价权，因此美元得以持续垄断大宗石油贸易交易的媒介地位，并以此巩固美元本位制。

二、现有研究存在的问题

（一）未能全面正确认识能源转换本身的性质和意义

前文引述的研究成果显示，学者们对于能源转换的研究角度五花八门，出发点和遵循的路径各异，所得出的结论自然也千差万别。这种情况的出现，主要是由于学者们对于什么是能源转换存在分歧。有的从经济学意义上两种能源产品简单替代的角度进行研究，赋予能源价格很大权重；有的从技术角度看待，认为能源转换本质上是个技术问题（Landes，1969；杨敏英、吴滨，2010）；有的从大国霸权变迁的宏大高度去分析。考虑到能源本身的多重属性，很难去说哪个角度的研究是不对的。因此本书需要做的是理清能源转换的本来面目和发展历程，对其进行全面分析和研究。

其实，能源转换本质上解决的是能源供应问题。能源转换本身不是目的，而是保证能源供应的革命性和历史性手段。历史上的重大能源转换，都发生在旧有能源的供应遇到重大困难的背景下。通过能源转换，才确保了人类社会生产力持续快速发展对于能源的需求。

（二）研究样本在时间长度和覆盖广度上往往过于局限和狭窄

定量分析不同能源间的替代与互补性，这类研究的一个共性特征是，研究的样本时段太短，缺乏足够的历史跨度，而且都是 20 世纪七八十年代以来的样本，所研究国家已经完成了以煤炭为主导的能源结构向以石油为主导的能源结构的转变。在这种已经实现了稳态化的能源结构里进行的模拟研究，其现实意义并不是很强。

对于特定国家、地区、行业或领域的能源转换的研究，有助于更全面、深入、具体地了解能源结构转换，不过优点也正是其缺点，关注的对象过于狭窄。

国内对于能源转换的研究，多集中在工业经济和技术经济领域。而且新中国成立以来，由于我国以煤炭为主导的能源结构长期保持稳定，既未经历过真正的能源危机，也未经历过能源结构的变迁，国内研究者的视野因此普遍受到局限，对于世界范围内整体能源结构转换的研究并不多见。

从能源转换角度对全球发展和霸权变迁的相关研究让人耳目一新，不足之处在于更多的只是指出了现象，未进一步深入探讨。

第三节 命题、结构与理论

一、命题与思路

本书隐含的基本命题是：能源转换是各种经济和政治因素共同作用的结果，新一轮的能源转换还需要很长时间才能实现。能源转换的影响不仅体现在经济层面，同样体现在政治层面。在能源转换上具有先发优势的国家往往能在国际竞争中处于有利地位，在一定条件下成为国际体系的主导国家。

能源转换涉及价格变化、供求形势、技术进步、产业结构、国家政策和地缘政治等诸多因素。考虑到许多发展中国家都曾遭遇"资源的诅咒"，能源禀赋虽然重要，但并不是能源转换唯一的、决定性的因素。

本书将从对于能源结构及其转换的概念界定开始。回顾历史上曾经发生过的仅有的两次能源结构的重大变迁，通过研究这两次变迁的机制和特征，以及这两次变迁的动因和影响，以期对当前已现端倪的新一轮能源转换提供借鉴。

钱穆先生曾说过，"在现实中发现问题，到历史中寻求答案"。本书正是遵循这一思路的产物。新一轮能源结构的转换要想顺利启动并完成，换言之，非常规油气和非化石能源要想从目前微不足道的地位上升到一个可观的水平，甚至超过常规油气资源的地位，同样也要像历史上的两次能源转换需具备价格、技术、能效和政治上的优势。由于这些优势并不完全具备，这个过程必定需要很长时间。

历史很难简单重复。目前的时代，是以石油为首的能源多元化的时代，任何一种单一的能源都不再占有绝对的优势；是世界多极化的时代，任何一个单一的国家都不再拥有绝对的霸权；是环保深入化的时代，任何过去的时代都不像今天这般关注环境问题。对中国而言，加快经济发展的压力和从能源结构角度改善环境的压力都非常大。如何平衡甚至取舍，将考验人们的智慧和创造力。

对于上述问题，笔者也没有简单的答案，而是相信从历史中最能得到真知灼见。笔者认为，能源结构转换对中国而言并非仅仅是迫于"别有用心"的外部压力和日益增加的国内公众压力的无奈之举，而是指出这样一个事实：率先完成并主导能源结构转换的大国，会形成一种先发优势，而且这种优势会自我增强。这种优势是多方面的，有技术的、人才的，也有货币的、资本的，还有政治的、战略的。

二、框架结构

第一章为导论。第一节是问题的提出，包括概念辨析、选题背景、目的及意义。要厘清的概念包括：什么是能源？区分一次能源（或初级能源）与二次能源、化石能源与非化石能源、可再生能源与不可再生能源、传统能源与新能源等不同分类范畴。什么是能源结构（energy mix/structure）？能源的生产结构与消费结构。不同能源种类之间的替代与互补关系。世界范围的能源供求格局。什么是能源转换？静态或结果意义上的能源转换、动态或过程意义上的能源转换。单个国家、一组国家和世界整体的能源转换。第二节为文献述评。第三节为文章的命题、结构、理论基础与方法。

第二章为能源转换的简史和特征。第一节为世界一些国家的能源转换简史。第二节阐述能源转换的特征。

接下来的第三至第六章以时间顺序为轴，从成因和影响两个角度去探讨能源转换。

第三章为英国及其他国家以煤炭为主的能源结构的成因和影响。

第四章为美国及其他国家以石油为主的能源结构的成因和影响。

第五章为能源转换成因和影响的总结。这里是从上述两章也就是第一次和第二次能源大转换，得出的有关能源转换的一般成因和影响。

第六章为第三次能源大转换的端倪。分析结构依然分为成因和影响两个部分。考虑到第三次能源大转换仍仅处于大幕初启的阶段，转换方向未明，耗时长度未知，不像前两次能源大转换那样已经成为历史，该章的前两节因此分别论述第三次能源大转换的有利因素和不利因素。第三节对第三次能源大转换端倪的影响的探讨因此也极为局限，主要是由于时间太短，其潜在和后续影响尚未明确显现，因此只能就已经产生的局部和短暂影响进行分析。

最后为结语。在简要回顾历史上能源转换的成因、影响和第三次能源大转换之后，对中国能源转换的相关问题进行探讨，包括中国推进能源转换的必要性、有利条件和阻力，以及中国能源政策的相关调整等。

三、理论基础及研究方法

（一）理论基础

能源问题研究的理论根基十分薄弱。用英国著名国际政治经济学专家苏珊·斯特兰奇的话说，"能源基本上仍是一个尚未开拓的研究领域"。能源问题专家主要关心市场在短期内的前景，以及考虑政府和公司如何做作出最恰当的反应，经济理论家也不十分热衷将理论运用于能源市场。"不仅仅是经济学家的理论几乎没有为这种国际事件的走向发挥过引导作用，而且政治学或国际关系学的一般理论家也不习惯于从全球市场的角度考虑能源这种强大的力量。"她认为，能源问题"典型得好像许多社会科学学科中间一块无人涉足的荒地，一块还没有任何主要理论学科去开拓和占领过的地区"①。虽然斯特兰奇上述言论出现在 1994 年的著作里，但她所说的情况至今依然没有太大改观。

正是由于缺乏专门研究能源问题的明确理论，且单一一种理论很难解释清楚本书的所有论题，因此本书构建了一个理论基础的综合体。

能源转换的成因部分，主要建立在价格和需求理论的基础上。众所周知，在经济学中，就单一商品而言，商品的价格取决于其供求情况。当供给难以满足需求时，商品的价格必然上升。需求数量随着价格的下跌而增加，随着价格上涨而减少。就两种替代商品而言，一种商品价格上涨必然导致对替代品的需求上升。约翰·希克斯指出，要素相对价格的变动会引起技术变化。在现有技术暂时难以改变的情况下，某种生产要素的价格提高，会促使企业以价格较低的生产要素取代价格上涨的生产要素。如果这种要素相对价格的变化形成长期趋势，企业就会持续寻求能以日益廉价的要素替换日益昂贵的要素的新方法或新技术。

需要注意的是，价格上升带来供给增加、价格下降带来供给减少的供给规律或者说价格对于供给的反馈作用并不适用于能源转换。一种能源被另一种能源所替换，正是因为前者的供给遇到了日益严重的瓶颈，这时价格继续上升并不会带来供给的增加。

由于能源转换并非完全由价格和供求所决定，因此分析的理论框架也不能局限于价格和需求理论。本书将以霸权稳定论和分利联盟理论等为补充，这些理论能够从不同侧面部分解释历史上能源转换发生或延迟的原因。

能源转换受到政策因素的影响。其中一个方面是，一国出于控制其他国家的动机而有意引导其他国家的能源转换方向和进程。在新现实主义国际政治经济学的霸权稳定论中，按照吉尔平的分析，国家始终具有三种类型的目

---

① ［英］苏珊·斯特兰奇：《国家与市场》，杨宇光等译，上海人民出版社 2006 年版，第 201—203 页。

标：第一个目标是领土征服，这是历史上的主要目标。第二个目标是"通过使用威胁和高压政治手段，组织联盟国以及建立排他性的势力范围来创立一种国际政治环境和国际体系的规则"，扩大对其他国家行为的影响。第三个目标是对世界经济和国际分工施加影响甚至实现控制，这一目标在现代日益重要[1]。吉尔平认为一个强国统治的合法性取决于三个因素：第一，必须赢得最近的霸权战争，并在战后签订确立国际现状的条约和章法。第二，必须提供公共产品，表现为国际经济金融秩序和安全架构。第三，在价值观、意识形态或宗教方面得到支持[2]。霸权国家的政策在利己的同时，也使那些接受国际秩序现状的国家获得好处[3]。历史上，既利于霸主领导又利于世界经济发展的时段只有两次：第一次从 1815 年到 1914 年，为大英帝国统治下的和平时期；第二次从 1945 年开始，美国主导了国际秩序的确立[4]。

能源转换的滞后与特定利益集团的阻挠有关。奥尔森提出"分利联盟"概念，指的是由一批希望采取集体行动来增加自身收入份额而不惜损害社会利益的个人所形成的特殊利益集团。一个社会政治稳定的时间越长，就越可能发展起强大的分利联盟。分利联盟会降低社会运用新技术的能力，阻挠资源的再分配，"建立起来的进入壁垒、决策的缓慢和互利的讨价还价降低了经济的活力和经济增长率，分利集团也会提高管制、官僚主义和对市场的政治干预"[5]。这一思想对于分析新兴能源逐步取代旧有能源地位过程中所面临的旧有能源相关利益集团的阻力时十分有用。

能源转换的影响部分，主要运用国际政治经济学的理论。国际政治经济学的主流范式一般分为三种：以"霸权稳定论"为代表的新现实主义，其理论来源是经济民族主义，主张"市场要服从国家利益，政治因素确定（或至少应该决定）经济关系"；以"相互依存论"或"国际机制论"为代表的新自由主义，其理论来源是经济自由主义，认为"政治与经济存在于不同的范围，

---

[1] ［美］罗伯特·吉尔平：《世界政治中的战争与变革》，宋新宁、杜建平译，上海人民出版社 2007 年版，第 29—30 页。

[2] 同上书，第 40 页。

[3] 同上书，第 150 页。

[4] ［美］罗伯特·吉尔平：《国际关系政治经济学》，杨宇光译，经济科学出版社 1989 年版，第 89 页。

[5] ［美］曼瑟·奥尔森：《国家的兴衰——经济增长、滞涨和社会僵化》，李增刚译，上海人民出版社 2007 年版，第 71—77 页。

起码从理想化的角度看应该如此",坚持市场不应受到政治的干预;以"依附论"和"世界体系论"为代表的新马克思主义,其理论来源是马克思主义,认为"经济推动政治的发展"①。"尽管这三大理论对某些具体细节问题的见解南辕北辙",但"它们在其他方面是互为补充的,一齐为解释清楚国际政治经济的动力和功能而提供了重要精辟的论证"②。

具体而言,研究基于马克思主义国际政治经济学的资本主义世界体系国际分工理论、新自由主义国际政治经济学的非对称性相互依存理论和新现实主义国际政治经济学的霸权稳定论。

能源作为天然存在的劳动对象,属于生产资料的范畴,是生产力中物的因素。在马克思主义政治经济学理论中,马克思的《政治经济学批判》只完成了对于资本、土地所有制和雇佣劳动的研究,而对于国家、生产的国际关系和世界市场的研究并未最终完成。在《德意志意识形态》中,马克思指出:"一个民族的生产力发展的水平,最明显地表现于该民族分工的发展程度。任何新的生产力,只要它不是迄今已知的生产力单纯的量的扩大(例如,开垦土地),都会引起分工的进一步发展。"他称,"各民族之间的相互关系取决于每一个民族的生产力、分工和内部交往的发展程度"③。生产力决定生产关系。很明显,马克思在这里已经将生产关系的概念扩展到民族和国家之间,而不局限于一国内部社会生产总过程中的生产、分配、交换和消费等关系。他的意思可以理解为,新的生产力的出现会影响一国在国际分工中所处的地位,进而改变一国在国际关系中的地位,最终引起国际体系整体结构的改变。

马克思的相关论述被新马克思主义的依附论和世界体系论进一步阐明。新马克思主义学者多斯桑托斯称:"不同国家间在经济上相互依赖,然而依赖的程度却并不相同。一些国家的经济发展取决于其他国家的发展,是其他国家发展的反映和结果。这样,前者就成为依附国,后者则是统治国。"④

沃勒斯坦的世界体系理论强调,不同国家之间的分工和发展是不平衡的,

---

① [美]罗伯特·吉尔平:《国际关系政治经济学》,杨宇光译,经济科学出版社 1989 年版,第 34 页。

② 同上书,第 81 页。

③ 《马克思恩格斯选集》(第 1 卷),人民出版社 1995 年版,第 68 页。

④ [巴西]特奥托尼奥·多斯桑托斯:《帝国主义与依附》,杨衍永等译,社会科学文献出版社 1999 年版,第 302 页。

因此国家可以分为中心区国家、半边缘区国家和边缘区国家。每一时期的中心国家往往成为霸权国家，根据自己的成本和收益对世界经济体系进行等级分配。与此同时，中心国家也会变成半边缘国家，半边缘国家会变成边缘国家。[①]

在新自由主义国际政治经济学理论框架中，基欧汉和奈认为，"依赖是指受到外部力量支配或极大影响的一种状态"。依赖分为均衡的彼此依赖（或称纯粹对称）、纯粹依赖和介于两者之间的非对称性相互依赖。行为体的依赖性越低，权力就越大。在这三种依赖方式中，最为常见的是非对称性相互依赖。不对称性程度如何，取决于一个行为体对另一个行为体的敏感性和脆弱性的大小。敏感性指在政策不变的情况下，受外部冲击或事件影响的程度大小，脆弱性指在外部冲击发生后，改变政策进行应对的能力高低和代价大小。[②]

除此之外，本书还尝试用企业管理中的先行者优势理论（或称首动者优势、先发优势，first mover advantage）去分析首先完成能源结构转换的国家相对于其他未进行这种转换或转换速度较慢的国家所具有的竞争优势。

先发优势的概念最初指的是一个新市场中的第一个进入者或第一个品牌。在更一般的意义上，先发优势指在博弈中第一个采取行动的局中人相对于后采取行动的人所拥有的优势。在序列博弈中，各博弈方按照先后次序行动，先动者获得的收益比后来者要大。马库森（1990）指出，在一国率先进入规模报酬递增行业或领域后，其投入的资本相对于最终产品形成一种补充的特殊化了的投入，从而导致先发国进入下一阶段的动力大大加强。同时，由于先发国在最初阶段取得的生产率优势，后进国可能完全不能进入同一部门，即使实现进入，其水平也远低于先发国的企业。这样，后进国与先发国的差距会不断拉大[③]。曹亮（2007）提出了"要素性先发优势"的概念，指像自然资源、人力资源先开发等要素优势。其形成的根本原因不是单纯的要素禀

① ［美］伊曼纽尔·沃勒斯坦：《现代世界体系》（第1卷），罗荣渠等译，高等教育出版社1998年版，第462—464页。

② ［美］罗伯特·基欧汉、约瑟夫·奈：《权力与相互依赖：转变中的世界政治》，门洪华译，北京大学出版社2002年版，第11—19页。

③ Markusen, R., First Mover Advantages, Blockaded Entry, and the Economics of Uneven Development. *National Bureau of Economic Research*. NBER working paper, No. 3284, 1990, pp. 26—28.

赋优势，而是要素开发的先后和能力[1]。总的来看，先发优势的来源主要包括技术优势、资源优势和市场优势。

当然，后发者在一定条件下也能获得后发优势。相较而言，先行者具有的规则和标准创制的"特权"或优势是后来者无法企及的，尽管后发优势的重要性不容否认，但先行者优势的意义可能更大。

（二）研究方法

能源问题既是一个经济问题，也是一个政治问题，单单用经济学或政治学的方法去研究能源问题都是不完善的。本书采用的正是政治经济学的分析方法，将经济与政治分析实现有机结合。

归纳与演绎相结合的方法。本书在研究历史上主要能源转换的基础上，归纳出能源转换的特征、动因，并在此基础上进行演绎推理，对第三次能源大转换进行分析。

案例研究方法。能源转换的历史极其漫长，涉及范围极其广泛，笔者不可能把所有的转换过程都作为研究对象，而只能择其要，选择标志性的、经典的案例进行研究。

---

[1] 曹亮：《先发优势和后发优势——简论中国在东亚区域经济一体化进程中的战略定位和选择》，《财贸经济》2007 年第 3 期，第 24—28 页。

第二章 能源转换简史和特征

第一节 世界一些国家的能源转换简史

自人类文明诞生直至公元 1500 年前后，人类社会一直处于薪柴、风帆、畜力和人力共存的时代，可以称为前化石能源时代。或者以该时代主要的能源形式薪柴来命名，简称为薪柴时代。16 世纪以来，全球一次能源结构的重大转换（即大型能源转换）发生过两次：一次是首要能源从薪柴等生物质能到煤炭的转换，一次是首要能源从煤炭到石油的转换。一般把从煤炭在能源结构中的比例超过薪柴到煤炭被石油超过这段时间称为煤炭时代。与此对应，石油时代自石油在能源结构中的比例超过煤炭时开始算起。如果以占首位的能源来为时代命名，目前显然仍处于石油时代。但石油时代与煤炭时代的显著差别在于：煤炭时代里的大多数时间，煤炭在能源结构中的占比都超过50%，最高时甚至超过 70%；石油时代中石油占比最高时也不超过 50%。因此，比石油时代更准确的说法应该是化石能源时代或者以石油为首的能源多元化时代（如图 2-1 所示）。

不同国家的能源结构与能源转换情况与国家所处的发展阶段密切相关，相互之间千差万别。因此要将所有国家的能源结构与能源转换情况拿来逐一分析是十分困难的，也往往缺乏横向的可比性。实际上，这种囊括所有国家的分析也是不必要的。因为决定整个世界能源结构与能源转换情况的通常是经济社会发展水平处于领先地位的少数国家。自 1500 年以来，西方引领和塑造着世界的能源结构形态与能源转换进程。有鉴于此，本书将分析的范围基本限定在西方国家。具体地说，在分析从薪柴时代到煤炭时代的第一次能源大转换时，涉及的国家主要包括英国、法国、美国、德国和日本。另外，作为 17 世纪的世界霸权和率先大规模使用最原始形态煤炭的国家，荷兰的能源转换也会被提及。在这些国家中，自 16 世纪起便引领这次转换的英国是分析的重中之重，19 世纪 70 年代后，国力迅速提高的美国和德国作为英国之外的主要煤炭生产国，是分析的次重点。在分析从煤炭时代到石油时代的第二次能源大转换时，涉及的国家主要包括美国、英国、法国、德国、日本和俄国。在这些国家中，引领这次能源转换的美国是分析的重中之重，西欧和日本是分析的次重点。

本节简要介绍已经成为历史的第一次能源大转换和第二次能源大转换，对于正在进行的新一轮能源转换，将在第五章详细阐述。

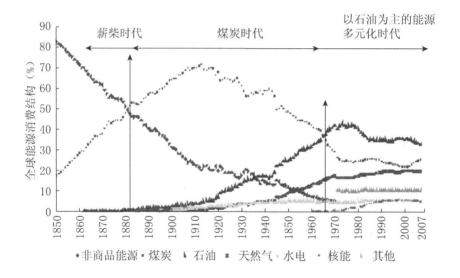

图 2-1 全球一次能源消费结构变化趋势

资料来源：王安建、王高尚：《能源与国家经济发展》，地质出版社 2008 年版，第 6 页。

一、从薪柴时代到煤炭时代

人类社会在进入工业化之前的将近五千年时间里，几乎完全依赖生物质能源的燃烧来为各种活动提供热能，通过利用人力、畜力、风力、水力等提供几乎所有的动能和机械能，并通过点燃薪柴和动植物油来照明。所谓生物质能源，即以生物质为载体的能量，指的是太阳能以化学能形式贮存在生物质中的能量形式。就工业化之前的社会而言，生物质能源主要指的就是薪柴。

人力和畜力靠的是人和动物的肌肉，而人畜的存活最终要靠固化了太阳能的各种生物质。风力和水力为人类提供了相当部分的机械能，如借助风力航行的帆船与靠风力推动的风车、风磨；借助水流运转的水车、水磨。对于依靠江河湖海生活的人们来说，风力和水力是最重要的能源。而究其来源，风力和水力都是来自太阳能。总的来看，薪柴是农业文明中人类所使用的最重要的能源形式。出于表述的方便，我们将这一时代称为薪柴时代。显然，薪柴时代是可再生能源时代。

煤炭时代最主要的能源无疑是煤炭。煤炭是远古植物在地下经过极其漫长的沉积和变化而形成的产物，追根溯源也是太阳能的产物。不过，煤炭与其他直接或间接来自太阳的能源最大的不同就在于，它是太阳能经过高度浓缩后的能量形式。人类认识和使用煤炭的历史相当久远。中国古代地理文献《山海经》最早记述了煤的存在，称之为"石涅"。西汉时期，中国正式用煤炭作为燃料进行冶铁。宋朝时，中国再次出现使用煤炭的尝试，但终因战乱而夭折，持续时间太短。罗马人于公元400年在英国开采煤矿①。从整体上看，这些活动由于规模极小，只是薪柴时代的零星点缀。真正开启煤炭时代的，要到近代早期的英国。

（一）作为煤炭时代领导者的英国

16世纪中期前后，英国正式开启从薪柴时代向煤炭时代的转型。在伊丽莎白（1558—1603年在位）和詹姆士一世（1603—1625年在位）统治期间，大多数英国人家务活动所用燃料由薪柴转换为煤炭②。在加热这一用途上，煤炭超过生物质的时间在1620年左右。17世纪中期，煤炭提供了英国所需热能的2/3，1700年这一比例达到75％左右，1800年达到90％左右，1850年超过98％，1960年仍高达77％。换句话说，煤炭供应英国所需热能超过75％的局面持续了250年以上。③

从整体来看，16世纪60年代英国能源消费的11％是煤炭，到18世纪第

①　[美] 约翰·塔巴克：《煤炭和石油——廉价能源与环境的博弈》，张军、侯俊琳、张凡译，商务印书馆2011年版，第4页。

②　Nef，J. U. Prices and Industrial Capitalism in France and England，1540—1640. The *Economic History Review*，7（2），1937，p.171.

③　Smil，V. *Energy transitions*：*history*，*requirements*，*prospects*. Santa Barbara，California：ABC-CLIO，2010，pp.78—79.

一个十年煤炭占比增加到 49.7%，18 世纪 50 年代进一步增加到 61%（见表 2-1）。这一阶段里，农业仍占英国产业结构的主体，比例缓慢下降，工业和服务业处于从属地位，比例缓慢上升。这种社会形态里，能源消耗总量本身较低。直到 1800 年，煤产量的绝大部分还是用于家庭烹饪和取暖。

表 2-1　英国能源消费构成

年　代	人　力	驮畜	薪柴	风　力	水　力	煤　炭	合　计
1561—1570	22.8	32.4	33.0	0.3	0.8	10.6	100.0
1600—1609	24.6	27.5	27.9	0.5	0.9	18.6	100.0
1650—1659	22.3	23.7	19.0	0.8	0.8	33.4	100.0
1700—1709	16.2	19.4	13.3	0.8	0.6	49.7	100.0
1750—1759	12.9	14.6	9.8	1.2	0.6	61.0	100.0
1800—1809	8.1	6.6	3.6	2.4	0.2	79.0	100.0
1850—1859	3.7	2.7	0.1	1.3	0.1	92.0	100.0

资料来源：Wrigley, E. A. *Energy and the English industrial revolution*. Cambridge University Press, 2010.

进入 19 世纪后，英国的第一产业迅速衰落，二三产业占据产业结构的主导，煤炭在二三产业主要是工业上的用量远超出家庭用量。英国的几个主要煤矿产区大都经历了一个钢铁行业耗煤量占煤炭总产量的一半甚至七八成的时段，但是其峰值大多出现在 19 世纪 70 年代之前。这一阶段的一个突出变化是，随着蒸汽机的发明、改进与普及，煤炭不仅作为热能的来源，而且为机器和交通工具提供机械能。

（二）其他资本主义国家转向煤炭主导的历程

1. 法国

法国领土面积比英国大不少，林木资源储量比英国丰富得多。拿破仑统治早期的法国，一次能源超过 90% 来自薪柴，1850 年这一份额跌至 75% 左右，1875 年跌至不足 50%。1880 年，煤炭在一次能源中占比达到 55% 左右，此后一直到 20 世纪 50 年代末煤炭一直支配法国的一次能源供应。[①]

_____

① Smil, V. Energy transitions: history, requirements, prospects. Santa Barbara, California: ABC-CLIO, 2010. p. 81.

2. 美国

美国实现从以薪柴为主的能源结构向以煤炭为主的能源结构转换的时间比英国晚了一个多世纪。美国的商业煤矿开采始于 1758 年，当时还是英国的北美殖民地时代。到 1843 年，煤炭占美国一次能源供应总量的 5%。随后，煤炭在美国能源结构中的比例迅速提升：1851 年达到 10%，1863 年左右达到 20%，1873 年左右约 33%，1883 年后达到一半；1884 年，美国初级能源消费结构中，煤炭比例超过薪柴，标志着美国进入煤炭时代。[①] 如图 2-2 所示，1884—1950 年的 65 年，是美国的煤炭时代，煤炭在 1910 年前后达到76%的最高比例。

20 世纪初时，美国煤炭最大的五个市场分别是铁路、零售（包括家庭取暖、小规模的工商业运用）、电力设施、钢铁行业和一般的工业运用（主要是制造蒸汽）。这种格局直到 20 世纪 20 年代发生重大变化。1929—1933 年的大萧条给煤炭在重工业领域的运用带来了摧毁性影响。二战开始后，为满足战争需要，煤炭产量开始回升，但也没有超出一战期间的最高记录。这个纪录直到 1980 年才被超过，这时煤炭在能源消费中的比重已降为 20%。

千万亿英国热量单位

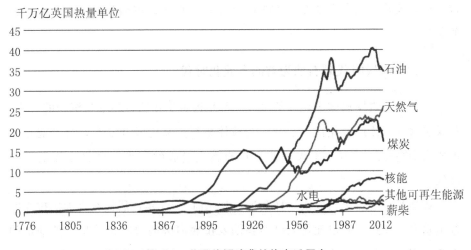

图 2-2 美国能源消费结构变迁历史

资料来源：美国 EIA 能源展望报告。

[①] Smil，V. Energy transitions：history，requirements，prospects. p. 86.

3. 日本

日本首次有完整的能源统计数字是在明治维新期间的 1880 年。当年薪柴占到日本一次能源的 85％，煤炭占 14％，石油 1％。1901 年，煤炭在能源消费结构中的比例超过薪柴，前者升至 57％，后者降为 39％①。1917 年，煤炭消费达到 77％左右的最高峰。

从二战战时到战后初期，日本的能源供求结构始终是以煤炭为主。1942 年，煤炭占日本一次能源供应的 69.5％（其中褐煤 0.4％），水力 19.9％，木柴和木炭 9％，石油和天然气共 1.7％。1952 年，煤炭占比为 52.1％（其中褐煤 0.9％），水力 28.9％。日本经济到 1955 年左右恢复到战前的水平。当时日本一次能源供给中，国产煤占 44％，水力占 27％，一次能源自给率高达 80％。

4. 俄国

俄国由于政权更迭和战争频繁，并无权威的统计数字。1913 年薪柴仍供应俄罗斯一次能源的将近 75％，直到 20 世纪 30 年代初期化石能源才超过薪柴。1950 年，煤炭消费是石油的 4.5 倍左右。1950 年苏联的燃料动力结构中，煤炭居第一位，产量（折合为标准燃料）占燃料工业的 66.1％，石油占 17.4％，天然气只占 2.3％。直到 1974 年，煤炭一直占据苏联一次能源供应的龙头。②

二、从煤炭时代到石油为首的多元化时代

石油和煤炭同属碳氢燃料的家族，都是远古生物遗存经漫长沉积的产物。与煤炭这种固体燃料相比，石油作为液体燃料更易运输和储存，且其能量密度比煤炭高出约 50％。不仅如此，石油燃烧造成的污染程度也比煤炭大为降低。

石油开采的历史与煤炭一样久远。公元前 3000 年，居住在今天伊拉克的苏美尔人、亚述人和巴比伦人已经在幼发拉底河旁的希特镇采集天然油苗的沥青。现代石油工业于 1846 年在俄国的巴库（今属阿塞拜疆）开启③。不

---

① Smil，V. *Energy transitions*：*history*，*requirements*，*prospects*. Santa Barbara，California：ABC-CLIO，2010，p. 93.

② Smil，V. *Energy transitions*：*history*，*requirements*，*prospects*. p. 100.

③ Smil，V. *Energy transitions*：*history*，*requirements*，*prospects*. p. 33.

过，在 1910 年前，世界各地的石油基本都是用于制作煤油以供照明。其后，汽车工业的大众化彻底改变了石油的命运。反过来说，石油大大改变了交通运输领域的面貌。自此，石油开始成为交通运输领域的绝对霸主。

从世界能源消费结构来看，1950 年煤炭占 59.3%，石油和天然气占 39.1%。1967 年，石油占世界一次能源消费的 40.4%，超过煤炭的 38.8%，石油首次超过煤炭，跃居世界一次能源消费的主导地位。石油在这一时期成为世界能源消费的主体是与发达国家经济重化工业化、机械化、自动化和现代化的过程紧密相连的。

（一）美国转向石油主导的历程

美国的商业石油开采始于 1859 年。1860 年，石油占美国一次能源供应的 0.1%，1870 年为 0.3%，1880 年 1.9%。1900 年石油在美国一次能源供应中的比例仅为 2.4%。

随着大油田的陆续发现，石油在能源供应中的占比迅速提高。1910 年石油占到一次能源供应的 6.1%，1920 年为 11.2%，1925 年为 18.5%，1933 年超过 25%，1948 年超过 33%[①]。1950 年，美国初级能源消费结构中，石油首次取代煤炭的主导地位，此时的能源结构为石油占 38.5%、煤炭 35.7%、天然气占 17.2%、薪柴水电等可再生能源占 8.6%。1957 年，美国首次成为能源净进口国。

（二）其他国家转向石油主导的历程

二战前煤炭是欧洲能源消费的绝对主体，占 90% 以上。欧洲主要大国英国、德国均拥有丰富的煤炭资源，石油在这些国家非军工领域的消费很少。

1950 年时，欧洲资本主义国家中化石燃料需求中 85% 是固体燃料（煤炭、焦炭、褐煤和泥炭等），液体燃料（原油、石油产品和液化天然气）仅占 15%。到 1965 年时，固体燃料比重下降至 47%，液体燃料则上升至 51%（详见表 2-2）。同样是 1965 年，欧洲六国（法、德、意、比、荷、卢）一次能源消费构成中，石油占比从 1950 年的 10% 增加到 45%，而煤炭从 1950 年的 74% 下降到 38%。

---

① Ibid. , p.87.

表 2-2　欧洲资本主义国家[①]化石燃料消费结构　　　（单位：%）

年　份	固体燃料	液体燃料	气体燃料
1950	85	15	
1955	77	22	1
1960	64	34	2
1965	47	51	2
1970	30	63	7
1973	23	66	11
1974	24	63	13
1978	22	63	15

资料来源：Shaffer，E. *The United States and the control of world oil*. London and Canberra：Croom Helm，1983，p. 144.

1952 年，石油占英国一次能源消费的比例超过 10%。1970 年，英国能源消费结构中，石油超过煤炭跃居首位。1973 年，石油占比达到 50%。

1952 年，石油和天然气合计占日本能源消费的 11.5%。20 世纪 60 年代初，石油在日本能源消费结构中的占比超过煤炭。一种看法认为，其具体发生在 1962 年，当年石油占比提高到 46.1%，煤炭降为 36%[②]。也有看法认为石油占比超过煤炭的时间为 1961 年，当时石油接近 41%，而煤炭为 39% 左右[③]。到 1964 年，石油占能源消费结构的比重已经上升为 55.7%，煤炭降为 29.2%。1975 年，石油在一次能源供给中的比重超过 70%，煤的比重降到了 16.4%，其中日本国产煤的比重降到了 3%，水力的比重降到了 5%。1975 年一次能源的国内供给率降到了 12%。

在从煤炭时代向石油时代转换的过程中，煤炭和石油资源都很丰富、革命和内外战争频发的俄国经历了一条相对曲折的道路。俄国的石油开采历史比美国更为久远。位于里海之滨的巴库被认为是现代石油工业的起源地，时

---

① 1980 年时欧洲资本主义国家包括：奥地利、比利时、丹麦、芬兰、法国、联邦德国、希腊、冰岛、爱尔兰、意大利、卢森堡、荷兰、挪威、葡萄牙、西班牙、瑞典、土耳其和英国。

② 尹晓亮：《战后日本能源政策》，社会科学文献出版社 2011 年版，第 118 页。

③ Smil，V. *Energy transitions：history，requirements，prospects*. Santa Barbara，California：ABC-CLIO，2010，p. 93.

间在 1846 年[①]。欧洲的诺贝尔家族、罗斯柴尔德家族均在俄国从事石油开采，并支配了俄国石油业。1890 年，俄国的产油量就超过了产煤量。1899 年俄国成为世界最大产油国。不过，俄国的石油大部分被用于出口，主要是欧洲。因此，俄国国内石油消费相对较低，1900 年石油消费仅比煤炭高出10%。由于巴库油田生产下滑，到 1913 年俄国煤炭消费反而是石油消费的两倍还多。

20 世纪 50 年代末，苏联加速开发石油和天然气的步伐，能源结构大为改观。到 1960 年，石油在各种能源中的比重上升到 28.9%，1970 年其比重上升到第一位，1977 年达到 43.7%。与 1960 年相比，1977 年天然气的比重从 7.9% 上升为 23%，煤炭则从 53.9% 下降为 27.2%。[②] 1950 年苏联的石油产量相当于美国的 14%，到 1978 年已达 136%。

第二节　能源转换的特征

一、经济和政治双重属性

能源转换既是个经济问题，也是个政治问题，具有经济和政治的双重属性。这种双重属性，既体现在原因上，也体现在结果上。

能源转换的经济属性，表现在它与能源的成本、价格和供求等经济学的核心概念紧密相关。能源转换的发生，受一种能源和相关替代能源或者说在位主导能源和新兴能源的成本、价格和供求等因素的直接影响。就结果而言，能源转换对于长期经济增长有着明显的推动和支撑作用。

然而，能源转换从来都不单纯是价格和供求等经济层面的问题。能源转换的政治属性，就原因而言表现在它受到国家战略、地缘政治和利益集团博弈等政治学层面核心要素的影响。就结果而言，能源转换的政治影响可以从

---

① Smil, V. *Energy transitions*: *history*, *requirements*, *prospects*. Santa Barbara, California: ABC-CLIO, 2010, p. 33.

② 金挥：《苏联经济结构的特点和变化趋势》，《世界经济》1981 年第 3 期，第 67 页。

分别引领第一次和第二次能源大转换的英国和美国的发展历史中得到最直观的反映。两国先后成为霸权国家虽然是一系列因素综合作用的结果，但各自领风气之先，率先完成能源转换所起的作用是不容否认的。相关内容将在第三章和第四章详细论述。

核能的发展是明显体现能源转换经济和政治双重属性的例子。与政治联系紧密的能源，除石油外，非核能莫属。就其本身性质而言，核能具有高度的政治敏感性，牵涉到核武器、核扩散和核安全等极其重要的国家安全和环境安全问题。SovacoolB. K. 和 Valentine（2012）总结了世界核能发展的六大动力，分别是：国家安全和秘密、技术观念、经济干涉主义、集中协调的能源利益相关者网络、政治反对力量对当政者的服从、社会力量的无足轻重。国家发展核能，出发点在于获取便宜、充足、稳定的能源供应。核能发电的发展，大大受益于核能相关技术从军用转向民用的技术外溢效应。而且，核能项目在早期往往作为国家的最高机密，在资金、计划和人事等方面与公众隔绝。技术观念指的是，社会上形成一种相信技术和技术专家的文化氛围，由科学家和军方而不是政客来负责核能发展；国家政府往往把核能发展与国家的复兴联系起来，通过核能领域的技术进步达到团结国家和提高国际声誉的目的。经济干涉主义指的是政府具有积极指导经济活动的倾向，具体指政府对核能发展的补贴、公共研发支出、税收优惠和贷款担保等，也包括限制公众参与、禁止对许可证的司法审查和对核事故损失的限制等。集中协调的能源利益相关者网络指通过公共垄断、私人垄断和强有力的规则安排实现核能计划体系的高度一体化和供应链的高度协调。政治反对力量对当政者的服从可以为核能发展营造一个宽松的政治环境，规避耗时、不必要的辩论和审查。社会力量的无足轻重指的是将民众的激进主义保持在最低状态，方法是通过经济、政治和文化等手段有意引导和化解公众的反对情绪，阻止公众有效参与关于核能发展的对话，限制公众在环境问题上的认知水平[①]。尽管上述看法并不符合国家治理的要求和公众对于决策的参与权、知情权，也不符合标准的民主程序和法律程序，但却道出了核能之所以发展的纯经济因素外的真正推力，也反映出了当今核能发展所面临的极大困境。2011 年，由于日

---

① Sovacool，Benjamin，and Scott Victor Victor Valentine. *The national politics of nuclear power*. Routledge，2012，pp. 12—23.

本福岛核事故的发生，核能在世界一次能源消费结构中占比从 2010 年的 5.7%下降到 5.1%就是明证。

二、涉及行为主体众多

能源转换并非单一主体所能决定，其影响范围也远超单一主体。能源转换所牵涉和影响的行为主体大致包括以下几个类别：民族国家和政府，既包括本国政府和外国政府，也包括中央政府和地方政府；特定利益集团，如企业、政党、宗教组织、行会、商会、工会组织；国际组织；非政府组织；个人，除了个体意义上的普通社会大众外，也包括领导人和政治家。

薪柴时代依赖薪柴为原料，森林、柴草、斧头、伐木工、木柴加工作坊或工厂、木质房屋和器具等组成了一个基本的薪柴经济系统。煤炭时代要依赖煤炭作为原料，但绝不仅限于煤炭这种黑色矿物本身这么简单。它是由煤矿、原煤、运煤船、蒸汽机、火车、蒸汽船、铁路、运河、钢铁以及后来的电力系统所组成的一套以煤炭为核心的复杂系统。在石油时代，油田、钻井设备、巨型油轮、输油管道、炼油厂、油罐车、加油站、汽车和高速公路等组成一个完整的石油经济系统。不仅如此，石油时代或石油经济还与如下元素紧密相关：包括国家石油公司（NOC）与国际石油公司（IOC）在内的富可敌国的石油巨头；石油输出国组织（OPEC）；以美国西德克萨斯中质原油期货（WTI）和英国北海布伦特原油期货（Brent）为代表的石油金融衍生品。简单地说，石油已经高度政治化和金融化。

从薪柴为首的能源结构过渡到煤炭为首的能源结构，在个体意义上涉及国王、投资煤矿的贵族和地主、使用煤炭的工商业者、伐木工人、煤矿工人、运煤船的水手、家庭主妇等诸多角色。随着社会分工和专业化程度的不断提高，能源转换所牵涉的主体愈加广泛和复杂。能源转换的规模越大就越是如此。首要能源从煤炭向石油的转换过程，在民族国家的意义上涉及当时以美国为首的整个西方阵营、以苏联为首的社会主义阵营和其他产油国这三大类国家，在企业层面涉及国际石油公司、独立石油公司、国家石油公司和煤炭生产企业，除企业外如矿工联盟、西欧各国的共产党组织等特定利益集团也参与其中，在国际组织层面涉及石油输出国组织和经济合作与发展组织等。

三、时间跨度通常较长

能源结构转换的过程是极其缓慢的，绝不能在一朝一夕间完成。早期发生的大型能源转换尤为明显，时间跨度要用世纪来衡量。英国煤炭在能源消费结构中的占比从10%提升到50%用了250年。从16世纪末起，英国便开始了在炼铁高炉中以煤炭代替木炭的尝试。而英国冶铁业普遍使用煤炭在18世纪最后25年才开始。这意味着煤炭（更准确的说法是焦炭）在冶铁业中取代薪柴（木炭）用了200年左右。即使英国早在1700年左右就实现煤炭在能源结构中占比达到50%，英国商船队90%的船直到1870年仍然是木制帆船。

19世纪中期以来大型能源转换的历史显示，30年左右是能源转换过程所需的必要时间。艾登等人（1981）提到，英国的商船队在1870—1900年的30年间从90%的船是木制帆船转变为90%的船是蒸汽驱动的铁船。美国实现煤炭在能源消费结构中的占比从10%提升到50%这一跨越用了33年，石油占能源供应的比重从10%到50%用了30年多一点。1870—1900年薪柴在美国燃料市场的一半份额被煤炭夺去，而在1920—1960年煤炭在燃料市场的一半份额被石油和天然气占据。[①] 迄今为止，大型能源转换耗时最短的记录是20年。二战结束后，20年时间内西欧和日本的能源结构就从煤炭为主过渡到石油为主。这与当时极为特殊的国际政治经济环境密切相关。

这里必须指出的是，大型经济体和全球规模的能源转换，与小型经济体、局地或特定行业的能源转换，所需时间的差距甚大。小国的主要特征是领土狭小、人口总量较少以及能源消费总量有限。一旦实现一种新的能源的大量供应，小国便可以迅速完成对旧有能源的替换。如荷兰，1958年时天然气在其一次能源供应中的比重仅为1%，1965年达到5%，1年后升至10%，3年后升至25%，6年后达到50%。这主要是由于荷兰在1959年发现了格罗宁根气田，1963年年底正式投产。再如科威特，在1938年发现大油田之前还处在游牧社会，只有10万人口，1965年跻身世界第四大产油国，没有经历煤炭时代便直接进入石油时代。相比之下，天然气在美国一次能源供应中的

---

① Eden，R. J. *Energy economics：growth，resources，and policies*. Cambridge ：Cambridge University Press，1981，p. 11.

比例从 5％提高到 10％用了 20 年，从 5％提高到 25％用了 50 年①。

而全球规模和大型经济体的能源转换，面临着小型经济体、局地或特定行业的能源转换所不曾遇到的诸多难题，因此转换过程极其缓慢和艰难。首要的难题是前者能源需求总量庞大。由于经济、技术、政治和环境等不同方面的各种障碍和困难，新兴能源在增量上或边际上的替代优势很难在较短时间内转化为在总量上的优势。对一种特定能源或原动力的依赖程度越深，某种占优势的用途和转化形式越普遍，能源替代花费的时间就越长。从英、法、美向煤炭时代转换的历史来看，由于对新发明的生产技术和工具进行持续完善和广泛传播的能力有限，从发明、革新到大规模商业扩展的时间间隔往往很长。具体的原因包括：认知能力有限，对于能源转换过程的科学理解程度不够；原材料供应障碍，能够满足大规模生产的合适材料要么不存在，要么短缺；生产水平和能力不够，无论是产品质量还是产能，都达不到要求；基础设施体系不完善；不存在大规模竞争性市场②。

其次，整个社会经济体系对既有能源形成了牢固的路径依赖。换个说法是，长期居于主导地位的既有能源从内在本质上讲，具有抵制新兴能源的强大动力。这种路径依赖或抵制表现在方方面面，包括实践经验、专业人才、管理制度、技术装备、基础设施体系、商业规则、市场体系和消费观念等。

作为这种路径依赖的反映，能源结构在社会经济结构中表现得十分稳定。在一种新的能源结构确立以后，除非能源供应在既有能源体系下遇到难以解决的根本性问题，往往会稳定存续下去。煤炭在英国能源消费结构中的比例超过 50％的局面维持了超过 250 年。自 20 世纪五六十年代以来，石油便一直在绝大多数西方国家的能源消费结构中占据首位。由于西方占全球能源消费的大部分，石油作为全球头号能源的地位自 20 世纪 60 年代以来不曾改变。

再次，能源转换容易受到多重因素的影响，任何一个因素的变迁都会造成转换过程出现曲折和反复。以核能为例，它本来是最有可能替代化石能源的能源品种之一，但核能的应用受到核安全等问题的高度影响。一次重大的核事故就会让全球范围内核能的发展受阻。

---

① Smil, V. *Energy transitions: history, requirements, prospects.* Santa Barbara, California: ABC-CLIO, 2010, pp. 19—85.

② Ibid., p. 106.

　　最后，能源转换在微观层面上与个人和集体的选择有关。能源转换是社会中无数个个体对不同能源形式进行选择的结果。个人的选择与自身的生活习惯、偏好、认知水平和经济能力等众多因素相关。要让一个人或一个集体从使用一种能源永久性过渡到使用另一种能源已非易事，要让社会的多数人在完成这种过渡就更困难。英国人尤其是统治者对于煤炭的态度，经历了曲折的变化。最初，由于煤炭燃烧产生的大量煤烟引起民众抗议，英国政府于1306 年颁布了燃煤禁令。直到詹姆士一世（1603—1625 年在位）率先垂范在家里使用煤炭，英国的贵族才接受从木柴和木炭到煤炭的转变。不过，英国议会下院坚持以木炭而不是以煤炭取暖直到1791 年，尽管王室、贵族和市民很久之前就接受了煤炭①。

---

　　① Smil，V. *Energy Transitions*：*History*，*Requirements*，*Prospects*，California：ABC-CLIO，LLC，2010，p. 27.

第三章　英国及其他国家煤炭为主的能源结构成因和影响

第一节　煤炭为主的能源结构成因

一、煤炭与薪柴价格的此消彼长

就薪柴本身而言，作为能源主要用于加热，与此同时，薪柴还是重要的建筑材料和制造工具的原料。在薪柴总量趋于减少的情况下，薪柴的能源用途和非能源用途之间必然会发生冲突。不仅如此，薪柴的生长要靠土地，在土地愈加稀缺的情况下，薪柴与同样依靠土地的食物、棉麻和畜牧业等在产量上存在着此消彼长的竞争关系。随着人口增长，要求开垦更多土地用于农业种植，这必然要求砍伐森林。人口增长还意味着对于建造房屋、制造工具必不可少的薪柴需求增长。在这种情况下，很容易出现薪柴的短缺和供应危机。

早在 13 世纪后半期，英格兰就出现过薪柴短缺，薪柴价格逐渐增加，原因可能是因为诺曼王朝时期（1066—1154 年）人口增长。这场薪柴危机由于 14 世纪中期黑死病流行带来的人口大量死亡而缓解。

伊丽莎白一世（1558—1603 年在位）时期，英国在当时世界国家中率先遭遇薪柴危机。《末日审判书》预计 11 世纪时英国的森林覆盖率约为 15%，到了 16 世纪末已降至约 6%。到 18 世纪初期，英国的木柴接近被耗尽[①]。这次薪柴危机的原因如下：一是人口增长带来的巨大能源需求。1348 年黑死病流行前夕，英国人口达到 375 万，1400 年降到 210 万左右。1520 年，英国人

---

① Stearns，P. N. *The industrial revolution in world history*. Boulder，Colorado：Westview Press，1993，p. 38.

口约 230 万，从此增长迅速。到 1641 年，英国人口已超过 509 万。黑死病前夕，伦敦人口预计为 7.5 万～10 万人。1520—1550 年，伦敦人口从 5.5 万人增加到 12 万人，翻了超过一番。1600 年伦敦人口达到 20 万人，1700 年突破50 万[1]。二是羊毛出口和毛纺织业的发展。16 世纪初，羊毛及羊毛制品占英格兰出口的 90%。为大量生产羊毛，英国国内产生了"圈地运动"的高潮。三是冶铁业对木炭的需求。直到达比在 18 世纪发明焦炭还原炼铁的技术前，英国煤炭在冶铁上的运用增长缓慢，冶铁的首选原料仍是木炭。利用薪柴制造木炭的广泛需求，正是英格兰自 16 世纪中期开始出现薪柴危机的原因之一。

需要强调的是，英国的薪柴危机并不代表英国全境薪柴资源完全耗竭，只是由于上述原因导致城市和工矿业周边的薪柴耗竭。一度在城门口就能大量获得的薪柴，现在必须要由四轮马车和驮马经过颠簸的路面和满是车辙的小路运送数千米才能获得，或者通过船只从波罗的海国家进口。运输条件的落后和运输费用的高企显然也是薪柴价格上涨的重要原因。

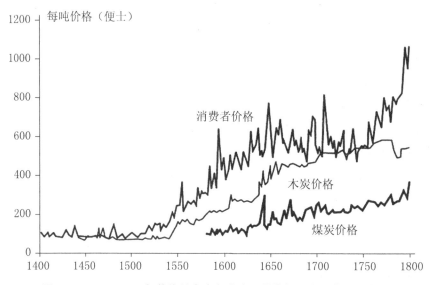

图 3-1 1400—1800 年英格兰东南部木炭、煤炭与平均消费价格变化

资料来源：Fouquet，R.，&Pearson，P. J. A thousand years of energy use in the United Kingdom. *Energy Journal*，19（4），1998，p. 11.

---

[1] ［英］罗伯特·艾伦：《近代英国工业革命揭秘——放眼全球的深度透视》，毛立坤译，浙江大学出版社 2012 年版，第 132 页。

薪柴价格的上升并不是孤立的，而是发生在当时西欧价格革命的背景下，是价格革命的重要甚至是主要部分。从 16 世纪三四十年代到 17 世纪 30 年代，英国的纺织品和各种其他制成品价格尚未翻番，谷物价格增加略超出 4 倍，而薪柴价格竟然上涨了几乎 7 倍多。1635—1645 年大约 11 英镑买到的薪柴与 16 世纪头十年时 1 英镑所买到的数量相同。更保守一点儿的估计是，1550—1650 年，薪柴与煤炭的相对比价增长超过两倍。

薪柴价格相对于煤炭的上涨（如图 3-1 所示），为煤炭在英国取代薪柴的主导地位奠定了基础。

到 18 世纪中期煤炭价格下跌，为工业革命大量用煤提供了条件。焦炭在 17 世纪 40 年代的英格兰最初用于烘烤麦芽，到 18 世纪中期焦炭的成本显著下降后才开始在（炼铁）高炉中取代木炭。到 18 世纪末，业主们纷纷用焦炭代替木炭，因为这时前者的效能更好，供给更富弹性，而木炭不仅昂贵而且缺乏供给弹性。

美国较晚完成向煤炭为主的能源结构的转换，与其森林资源的丰富密不可分。1620 年乘坐"五月花"号到达北美的首批英国殖民者，本为寻找金银矿而来，但却发现新大陆是一个"连海边悬崖上都长着茂盛树木"的地方。美洲的第一位清教徒牧师弗朗西斯·希金森在到达北美后写道："这里一个贫穷的下人……都拥有丰裕的木头做木柴和点火用，比英国许多先生们能买的还多。"在这种环境下，早期的殖民者缺乏寻找煤炭的动力[1]。

由于薪柴过于丰富，以至于 18 世纪中期在宾夕法尼亚州西部发现超大煤田之后很久，煤炭在美国的使用仍然极其有限。1832 年，除了处于煤田中心的匹兹堡使用煤炭产生的蒸汽动力外，美国几乎所有的工厂都用水来提供动力，大型工业设备甚至用骡子来带动。在 19 世纪 20 年代末，美国第一条铁路开通后的最初几十年里，美国的火车使用的燃料并不是煤炭，而是木头。不仅如此，车厢也都是木制的。由于木头燃烧太快，以至火车不得不经常停下补充木头。尽管如此，在当时森林资源极为丰富的情况下，铁路沿线随时随地供应木头根本不是问题[2]。烧煤的火车机车直到内战结束后，才首次大

---

① ［美］弗里兹：《煤的历史》，时娜译，中信出版社 2005 年版，第 89 页。

② 同上书，第 94、103 页。

规模引入美国。直到 1870 年，薪柴一直是美国铁路使用的首要能源①。不仅火车，美国最早的汽船使用的燃料也是薪柴。

美国能源结构由薪柴主导转向煤炭主导，主要是煤炭价格随着煤炭工业的发展不断降低的结果。薪柴价格的确也在不断增加，但增加幅度远不如英国明显。1826 年 3 月到 1827 年 3 月间，当时美国第一大城市费城市场上每吨燃料的价格如下：薪柴 4.5 美元，无烟煤 6.25 美元，烟煤 7.68 美元，木炭 10 美元②。煤炭价格从 19 世纪 30 年代的 7～10 美元/吨降至 19 世纪 50 年代的 3 美元/吨，到 1862 年一些地方甚至降至 0.75 美元/吨。

二、煤炭供应的增长

与供应陷入危机的薪柴形成对比的是，英国在煤炭资源具有同时期其他国家无法企及的先天禀赋优势。而且，作为一个岛国，英国不仅可以利用沿海航道，还拥有良好的内河航道，大大降低了在陆上运煤的高昂成本。英国煤炭的这些独特优势与"黄金时代"荷兰的泥炭生产情况极其类似。

在 1688 年"光荣革命"前的一个多世纪里，薪柴的日益匮乏和昂贵与能源需求的增加促使英国的煤炭产量持续增长③。根据英国经济史学家约翰·奈夫的估计，1640 年英国内战前夕，煤炭产量与 1540 年相比可能至少增加了 8 倍④；横向来看，英国生产的煤炭可能是作为一个整体的欧洲大陆当时煤炭产量的 3 倍或 4 倍。17 世纪 80 年代英国煤炭产量增加到 16 世纪 50 年代的 15 倍，接近 300 万吨。直到 18 世纪前，世界上只有天主教的低地国家和英国广泛使用煤炭，但低地国家煤炭工业的发展比英国要慢得多⑤。

1840 年，英国生产 3400 万吨煤炭（见表 3-1），可能已占到整个西方世界产量的 2/3。在 19 世纪 50 年代德国鲁尔煤田的开发和美国西宾夕法尼亚

---

① Schurr，Sam H.，et al. "Energy in the American economy，1850—1975." Baltimore：The Johns Hopkins Press，1960，pp. 52—60.

② Schurr，Sam H.，et al. "Energy in the American economy，1850—1975." Baltimore：The Johns Hopkins Press，1960，pp. 50—51.

③ 值得注意的是，英国在 19 世纪 50 年代之前并无可靠的矿业统计，在此之前的数据都基于不完全统计、估计或者推测。官方对于整体的联合王国和众多单个煤田的统计只是从 1854 年后才开始。

④ Nef，J. U. The Progress of Technology and the Growth of Large-Scale Industry inGreat Britain，1540—1640. *Economic History Review*，5（1），1934，p. 10.

⑤ Nef，J. U. The Progress of Technology and the Growth of Large-Scale Industry inGreat Britain，1540—1640. *Economic History Review*，5（1），1934，p. 24.

康奈尔斯维尔煤矿的开采之前，除了接近同一水平的比利时外，几乎没有任何国家拥有像英国那样超群的煤铁资源优势。以 1850 年为例，英国的煤炭产量是美国、日耳曼各邦国联合体（当时德国尚未统一）或者甚至是比利时的8 倍到 20 倍不等。若以煤炭产量占国民生产总值（GNP）的比例衡量，只有比利时与英国有些许相似。[①] 比利时是欧洲大陆上第一个大规模采煤的国家，直到 19 世纪 50 年代仍是欧洲大陆头号产煤国：1850—1854 年，比利时年均产量为 680 万吨，同期德国为 650 万吨，法国为 530 万吨，均远不能和高达6140 万吨的英国相提并论。1860 年英国煤炭产量占欧洲的 67.6%，德国占13.9%，比利时 8%，法国 6.9%，奥地利 2.7%，西班牙 0.3%。这意味着德、比、法、奥、西五国煤炭产量之和还不及英国的一半。[②] 英国的全球头号产煤国地位保持至 1898 年。显然，煤炭供应的持续快速增长是英国能源转换的前提所在。

表 3-1　1700—1977 年英国煤炭生产和出口　　　　（单位：百万吨）

	1700	1800	1840	1869	1887	1913	1929	1955	1977
生　产	3	11	34	110	165	287	262	236	120
消　费	3	11	32	97	132	193	201	224	121
出　口	0	0.2	2	13	33	94	61	12	—1
人均消费（吨/年）	0.3	0.7	1.2	3.1	3.6	4.2	4.5	4.4	2.2
煤炭占整体能源消费的比例	80	80	95	99	99	99	95	86	36

注：1929 年及以后的数据不含爱尔兰。

资料来源：Deane 和 Cole（1969）；UK Department of Energy（1978a）；Humphrey 和 Stanislaw（1979）。

美国的煤炭产量在 1850 年时仅有 840 万吨，到 1918 年增长了 80 倍。从1850 年到 1890 年，煤炭产量每十年就几乎翻一番[③]。如图 3-2 所示，19 世纪末，美国煤炭产量超过英国跃居世界第一。煤炭供应的持续大幅增长，无疑

---

① Mitchell，B. R. *Economic development of the British coal industry*，1800—1914. Cambridge University Press，1984，p. 2.

② Broadberry，S.，& O'Rourke，K. H. *The Cambridge Economic History of Modern Europe*. Volume 1：1700—1870. Cambridge：Cambridge University Press，2010，p. 173.

③ Schurr，S. H.，& Netschert，B. C，*Energy in the American Economy*，1850—1975. Baltimore：Johns Hopkins Press，1960，p. 62.

为美国完成从薪柴时代向煤炭时代的过渡奠定了坚实基础。

1830 年，当时尚未统一的德国，煤炭产量开始迅速增长。到 1870 年德国统一前夕，煤炭产量相当于 1830 年的约 14 倍。1913 年，德国包括黑煤和褐煤在内的煤炭产量达 2.77 亿吨，为 1870 年的近 7 倍，而 1913 年英国的煤炭产量仅为 1870 年的 2.5 倍多一点。这为德国进入煤炭时代奠定了基础。

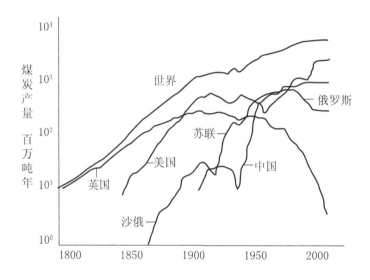

图 3-2 世界及一些国家煤炭产量

资料来源：Smil，V.（2010）.Energy Transitions：History，Requirements，Prospects，California：ABC-CLIO，LLC，p.32.

三、国家安全和发展的需要

在工业革命之前英国所处的时代，还根本谈不上能源政策。不过，还是有迹象表明，英国能源结构从薪柴为主向煤炭为主的转变过程存在国家安全方面的考量。

岛国的位置和对外贸的依赖，决定了海军在英国具有非同寻常的重要地位。在风帆时代，海军造船自然是完全依赖木料，以橡木为主。造船对于橡木的消耗可以从"胜利号"战舰上窥得一斑。该舰是拿破仑战争期间的 1805 年英法特拉法加大海战中英国舰队的旗舰，其在 1745 年准备建造时，用了 5000 棵百年以上树龄的橡树。此战中，英国舰队的另一艘战舰在建造时用了

3000 棵橡树[①]。而除了作为主料的橡木外，其他木材也在海军造船中派上用场。

　　然而，由于薪柴短缺，薪柴的燃料用途与造船材料用途之间的冲突日益不可调和。海军木料供应的短缺，使得造船成本大增。17 世纪中期甚至更早，在各种规格的木料和厚木板上的花销超过一艘船建造和下水成本的一半。在查理一世统治期间（1625—1649 年），海军购买的橡木价格是 1509 年时的至少 15 倍，同期一般物价水平的上涨不超过 4 倍[②]。

　　由于英国当时与周边国家交恶，橡木作为战略物资始终禁止向英国出口。如瑞典就规定厚实的橡木均为国王的财产[③]。这样，出于客观上的无奈和主观上规避风险的考虑，英国海军坚持造船只能也必须使用本国橡木。其结果是，在一定时期内国内薪柴总量趋减的情况下，用于燃料的薪柴数量就大大减少。为弥补由此带来的燃料缺口，英国必须寻找替代能源。煤炭正是在这种情况下进入统治者和大众的视野。一个例证是，1615 年英国议会下令禁止玻璃制造商在生产过程中使用薪柴。当时一个名叫罗伯特·曼塞尔的爵士因此被迫将他的玻璃生产工厂搬至煤炭产地纽卡斯尔[④]。

　　在英国进入煤炭时代将近 200 年后，19 世纪 80 年代，煤炭终于在欧洲大陆国家、美国和日本等当时主要的资本主义国家取得领先地位。这既是开展工业革命、实现从农业社会向工业社会过渡的客观需要，也是大国竞争的形势使然。

　　和美国类似，德国的森林资源也十分丰富，这是其较晚开始从薪柴时代向煤炭时代过渡的原因之一。在各个树种里，山毛榉在德国的工业化进程中发挥了重要作用。德国人在冶铁过程中发现，只有用山毛榉树烧制的木炭，才能在燃烧时释放出冶铁所需的 1200℃～1300℃的高温。在 1850 年前，木炭炼铁产量占德国全部铁产量的 90%[⑤]。其后，人们又发现山毛榉的另一个

　　①　黎云昆：《橡树杂谈》，《绿色中国》2008 年第 13 期，第 68—69 页。

　　②　Nef，J. U. Prices and Industrial Capitalism in France and England，1540—1640. *The Economic History Review*，7（2），1937，p. 180.

　　③　黎云昆：《英国人的橡树情结》，《中国绿色时报》2008 年 12 月 4 日第 3 版。

　　④　Rutter，P. & Keirstead，J. A brief history and the possible future of urban energy systems. *Energy Policy*，50，2012，pp. 72—80.

　　⑤　Stearns，P. N. *The industrial revolution in world history*. Boulder，Colorado：Westview Press，1993，p. 47.

优势，即用榉木制作的铁路枕木经过动物油浸泡后不会腐烂。

然而，随着生铁需求的增长和大规模铁路建设的展开，以山毛榉为代表的薪柴日益不能满足德国激增的能源和建材需求。1845年，德国生铁产量尚不足国内消费量的一半。为满足日益增长的铁的需求，1834年成立的德意志关税同盟大力鼓励生铁进口，1843年之前一直对生铁的进口实行免税，并对铁制品实行低关税。1840—1844年，德国购买了英国生铁出口的将近一半和条形铁出口的全部，还包括近1/4的铁轨①。这其中固然与德国冶铁行业的落后和生产能力低下有关，但冶铁燃料的日益匮乏也是不争的事实。不仅如此，森林本身的自我维持是相当脆弱的，乱砍滥伐、虫害、污染和大风等极端天气都会使森林严重受损。毫无疑问，德国的未来不能建立在薪柴的基础上，寻找替代薪柴的能源迫在眉睫。

煤炭在美国和德国地位的迅速提升，与电气化时代帷幕开启后大量建立在煤炭基础上的新兴产业的出现密切相关。1870年后，电力、电气器材和化学等建立在最新技术基础上的工业部门在美国和德国迅速发展，是两国分别成为世界头号和第二号工业强国的重要原因。电力和钢铁技术虽然大都在欧洲发明，然而实际大规模投入使用却都在美国②。必须指出的是，这些新兴行业都是耗煤大户，其发展本身大大加快了相关国家的能源转换。一战前，德国的电力工程产品产量是英国的两倍多，几乎赶上美国的产量③。帕尔格雷夫世界历史统计的数据显示，1902年，美国发电量为59.69亿千瓦时，同年德国为14亿千瓦时，英国为5亿千瓦时，法国为3.7亿千瓦时。1912年，美国、德国、英国和法国的发电量分别为247.52亿千瓦时、74亿千瓦时、24亿千瓦时和14.8亿千瓦时。到英国煤炭产量达到空前绝后高峰的1913年，其发电量也不过25亿千瓦时。更讽刺的一个事实是，1911年时纽约大都会地区的发电量竟然都比全英国要多④。

1868年，日本开始明治维新，但此时的日本对于如何维新毫无准备和规

---

① 曹英、赵士国：《论德意志关税同盟在德国工业化中的作用》，《湖南师范大学社会科学学报》2001年第2期，第123页。

② 宋则行、樊亢主编：《世界经济史》（上卷），经济科学出版社1998年版，第235、242、253页。

③ Dormois, J., and Michael Dintenfass, eds. *The British industrial decline*. London and New York: Routledge, 1999, p.129.

④ Clark, John G., *The political economy of world energy*: A twentieth-century perspective, Hertfordshire: Harvester Wheatsheaf, 1991, p.13.

划。1871 年年底，明治政府派遣规模庞大的赴欧美使节团。使节团在考察后认识到，以煤炭和钢铁为基础的工业生产是欧美各国迅速发展的物质基础。使节团副使大久保利通称考察所见的只有煤和铁，处处黑烟冲天，大小工厂密布，认为这些正是英国得以富强的原因[①]。他的结论是，要使日本富强，必须将建立钢铁业和机器制造业作为优先任务。虽然日本随后的工业化和英国一样都是以纺织业为先导，但煤炭的重要性一开始就被改革的直接推动者所熟知。这为之后日本能源结构转变进行了铺垫。

日本迅速向煤炭时代过渡，受到国家扶持煤矿、企业为抢占出口市场进行竞争与日本工业化和城市化进程的影响。由于日本是后发工业化的典型代表，国家和政府对大资产阶级采取了强力扶持的政策。具体来说就是重要产业先由政府经营，随后以超低价格转让给资本家经营。这一做法对日本煤炭业产生了积极影响。最著名的高岛煤矿于 1868 年发展起来，1874 年收为官办，1881 年转给三菱家族经营；三池煤矿 1873 年收归官营，1888 年处理给三井家族；1887 年开发筑丰煤矿。这些转为民营的大煤矿成为日本煤炭消费增加的主要推动力。明治维新之初，煤炭的国内市场很小。为在远东的上海、中国香港和新加坡市场与英国和澳大利亚煤炭竞争，日本主要煤矿在产量和价格上展开了激烈竞争[②]。煤炭价格的降低和产量的扩大在带来出口市场份额大增的同时，也使其在日本国内能源市场的份额扩大。1874 年，日本的煤炭产量尚不足 21 万吨。1888 年扩大为 1874 年的近 10 倍。到煤炭在能源结构中的比例超过薪柴的 1901 年，日本煤炭产量已增加到 1874 年的 43 倍。

四、技术进步和能效提高

技术进步不断拓宽人类可利用的能源种类，能源利用规模和效率得以逐渐提高。在英国，薪柴价格飞涨和价格革命期间劳动力成本上升，促使英国进行技术创新以节约燃料和劳动力，并探寻利用新的燃料。由于煤炭含硫的火焰与原材料的直接接触会损害后者的品质，而且煤炭燃烧发出难闻的气味，

[①] 廖建林：《岩仓使节团的欧美之行与日本的近代化》，《武汉大学学报》（人文科学版）2005 年第 3 期，第 333 页。

[②] ［日］梅村又次、山本有造：《日本经济史 3：开港与维新》，李星、杨耀录译，生活·读书·新知三联书店 1998 年版，第 221—227 页。

英国的发明家们花费大量时间来试验各种新的加热装置，以降低薪柴消耗或者改进煤炭的利用方式。17 世纪中期，英国发明出焦炭。在詹姆士一世和查理一世统治期间，各种适合使用原煤的新型熔炉陆续出现。1561—1688 年，与煤炭业有关的专利占到英格兰全部专利的 75％。结果，煤炭在制盐、玻璃制造、石灰烧制、制皂等轻工业和酿酒、烤面包食品等加工业，以及家庭取暖、烹饪中的用途越来越广，用量越来越大。

对于英国以外的其他国家而言，煤炭的大量使用主要得益于三项重大的技术发明和进步：蒸汽机、焦炭炼铁和贝塞麦转炉炼钢法。1692 年，萨弗里发明了用煤炭驱动的蒸汽机。1763—1782 年，瓦特对蒸汽机进行了许多重大改进，蒸汽机得以走出煤矿，广泛应用于工业领域。这大大增加了煤炭的使用。1709 年亚伯拉罕·达比成功地将焦炭用于冶铁。1750 年后，焦炭在冶铁业中被广泛采用。进入 19 世纪 50 年代，蒸汽机产生 1 马力的成本开始低于水力产生 1 马力的成本，美国制造业转而大量使用蒸汽机[1]。换句话说，美国制造业直到这时才大量使用煤炭。1850 年，美国煤炭消费仅约 800 万吨，南北战争后在迅速工业化和人口增长的推动下，煤炭消费以超过 6％的年率增长，到 1910 年时煤炭消费达到 4.4 亿吨。

就能源本身的品质和效率而言，薪柴和泥炭远不及煤炭。薪柴最终丧失主要能源的地位在技术上缘于其作为工业能源的先天不足：能量密度过低。煤炭的优势在于，能迅速发出炽烈的热量，并且更容易控制温度。采用煤炭后钢铁、水泥、制糖等大工业可实现生产的连续性和控制的便利，铁路能达到更快的速度。煤炭促成了工业生产过程的大量技术革新，生产规模迅速扩大。这是煤炭取代薪柴的重要原因。

总的来看，在第一次能源大转换的过程中，英国及其他国家煤炭为主的能源结构的成因包括：煤炭与薪柴价格的此消彼长；煤炭供应的增长；工业革命和大国竞争的现实需要；技术进步和能效提高。拉开这次能源转换序幕的，是英国尤其是城市人口增长带来的人口、资源和土地关系紧张。这里的资源指的就是薪柴，其作为建筑材料的用途（包括海军造船）和作为能源的用途之间在薪柴总量趋减的情况下出现日益严重的冲突。这里涉及土地，是

---

[1] 赖建诚：《西洋经济史的趣味》，浙江大学出版社 2009 年版，第 60 页。

因为薪柴生长于土地之上，要想维持能源供应就必须占用大量土地，而人口扩张要求毁林造地以种植农作物、建造生产生活设施。上述三者关系紧张的结果是薪柴相对于煤炭的供应短缺和价格上涨。英国的特殊之处在于，其完成第一次能源大转换的时间较早，尚未进入工业社会。18 世纪开始出现的一系列技术进步，包括达比的焦炭炼铁和瓦特改良蒸汽机，大大拓展了煤炭的用途，同时也使煤炭产量逐渐增加。这确保了煤炭在能源结构中的主导地位，也使得工业革命顺利开展。对于英国以外的其他国家而言，完成第一次能源大转换在很大程度上依赖英国以及在较小程度上依赖美国和德国的煤炭。不仅如此，它们启动能源转换的 19 世纪正是第一次工业革命如火如荼进行的年代，大国竞争异常激烈，形势迫使它们必须过渡到更为先进的能源结构，否则便要在国际竞争的角力中落后挨打。

第二节 能源结构转向煤炭的影响

一、能源转换为英国工业革命奠基

谈到工业革命首先发生在 18 世纪中后期的英国的原因，通常人们会提到 1688 年英国的"光荣革命"。这种宪政制度上的变革，其意义无论如何强调也不为过。笔者在这里要强调的是另一个常被忽略的因素。那就是英国在 18 世纪初率先完成了从薪柴主导的能源结构向煤炭主导的能源结构的转换，而这个条件在当时世界上任何国家都不具备。需要特别注意的是，这次能源转换和英国工业革命在时间上一前一后的继起和承接。如果没有煤炭的大量生产和在工业上的广泛应用，工业革命是不可能发生并完成的。

（一）煤炭显著缓解英国的土地约束

英国的能源结构从薪柴主导转向煤炭主导，与土地这一生产要素密切相关。古典政治经济学的创始人威廉·配第提出："土地是财富之母，劳动是财富之父，赋税是国家之命脉"。单说土地，即使在今天的工业社会和后工业社会，"土地是财富之母"的论断仍然掷地有声。在李嘉图这个古典政治经济学集大成者眼中，社会总产品是土地、资本和劳动三者结合的产物。换句话说，这三者是经济增长的三要素。另一位古典经济学家马尔萨斯将生活必需品定义为"劳动阶级借以支配食物、衣着、居住和燃料的手段"。也就是说，燃料与食物、衣着、居住并列为生活必需品。而在薪柴时代，这四大生活必需品都离不开土地：薪柴燃料和食物自不必说，衣料如麻织品、毛织品和棉织品直接或间接都是土地的产物，居住所需的木材也来自土地。

问题是，土地的数量是有限的，优质土地更是如此。如何将数量有限且不断减少的土地在不同用途上进行合理分配越来越成为难题。在煤炭等化石能源登台之前的人类社会，人口增长一方面意味着对于薪柴需求的增长，这就必须将森林面积维持在可持续的水平，正如孟子所说，"斧斤以时入山林，材木不可胜用也"。另一方面要求开垦更多的土地用于种植粮食、棉麻和饲养牲畜，这必然要求砍伐森林。这两者之间的矛盾是很难调和的。在这种情况下，很容易出现薪柴短缺和供应危机。

早在工业革命开启之前一两百年左右，英国、荷兰等国就遭遇了薪柴危机。薪柴危机意味着传统的农业文明下的生产、生活方式遇到了极限。虽然薪柴本身是可再生的，但它首先在量上已不能满足人类文明发展的需要。如果找不到解决方法，社会将以极慢的速度发展，几乎处于停滞状态，极端情况下文明会突然消失。马尔萨斯给出的解决方案是，通过"两个抑制"来控制人口增长：一是道德抑制，让人们通过各种主观努力在道德上限制生殖的本能，降低出生率，具体措施如禁欲、晚婚、节育，甚至不婚、不育；二是积极抑制，利用提高人口死亡率的办法来使人口和生活资料之间保持平衡，具体方法如恶习、贫困、战争、疾病和瘟疫等。这被后世称为"马尔萨斯制约"。显然，马尔萨斯过于悲观，没有认识或预见到控制人口增长之外的其他解决方法，如包括燃料在内的四大生活必需品生产和使用的革命。

率先进行尝试的是荷兰。研究英国人口史和工业革命史的著名学者里格利指出，"荷兰17世纪黄金时代的出现，正是由于当时发现大量泥炭，从而得以摆脱完全依赖土地的能源困境"[①]。然而，泥炭无论是量还是质都不能满

---

① Wrigley E A. *Poverty, progress, and population*, Cambridge: Cambridge University Press, 2004, pp. 31, 32, 35, 67.

足人类长期而普遍的需求。随着时间的推移，18世纪后荷兰泥炭的供应越来越成为问题。泥炭难以担当长期缓解土地和燃料困境的大任。

借用美国历史学家彭慕兰的话来说，"任何大的经济体若要同时维持人口和人均产出的持续增长，就需要"矿物燃料和/或其他燃料对土地限制的明显缓解"。最先找到出路的是英国。彭慕兰将"对殖民地的榨取和划时代地转向煤炭"列为"英国得以摆脱马尔萨斯制约的两个可以相提并论的关键因素"。纺织、酿酒或其他工业部门的发展尽管有助于金融资本积累或工资劳动的发展，但却强化而不是缓解了对于土地和能源的压力。与此形成鲜明对比的是，英国自北美殖民地获得的糖和棉花等土地密集型产品，降低了持续增加的人口对本国土地的压力。从1815年到1900年，英国输入的糖约增长11倍，棉花增长了20倍，同一时期英国煤炭产量增长了14倍。以羊毛这个欧洲长期以来主要的衣料纤维为例，若要喂养足够多的绵羊，以代替英国从美洲新大陆输入的棉花制成的纱线，用典型农田的转换系数来算，1830年需要9.31平方千米土地，这个数字超过了英国农田和牧场的总和。这意味着若无美洲棉花输入，全英的土地都用来养羊也不能提供足以满足英国穿衣需求的羊毛数量，而土地全用来养羊根本是不可能的。就煤炭而言，彭慕兰和斯米尔估计，若要达到1815年前后英国煤炭所提供的年均能量产出，英国需要增加8.5平方千米森林[①]。里格利估计，若要达到1800年英国煤炭所提供的能量产出，英国需要增加6.07平方千米林地。换个角度说，相当于煤炭开采为英国增加了这么多的土地面积。

套用马尔萨斯关于四大生活必需品的说法，位于地下的煤炭的开采使燃料需求对土地的依赖大大降低，燃料与食物、衣着和居住争地的紧张局面不复存在。不仅如此，当时居住条件主要是木屋，石屋只有贵族才能住得起，另外还有少量土屋。即使伦敦也是在经历多次大火后，砖石结构的房屋才超过木屋占得上风。随着大量廉价煤炭的供应，砖瓦烧制的燃料成本大大降低，廉价砖瓦取代木材成为主要的建筑材料，导致建筑所需的木材数量急剧下降。这样，四大生活必需品对土地的竞争关系逐渐演变为食物和衣着此二者的竞争。而前面所说的通过殖民地贸易大量进口糖和棉花进一步减轻了土地承受

① ［美］彭慕兰：《大分流：欧洲、中国及现代世界经济的发展》，史建云译，江苏人民出版社2004年版，第207—266页。

的巨大压力。英国农业革命[①]就是在这样的背景下拉开序幕。在 17 世纪和 18 世纪，英国的单位亩产量和人均产量均实现翻一番，这对于一个农业社会来说意义重大。农业革命一方面提供了大量的农产品以支持人口的增长和城市的扩张，另一方面又提供大量剩余劳动力，为工业革命创造了条件。

按照英国经济史学家里格利的说法，英国率先开启的从薪柴经济向煤炭经济的过渡，使人类从以土地为基础的有机物经济向以矿物能源为基础的无机物经济的转变。有机物经济，即受到土地生产能力限制的经济。无机物经济相对于有机物经济的优势是，在有机经济中产出超过一定水平后边际生产成本将会上升，而在能源丰富、以矿物为基础的经济中边际生产成本将会随着产出的增长而降低。他认为，经济发展的模式分为专业化模式和能量化模式。古典经济学家推崇专业化的模式，认为专业化是促进经济增长的主要方式。这种方式下的经济变化是可以预期的累进过程。而无机物经济带来的能量化发展模式里，变化则是不可预知的突变过程。这一看法可以理解为，被视为经济增长源泉的分工和专业化在依赖可再生能源的传统社会里不可能自动和无限地扩展和细化，而是会遭遇能源的瓶颈制约。只有跨越了能源障碍后，分工和专业化才能进一步扩展和细化。总之，随着煤炭时代的到来，"那些有机经济系统中经常阻挠经济长期增长的压力得到了显著的缓解"[②]。

这里不得不提及的是古代的中国。在清朝以前的中国历史中，人口的峰值出现在宋朝。在北宋统治的 167 年中，中国的人口从 2500 万激增至 9800 万。北宋末年（1124 年）的人口高出盛唐（755 年）或（安史之乱开始之年）的 62%[③]。宋朝时，世界上人口超过百万的六大城市中，除了欧洲的君士坦丁堡，其余 5 个都在中国，其中北宋首都东京汴梁（今河南开封）更是世界第一大城市[④]。保守估计，北宋末期汴梁的人口应在 150 万左右。人口激增

---

① 对于英国农业革命的起讫时间，学者们分歧较大。马克思在《资本论》中指出，英国农业革命从 15 世纪最后三十多年开始，几乎持续到整个 16 世纪（但最后几十年除外）。埃伦认为，在英国曾发生过两次农业革命：第一次农业革命包含的内容为采纳新的农业技术、引进新作物和培育新畜种等方面的变革。这次农业革命又称作自耕农的农业革命，主要发生在 17 世纪；第二次农业革命，他称为地主的农业革命，主要指圈地、农场合并、土地所有权渐趋集中，这种变革主要发生在 18 世纪。埃伦认为，这两种农业革命并无关联。

② ［英］里格利：《延续、偶然与变迁：英国工业革命的特质》，侯琳琳译，浙江大学出版社 2013 年版，第 59—78 页。

③ 赵文林、谢淑君：《中国人口史》，人民出版社 1988 年版，第 549 页。

④ 杜君立：《大宋帝国的煤炭革命》，《企业观察家》2013 年第 10 期，第 112 页。

的后果是薪柴的自然再生资源难以满足需求，因此宋朝时出现了比以往朝代都更严重的薪柴危机，以能源需求最高的汴梁最为严重，其薪柴供应半径超过千里。为应对薪柴危机，宋神宗熙宁年间（1068—1077 年），煤炭开始在汴梁使用。到了北宋后期，无论是在汴梁还是在盛产煤炭的今山西、陕西、河北、河南北部和淮北等地区，冶炼、烧制、造酒等手工业作坊都越来越多地用煤炭作为燃料①。如果照此趋势发展，中国整体上无须花费太长时间就将完成能源结构的第一次大转换。

　　然而，好景不长。1126—1141 年，从金灭北宋到宋金议和，中国的人口下降至 7000 万，降幅超过 1/4②。结果是燃料供应压力下降。而且当时的煤炭主产地基本都被占据北方的金朝控制。北方经济下降，加之金人的管理体制，导致北方煤炭产量增加的良好势头未能持续。南宋偏居江南，开发程度不及北方，而且山地较多，薪柴和芦苇等草本植物丰富，其都城临安（今浙江杭州）燃料结构以薪柴为主。到 1210 年，中国全境人口上升到 1.08 亿。人口的恢复使得能源压力再次增大，因此煤炭生产无论在金还是南宋都得到一定重视。1278 年前后，南宋甚至已经发明出用焦炭炼铁③。然而，随即而来的蒙古灭金，使金国控制下的北方人口消失接近 6000 万④，中国全境人口到 1236 年锐减至 5500 万以下。这次在世界历史上极其罕见的令人震惊的人口锐减，再次打断或者说彻底打断了煤炭在中国能源结构中获得更重要地位的进程。直到明末的 1626 年，中国人口才恢复至 9987 万⑤。人口压力的大大缓解，使得煤炭在相当长的时期内，失去了开采利用的动力。清朝统治的 268 年间，中国人口虽由 1 亿左右增至 4 亿以上⑥，但由于处于封建社会末期的明清两代社会气氛整体趋于保守，经济活力丧失，不再积极进取，人民生活处于勉强维持生存的状态，导致对能源的需求并未激增，薪柴为主的能源消费结构从而得以长期维持。中国经济和社会发展借助煤炭的大规模应用，

---

　　① 程遂营：《北宋东京的木材和燃料供应——兼谈中国古代都城的木材和燃料供应》，《社会科学战线》2004 年第 5 期，第 114—115 页。

　　② 赵文林、谢淑君：《中国人口史》，人民出版社 1988 年版，第 278 页。

　　③ 许惠民：《南宋时期煤炭的开发利用——兼对两宋煤炭开采的总结》，《云南社会科学》1994 年第 6 期，第 70 页。

　　④ 赵文林、谢淑君：《中国人口史》，人民出版社 1988 年版，第 265 页。

　　⑤ 同上书，第 549 页。

　　⑥ 同上书，第 391 页。

而进入更高水平的时间窗口因此被大大推后。

与战乱频仍、人口总数剧烈波动的中国古代相比，英国的人口在 1348 年的黑死病危机过后，直到第一次世界大战的 500 多年间，只是在 17 世纪 40 年代的内战期间有过 5％ 左右的减少，剩下的漫长时间一直保持增长。人口增长带来的能源和土地困境，最终促成煤炭在英国永久性地代替薪柴。

（二）廉价煤炭赋予英国经济低成本优势

根据牛津大学经济史教授艾伦提供的数据（见表 3-2），若以含 1M 英国热量单位（BTU）热能的燃料所值的白银克数为计价单位，英国在完成能源消费结构以薪柴为主向煤炭为主的转变后，所消耗的主要能源的价格大大降低。以伦敦为例，其 1750 年的煤炭价格分别是同期阿姆斯特丹和安特卫普泥炭价格的 81％ 和 17％，是佛罗伦萨、马德里、巴黎、北京和浦那燃料价格的 77％、66％、60％、42％ 和 30％。在 1800 年全球主要城市中，仅有处于森林资源丰富的中欧腹地的维也纳的木炭价格低于伦敦。但若综合考虑英国东北部和西部煤炭产区的能源价格，以及英国工业日益向上述地区集中的事实，则英国毫无疑问在工业革命开始之前享有世界上供应最为充足、最为廉价的能源。

表 3-2　世界主要城市和地区的能源实际价格

	1500 年	1550 年	1600 年	1650 年	1700 年	1750 年	1800 年
伦敦（煤炭）	3.36	3.08	2.63	3.56	3.93	3.96	3.84
伦敦（木炭）	4.14	5.91	5.08	10.21	11.15	10.08	——
英国东北沿海（煤炭）	0.35	0.57	0.6	0.48	0.54	0.75	——
英国西部（煤炭）	0.69	0.69	0.63	0.58	0.63	0.65	0.50
英国西部（木炭）	1.30	1.26	1.30	1.80	2.49	2.97	2.67
阿姆斯特丹（泥炭）	4.04	3.01	4.09	3.70	4.21	4.87	7.08
阿姆斯特丹（木材）	——	——	2.55	3.39	3.57	4.23	5.67
安特卫普（木炭）	7.25	7.50	9.96	10.49	12.61	13.94	12.31
安特卫普（泥炭）	——	——	——	15.31	20.28	23.15	15.92
安特卫普（木炭）	——	6.53	4.92	6.41	7.61	6.60	5.51
巴　黎	——	——	5.50	5.39	6.95	6.65	——

续　表

	1500 年	1550 年	1600 年	1650 年	1700 年	1750 年	1800 年
佛罗伦萨	4.73	4.79	5.02		6.10	5.13	6.38
马德里	—	7.17	6.49	7.06	6.16	5.98	6.28
维也纳	2.34	2.65	2.15	2.72	3.20	3.31	2.76
北　京					10.85	9.41	7.11
印度浦那						13.12	10.78

资料来源：［英］罗伯特·艾伦：《近代英国工业革命揭秘——放眼全球的深度透视》，毛立坤译，浙江大学出版社 2012 年版，第 150—151 页。

　　廉价的能源为英国工业革命的开展提供了绝佳的基础。像曼彻斯特、利物浦、谢菲尔德、利兹、伯明翰和格拉斯哥这样的城市，周边都有丰富的煤炭。燃料价格的低廉使人口、资本和技术迅速向这些地方集中，从而在工业革命中发展成为英国工业发达和集中的中心。英国的工业重心由以伦敦为中心的南部向资源丰富的北部和中部转移。英国东北沿海的产煤区成为全世界最早因煤炭开发而兴起的工业区，为英国抢占了随后展开的工业革命的制高点。整体而言，如图 3-3 所示，1400—1800 年，英国的城市化水平迅速提高，与持续下降的意大利、缓慢增长的法国形成了鲜明对比。到 19 世纪初期，英国的城市化水平已经十分接近先期发展起来的荷兰。

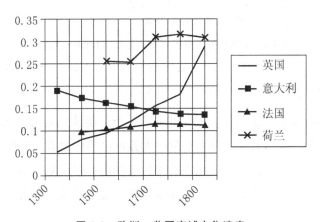

图 3-3　欧洲一些国家城市化速度

资料来源：［英］罗伯特·艾伦：《近代英国工业革命揭秘——放眼全球的深度透视》，毛立坤译，浙江大学出版社 2012 年版，第 183 页。

艾伦研究了英国城市化速度迅速超过欧洲大陆国家的原因，包括：17 世纪末期英国代议制政府的确立、最早开始的"圈地运动"、以毛料加工业为代表的优势产业、海外贸易规模的扩大、廉价煤炭的充足供应等。图 3-4 是其研究结果，图中的曲线显示的是由上至下依次排除推动城市化的相关要素后，剩余要素可能产生的累积性效应。其主要内容是：代议制政府和圈地运动其实对于城市化进程构成抑制，在没有代议制政府和"圈地运动"时，城市规模可能变得更大；真正影响城市化进程的是新型毛料加工业、海外贸易规模的扩大和廉价煤炭的充足供应这三个因素，如果将它们全部剥离，则英国的城市化速度将跌落至和法国一样的水平[①]。可见，廉价煤炭的供应对于这一时期英国城市化的贡献仅次于新型毛料加工业和海外贸易的贡献。而城市化水平提高本身既是经济增长的结果，也促进了经济增长。

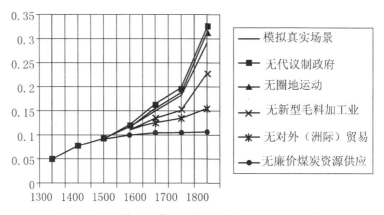

图 3-4 不同情形下英国城市化速度（1300—1800 年）

资料来源：［英］罗伯特·艾伦：《近代英国工业革命揭秘——放眼全球的深度透视》，毛立坤译，浙江大学出版社 2012 年版，第 187 页。

除了推动城市化进程外，还需提及的一个影响体现在工资水平上。在前工业革命时代，英国人的工资水平位居世界最高等级之列[②]。成书于 1776 年的《国富论》对此亦有提及，称"不列颠现今的劳动工资，显然超过了维持劳动者一家生活所需的数额"[③]。煤炭这种廉价能源的大量运用，降低了英国

---

① ［英］罗伯特·艾伦：《近代英国工业革命揭秘——放眼全球的深度透视》，毛立坤译，浙江大学出版社 2012 年版，第 150—196 页。

② 罗伯特·艾伦在《近代英国工业革命揭秘——放眼全球的深度透视》一书中对此有专章描述。

③ ［英］亚当·斯密：《国民财富的性质和原因的研究》（上卷），商务印书馆 1974 年版，第 67 页。

的劳动力成本，使英国得以维持高工资的模式。高工资意味着较高的消费能力，这对英国经济助益良多。

1800年以后，廉价煤炭给英国工业带来的低成本优势依然突出。19世纪40年代费城和纽约市场上的无烟煤售价为英国曼彻斯特和爱丁堡市场上煤炭价格的3倍。尽管德国、美国和法国在1850年后开始在煤炭生产上奋起直追，英国大多数重工业依然在1875年前始终维持生产成本优势，并能够基本维持此前的扩张速度。

二、煤炭在工业革命中的作用和意义

对于工业革命的意义，无论如何强调也不为过。而工业革命的开展，是以大量消耗煤炭为前提的。根据人均能源消费与人均国内生产总值（GDP）的"S"形规律，在工业化进程中，随着人均GDP的增长，人均能源消费呈线性持续上升。英国人均一次能源消费与人均真实GDP之间的走势关系显示（如图3-5所示），在英国人均真实GDP1973年达到6700英镑（1990年价格，下同）之前，经济增长与能源消费基本保持线性增长。其中，在1870年人均真实GDP达到1800英镑以前，英国人均一次能源消费的增速远高于人均真实GDP增速，这显示工业革命时期英国的经济增长建立在大量消耗能源的基础上。正是基于此，英国得以在第一次工业革命中成为领导者和"旗手"。

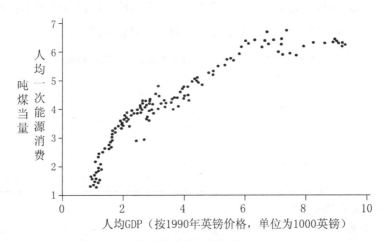

图3-5　英国人均一次能源消费与人均真实GDP（1830—1995）

资料来源：Fouquet R，Pearson P J G. "A thousand years of energy use in the United Kingdom"，*The Energy Journal*，Vol. 19，No. 4（1998），p. 26.

具体而言，煤炭在工业革命中的具体作用主要体现在以下几个方面。

（一）煤炭生产与蒸汽革命

英国工业革命是以蒸汽机的广泛应用为标志的，也被称为"蒸汽革命"。而蒸汽是依靠燃烧薪柴、煤炭等能源主要是煤炭对水加热产生的。最早的蒸汽机是为了解决煤矿排水的难题而发明的。1712 年，世界上第一台可以工作的常压蒸汽机被制造出来用于煤矿井深处排水。这台蒸汽机被称为"纽可门蒸汽机"，需要消耗大量煤炭才能运转，因此只能用于从煤矿井而不是别的矿井中抽水。从 1765 年到 1790 年，詹姆斯·瓦特在对纽可门蒸汽机进行一系列改进的基础上，最终发明了现代意义上的蒸汽机。蒸汽机的运用逐渐解决了排水问题，使得煤矿能够越挖越深，煤炭产量也得以不断扩大。但蒸汽机的意义远不止煤炭。

蒸汽机和它产生的蒸汽为工业革命提供了能够摆脱自然控制的持续不断的原动力。最先大规模利用这种动力源的正是拥有丰富煤炭的英国。1825 年法国蒸汽机的总功率（以马力数计算）只相当于英国的 1/75，1837 年德国蒸汽机的功率仅相当于英国 1825 年的 1/50。1830 年时，蒸汽对于英国动力的贡献已经与水力相当。1850 年，英国改良出高压蒸汽机后，蒸汽机对英国经济的贡献开始显著增加。到 1870 年，总使用动力的 90％由蒸汽提供（见表3-3）。在此过程中，作为一种"通用技术"（应用极其广泛且能被不断改进的特定技术），蒸汽机的应用范围逐步扩大到整个经济领域。

表 3-3　1760—1907 年英国所使用动力的来源构成

	1760	1800	1830	1870	1907
蒸汽	5.88％	20.59％	45.71％	89.57％	98.14％
水	82.35％	70.59％	45.71％	10％	1.81％
风	11.76％	8.82％	5.71％	0.43％	0.05％

说明：未考虑内燃机。

资料来源：Crafts，N. Steam as a general purpose technology：A growth accounting perspective. *The Economic Journal*，114（495），2004.

借助于充足的动力，机器大工业在英国率先建立起来并取代了手工工场，英国制造业的实力迅速增强。1750 年时，英国和爱尔兰合计仅占全球制造业产出的 1.9％，1800 年英国的份额上升到 4％，1860 年升至近 20％，超过中国，成为全球制造业头号强国①。纺织业是英国工业革命的先导和支柱，出口占英国出口总额的比重在 19 世纪上半叶始终维持在 50％以上。纺织业是第一个借助蒸汽机的使用而实现商业化的行业②。20 世纪 70 年代，蒸汽机所产生的马力，几乎有一半是用在矿山和棉纺业上。恩格斯曾这样描述英国争夺工业垄断地位的历史：借助于蒸汽动力，英国率先完成了纺织革命，同时英国的煤田由于采用蒸汽而成为国家繁荣的基础，"当 1815 年和平恢复时，拥有使用蒸汽的工厂的英国，已经能够供应全世界，而其他国家当时还几乎不知道蒸汽机。在工业生产方面，英国已经远远走在它们前面了"。恩格斯的上述论述是对煤炭和蒸汽对于英国所起作用的最好总结。

（二）煤炭运输与交通运输革命

交通运输对于经济和社会发展的意义重大。纵观人类社会的发展变化，交通运输领域的创新和革命每每推动了巨大的变革和进步。在《繁荣的背后》一书中，伯恩斯坦将交通与通信技术列为经济增长的四大源泉之一，与产权保护、科学理性和资本市场相并列。而他所说的交通与通信技术更具体地说，包括动力、速度和信息③。

在英国工业革命发生前和革命初期，英国在交通运输领域掀起了一阵"运河热"。而运河的大发展一开始就是为了解决煤炭的运输问题。换句话说，煤炭运输一开始就是修筑运河的主导因素④。在大规模修建运河之前，英国陆上交通使用的还是 1000 多年前罗马统治期间建立的道路交通体系，道路质量之差、运输效率之低、长途旅行之危险都可想而知。为了解决内陆煤炭运输的难题，英国人将目光转向水上交通。1759 年，在政府的支持下，布里奇沃特公爵从沃斯利煤矿到棉纺织业中心——曼彻斯特开凿了长达 17.6 千米的英国第一条运河，运河在 1761 年建成后，煤炭到曼彻斯特的运费降低了一半。1776 年该运河又从曼彻斯特延长 48 千米到港口城市利物浦。布里奇沃

---

① ［英］彼得·马什：《新工业革命》，赛迪研究院专家组译，中信出版社 2013 年版，第 7—8 页。

② ［美］阿尔弗雷德·克劳士比：《人类能源史——危机与希望》，王正林、王权译，中国青年出版社 2009 年版，第 101 页。

③ ［美］威廉·伯恩斯坦：《繁荣的背后：解读现代世界的经济大增长》，符云玲译，机械工业出版社 2011 年版，第 8 页。

④ ［英］克拉潘：《现代英国经济史》（上卷），姚曾廙译，商务印书馆 1964 年版，第 109 页。

特公爵本身是一个大煤矿主，他几乎将全部家财都投入到运河建设中，被称为英国的"运河之父"。在他眼中，衡量运河好坏的标准就是能否满足煤炭运输需要①。许多贵族地主阶级纷纷效仿，也开始修建运河。总的来看，18 世纪中期英国议会通过了将近 300 个相关法令来改善道路和运河。而从 1760 年到 1829 年，英国议会通过了 427 个以修建运河为核心的水道治理改造法案②。

大量修筑运河给英国带来了当时世界上除荷兰外，几乎其他任何国家都难以比肩的便捷的水上交通体系。1760 年时，英格兰和威尔士的内陆通航水道长度约为 2251 千米，到 1830 年增至约 6238 千米。需要注意的是，1760 年的通航水道全为自然水道，到 1830 年新增的通航里程大部分为新修的运河，剩下的一小部分来自对原来不能通航的自然水道的清淤改造③。英国的工业和商业中心被运河网络连接起来。运河运输的费用比公路运输便宜 25%～50%，煤炭价格因此大大下降，其他需要用煤的工业产品价格也随之下降，国内外市场因此而扩大。

19 世纪上半期，随着运河网络的相对完善，铁路成为交通领域新的焦点。铁路和运河一样，其起源和早期发展几乎完全是煤炭的产物。铁路和火车的原型是 18 世纪早期纽卡斯尔煤矿铺设的木制轨道和马拉的煤车④，蒸汽机的改进和钢铁工业的发展使得用蒸汽动力代替马匹和铁轨代替木轨成为可能。1825 年，英国第一条铁路开通，标志着"铁路时代"的到来。这条铁路的设计者正是被称为英国"铁路之父"的斯蒂芬森，他出生在煤矿工人家庭。这条铁路是专为他的雇主——煤炭大联盟而开通的，连接煤炭产地达林顿到河岸城镇斯托克顿。1830 年，英国利物浦和曼彻斯特之间的铁路通车，成为第一条由火车机车带动的公共铁路。当时英国铁路基本上都是由煤矿区通向大城市。英国在欧洲国家中铁路发展的领先地位一直维持到 1871 年前后，当年英国的铁路长度为 21858 千米。

---

① ［英］阿萨·勃里格斯：《英国社会史》，陈叔平、刘城、周俊文等译，中国人民大学出版社 1991 年版，第 253 页。

② Duckham B F. Canals and river navigations. *Transport in the Industrial Revolution*. p. 106.

③ Duckham B F. Canals and river navigations. *Transport in the Industrial Revolution*. Manchester，Manchester University Press，1983，p. 109.

④ ［美］弗里兹：《煤的历史》，时娜译，中信出版社 2005 年版，第 76 页。

总的来看，煤炭运输的需要最早在英国而不是其他国家催生了大规模的交通基础设施建设的革命，这大大推动了英国国内市场的统一，降低了人员、物资和信息流动的成本。

（三）煤炭与钢铁

今天，钢铁是人类应用最为广泛的金属。在 20 世纪之前，如果说煤炭是最重要的能源，那么铁就是最重要的工业原料。由于铁的熔点较高[①]，冶铁业的发展需要大量高品质的燃料。迄今为止，煤炭仍然是最合适的冶铁燃料。一国在国际舞台上的地位，就资源领域而言，在很大程度上取决于是否拥有以及能否最优利用煤和铁这两种资源。

有关煤和铁的运用带来的影响，宋元时期的中国作出了最好的注解。前文已述，宋朝时中国北方已大量使用煤炭，尤以汴梁等大城市为甚。1078年，中国利用煤炭制造的生铁产量已达 12.5 万吨，相当于欧洲（不含俄罗斯）400 年后生铁产量的两倍[②]。煤炭的大量使用，进一步推动了生铁产量的增加。北宋的主要生铁产地邢州、磁州和相州，煤炭储量都很丰富。然而，煤铁产量的增加并未给当时的社会带来革命性的变化。日本已故历史学家宫崎市定（也称宫崎市定）就此指出，宋朝的铁有三个主要去处：一是制造兵器、农具和其他器物，二是制造铁钱，三是制造铜钱。这里需要指出的是，宋代以铜钱为法定货币，然而部分地方也使用铁钱，以弥补铜钱的不足。而当时炼铜采用浸铜法，或称水法炼铜，"大率用铁二斤四两，得铜一斤"。两项合计，他估计用作货币的铁的数量相当于铁年产量的一半左右。尽管货币很重要，但并无实际的直接生产用途。很显然，于宋而言，煤和铁都没有真正用到"刀刃"上。历史到这里还没有完。与南宋同时存在的，还有北方的金国和蒙古势力。金灭北宋统治中国北方期间，并未像前朝辽人那样实施严格的"铁禁"。大量宋和金的铁钱流入蒙古人手中，蒙古人遂得以用铁制造兵器，摆脱了长期以来只能用骨角做箭镞的窘境。蒙古灭金后，在征伐中亚和

---

①　在常见金属中，锡的熔点为 231.89℃，铅为 327.502℃，锌为 419.5℃，铝为 660℃，铜为 1083.4±0.2℃，而铁为 1535℃。自然，熔点越低的金属越容易被熔化和冶炼，一般会越早被人类开发利用。青铜就是铜和锡的合金。不仅如此，去除铁矿中的杂质要比去除铜矿或其他矿石的杂质困难。人类文明的"石器时代""青铜时代"和"铁器时代"先后出现，与这些因素有着密切关系。

②　［美］阿尔弗雷德·克劳士比：《人类能源史——危机与希望》，王正林、王权译，中国青年出版社 2009 年版，第 90 页。

欧洲以前，曾在煤铁资源丰富的华北紧急设立熔炉冶铁[①]。其后发生的事情也就不难理解了。尽管宫崎市定夸大的武器决定论或物质决定论和他为日本军国主义扩张著书立说的立场值得批判，但他对宋元时期煤铁产生的不同影响的描述还是有可取之处的。

在伊丽莎白统治末期，受薪柴危机的影响，用于冶铁的木炭日趋匮乏，高成本的燃料开始阻碍铁产量的增加。在内战之前，英国的铁产量陷入停顿，只能从森林资源丰富的弗兰德尔、斯堪的纳维亚国家和俄罗斯进口铁来补充国内生产的不足。这一时期，英国坚定奉行重商主义政策，其中包括限制奢侈品和制成品进口，但却大力鼓励进口木材等原料，1576 年的法令还规定，要大力支持铁和羊毛等工业原料的进口[②]。于是，英国一度出现所需生铁的 2/3 从国外进口的局面。

英国储量丰富的煤炭正是在这种情况下进入冶铁业者的视野。英国的优势在于，煤矿和铁矿通常离得很近，而且离海岸线也都不远。最初，人们直接使用煤炭加热铁矿石，但由于煤炭中的杂质问题，煤炭炼铁的质量远不如木炭炼铁。直到 18 世纪初达比发明了焦炭炼铁技术，煤炭开始大规模用于冶铁。到 18 世纪六七十年代，法国人充分认识到"在技术方面，欧洲大陆国家与不列颠之间存在着差距，最明显的差距体现在焦炭冶炼铁矿砂和铸造镗制大炮的技术方面"[③]。从 1720 年到 19 世纪初，英国的铁产量扩大近 10 倍。1825 年英国的生铁产量比同年法国、俄国、美国的德国生铁产量总和高出约 23％。1850 年英国生铁产量比同年法国、美国和德国三国的产量总和还多 1 倍。

焦炭炼铁的发展对于英国经济意义重大。铁产量的增加，使英国继荷兰之后出现了"农业革命"。18 世纪中期，农业用铁已占英国铁需求总量的 30％～50％。铁制农具的广泛应用大大推进了 17 世纪末 18 世纪初到 19 世纪中期英国的"农业革命"，为工业革命创造了广阔的市场和大量剩余劳动力。

钢是对铁进一步冶炼提纯的产物，其碳含量更低，杂质更少，具有更好

---

① ［日］宫崎市定：《宋代的煤与铁》，中国科学院历史研究所编译《宫崎市定论文选集》（上卷），商务印书馆 1963 年版，第 190—196 页。

② 周聪贤：《论英国伊丽莎白时代的重商主义政策》，《粮食流通技术》2005 年第 2 期，第 44 页。

③ ［英］W. H. B. 考特：《简明英国经济史（1750—1939 年）》，方廷钰译，商务印书馆 1992 年版，第 164 页。

的可塑性，用途比生铁广泛得多。1742年，本杰明·亨茨曼发明了"坩埚炼钢法"。从亨茨曼时代开始，英国成为世界炼钢行业的领导者。1850年，全球生产了7万吨钢，其中英国产量占了70%，仅英国谢菲尔德市的钢产量就占了全球的50%[①]。

钢铁产量的激增与煤的使用密不可分，没有充足而廉价的煤炭供应，就没有钢铁产业的蓬勃发展。到1840年，英国钢铁行业使用的煤炭已占英国煤炭产量的25%，这一比例到1869年升至30%的高点。

在英国工业革命发生一个世纪以后，其他欧美国家的工业革命才刚刚开始，它们在技术和资金上对英国依赖很大，大量进口英国的钢铁产品，英国工业革命的先发性优势在这时显露无疑。作为最重要的工业原料，煤炭和钢铁赋予了英国制造业令人艳羡的低成本优势，英国也因此在1860年超过中国成为世界最大的制造业国家[②]。

综上所述，煤炭的大量开采是英国工业革命得以发生的前提条件和根本保障。离开了煤炭，工业革命便不可能在英国率先开展，更不可能在英国率先完成。英国处于繁荣和权力顶峰的维多利亚时代（通常认为在1837—1901年），实质上是一个煤炭时代。只要煤炭仍是事实上仅有的燃料，只要英国的煤矿仍享有准垄断地位，英国的工业就将保持几乎无敌的地位。[③] 工业革命的发生，给英国带来了翻天覆地的变化，表现在经济、政治、军事、社会、文化和艺术等方方面面。就政治方面，举例来说，随着工业革命的开展，新兴工业资产阶级力量不断壮大，而土地贵族的势力整体上趋于下降。然而，英国的议会选举制度却仍沿袭中世纪留下的传统，并未因1688年的"光荣革命"而发生变化，导致作为国家权力中心的议会在议员代表性等核心问题上与现实情况严重脱钩[④]。作为对英国社会不同阶级和阶层实力对比变化的回应，英国议会在19世纪相继进行三次改革，分别是1832年、1867年和1884—1885年。其中，在1832年的议会改革中，英国的工业资产阶级首次

①　[英] 彼得·马什：《新工业革命》，赛迪研究院专家组译，中信出版社2013年版，第10页。

②　同上书，第8页。

③　Siegfried, A. "The Passing of England's Economic Hegemony". *Foreign Affairs*, 6 (4), 1928.

④　刘金源：《议会改革与英国的政治现代化历程》，《人民论坛·学术前沿》2014年第2期，第40页。

进入议会；经过 1867 年的议会改革，资产阶级在议会中获得了主导地位。正是由于议会改革，英国才得以保持政治的稳定，避免了内部革命和动乱，使得工业革命的成果得以维持。而这种选举制度的重大变革究其根源显然是与煤炭分不开的。道理很简单：没有煤炭就没有工业资产阶级和工人阶级的出现和力量的持续壮大，而如果没有工业资产阶级和工人阶级力量的持续壮大，议会改革也就难以发生。

三、煤炭与英国治下的非对称相互依赖

一战前的世界，英国毫无疑问处于当时世界权力结构的核心，最外围的是广大的亚非拉地区，中间是西欧列强、美国、俄国和日本等国。最外围的国家作为资本主义列强的原料产地和商品倾销市场，根本无力挑战以英国为首的西方列强确立的国际秩序。英国以外的西方列强与英国之间，关系则要复杂得多：一方面，英国是当时世界经济、金融、贸易、政治、军事和文化的中心；另一方面，英国在国际事务中并不能做到"一手遮天"，需要与其他列强协调，甚至不时需要其他列强出手相助。总的来看，其他列强对英国的依赖要大于英国对其他列强的依赖，两者之间的关系是一种非对称的相互依赖。这种关系的存在是建立在英国对煤炭资源绝对控制和英国借助煤炭资源早早完成第一次工业革命的基础上的。

（一）煤炭赋予英国海上军事优势

如果说荷兰是 16、17 世纪的"海上马车夫"，那么后来居上的英国则是第一个成就了海上霸权的国家。英国人并不仅仅满足于其前辈荷兰单单垄断海上贸易的地位，而是真正建成了统治全球海洋的强大的远洋海军。英国海军是英国霸权的一个重要支撑力量，维系着大英帝国对遍布全球的殖民地的有效统治，确保英国的商船在全球的贸易通行无阻，而英国海军从其最初产生、发展壮大到称霸全球，都与煤炭有着密不可分的联系。可以说，没有充足的煤炭和对煤炭的有效控制，就没有英国海军的地位，英国的霸权也会大打折扣。

英国海军初期的发展，与煤炭的海上运输关系密切。在煤炭运输过程中，一些比较重要的海运交通线经常遭受来自海盗和外国势力的袭击，正是在护卫煤船安全的过程中，英国海军逐渐发展壮大。不仅如此，运煤船还直接加

入海军的战斗。1588 年英国击败西班牙的无敌舰队，运煤船在其中发挥了重要作用。不过，这时的各国海军和商船一样，还都停留在风帆时代，英国也不例外。

工业革命的开展，赋予了英国在动力、机械制造等多方面的优势，这种优势很容易转化为军事优势。在拿破仑战争期间，英国的工业部门已经广泛应用蒸汽机和机械。尽管英国人口当时急剧增长，战争旷日持久、耗资巨大，英国的财力和物力都处于异常紧张的局面，然而由于在"战前相当长的时期内，不列颠的经济体系发生了某些变化，这就使它有能力去承受这样重的负担"，"工农业生产力的提高起了决定性的作用"[①]。

19 世纪初开始，蒸汽动力逐渐取代风力和人力驱动船只航行，水上交通进入轮船或汽船时代[②]，摆脱了对风速、风向和潮流的依赖。然而，最初的轮船携带的煤炭燃料跑不到 100 海里就耗尽了。英国皇家海军在 1820 年开始拥有第一艘汽船，但直到 1845 年之前所有较大型战舰都仍然使用风帆作为唯一动力。其主要原因之一是：当时的燃煤蒸汽机体积庞大，而且需要占用大量的空间存放煤炭，大大降低了战舰的有效战斗载荷。除非解决了轮船需要携带大量煤炭的弊端，海军仍难以形成较强的战斗力。海军对于煤炭的"偏见"可以从 1838 年的一场横跨大西洋的民用汽船竞赛中找到缘由。当时"天狼星号"与"大西方号"从英国出发前往纽约，争夺第一艘只靠蒸汽动力完成远洋航行的轮船的殊荣。最终虽然"天狼星号"获胜，但过程却并不完美：两艘轮船都在途中"放帆"；"天狼星号"全程耗煤高达 200 吨；不仅如此，"天狼星号"在行至新泽西外海时耗尽燃煤，被迫将船上家具、全部备用船桁和一支桅杆投入蒸汽锅炉燃烧才得以到岸[③]。

鸦片战争成为海军真正重视煤炭作用的起点。鸦片战争中，武装汽船第一次投入实战。英军的帆船在长江口逆流而上发动进攻时缺乏动力，使用煤炭作为燃料的汽船这时派上了用场，拖动其他舰只进行供给或登陆。于是，

---

① ［英］W. H. B. 考特：《简明英国经济史（1750—1939 年）》，方廷钰译，商务印书馆 1992 年版，第 165—166 页。

② 19 世纪以前，船舶主要靠人工摇橹和风帆推进。原始的轮船是以人力踩踏木轮推进。近代轮船是以蒸汽推动外部明轮轮桨的蒸汽船，是真正意义上的轮船，也可称为汽船。最早的蒸汽船外面有一个大轮子，所以叫轮船，使用的燃料最初是薪柴，后来变成煤炭。

③ ［美］阿尔弗雷德·克劳士比：《人类能源史——危机与希望》，王正林、王权译，中国青年出版社 2009 年版，第 100—101 页。

鸦片战争后，当时一些国家的海军都开始在战舰上使用蒸汽轮机和螺旋桨。煤炭与海军的发展从此开始紧密相连。

英国之所以能称霸海洋，对煤炭的绝对控制是关键之处。借助于丰富的煤炭资源，英国皇家海军建立了一个遍布全球、无人能敌的"加煤站"（coaling stations/bases）网络，供海军船只在特定地点加煤，也给英国的商船队提供便利。最初，大多数加煤站的煤运自英国本土。后来，随着英国的殖民地如澳大利亚、南非、印度和加拿大的煤炭产量迅速提高，它们的煤炭也就近供应这些加煤站。因此，大英帝国在一定程度上是建立在煤的基础上的。早在1802年，英国即在也门的亚丁设立海船加煤站，1839年正式侵占亚丁，作为向东方扩张的据点。20世纪50年代，英国在佛得角的明德卢港建成了大西洋上的一个主要加煤站。英国加煤站的名单很长，包括马德拉岛、亚速尔群岛、加那利群岛、直布罗陀、埃及、马耳他、亚丁、新加坡和中国香港等。1903年，英国关于煤炭供应的皇家委员会被告知，约一半的英国出口煤炭被用于给世界各地的汽船加煤。到1913年，英国出口煤炭中仍有24％作为船用煤[1]。

英国设立加煤站的举动被其他列强竞相模仿，不过它们的煤炭资源都远不如英国丰富，殖民地也远不及英国辽阔，它们的加煤站因此难以与英国相提并论。不仅如此，英国海军使用的一直是本土产最优质的威尔士煤。其他国家海军也想方设法进口威尔士煤。在战争年代，英国海军牢牢控制住运煤船，使得像法国和西班牙这样在人口和土地上远远占优，而在煤炭储备上严重匮乏的大陆对手束手无策，从而帮助英国树立对海洋的统治[2]。

尽管美国的工业产值早在19世纪末就超过了英国，但军事实力还远不是英国的对手。美国拥有的殖民地面积在英国面前不值一提。英国皇家海军通过遍布全球的"加煤站"网络，牢牢控制住全球海洋，包括美国在内的其他国家海军由于煤供给不足或殖民地太少而难以望其项背。具体到美国，尽管本土并不缺煤，甚至是最主要的优质无烟煤产地，1899年煤炭产量开始超过英国，但屈指可数的海外加煤站仍使其难以在大洋上与英国比肩。1886年

---

① Clark, John G., *The political economy of world energy: A twentieth-century perspective*, p. 25.

② [美]巴巴拉·弗里兹:《煤的历史》，时娜译，中信出版社2005年版，第167页。

秋，阿尔弗雷德·塞耶·马汉上校为准备担任美国海军军事学院的职务开始研究历史时指出，现代战舰不能携带足够的煤来横穿大洋与同等规模的敌舰队作战，所以需要海外基地以使舰队的活动区域能延伸到海上交通受到威胁的任何海域。因为基地为支援舰队而存在，而不是舰队为支援基地而存在，所以理想的基地应能够自给。于是海外基地一般都设在殖民地，它们能提供各种资源并在自己的控制下，而殖民地又能进行更有利的贸易，从而促进海上商业航运的发展①。这些在马汉的"海权论"中所不被广泛关注的内容，恰恰点出了海权得以建立的根基所在，最终指向正是煤炭。

煤炭出口国的地位使英国在地缘政治上处于优势。理论上，英国在煤炭出口上的优势能够很容易地转换为地缘政治优势。尽管英国极少采用煤炭禁运这样的政策，但在战争期间煤炭自然成为最容易受到"关注"的对象，而最终的输家往往是需要进口煤炭的国家。在 1904—1905 年的日俄战争中，俄国由于没有像英国那样的全球加煤站网络，而且无法获得英国煤炭，因此大吃苦头，成为最终战败国。日俄战争爆发前，英国和日本为对抗俄国在远东的扩张而结成军事同盟，其中规定缔结国的一方如与其他国家发生战争时，另一方应严守中立。沙俄政府从波罗的海舰队（后来加上黑海舰队）抽调舰船前往远东增援。这支舰队的大部分绕道南非好望角前往远东，航程远达 18000 海里，中途没有任何基地。由于交战国军舰不得在中立国港口停泊的国际法限制，俄国舰队面临巨大困难。英日同盟使俄国的盟邦法国不仅不敢参战助俄，而且在给俄国军舰加煤问题上也小心翼翼。为了解决燃料问题，俄国舰队只能利用寥寥几次机会尽可能多装煤炭，甲板、机房、浴室、军官卧室等一切空地都堆满煤炭，严重降低了航速，甚至所有炮塔周围都堆满了煤炭，导致炮塔根本无法转动。设计满载排水量 14000 吨的"苏沃洛夫公爵号"由于满载煤炭，每次出发时的排水量都超过 17000 吨。不仅如此，由于俄舰队刚启程后即误炸英国渔船，英国对于最适合用于军舰的威尔士煤进行禁运，英国商人也竭尽全力囤积威尔士煤。俄国舰队只能使用德国一家公司费力购来的最便宜、质量最差的日本煤炭，这种煤炭不仅气味难闻而且难以产生足够蒸汽。与此形成鲜明对比的是，日本海军早在开战以前就由海军次

---

① ［美］E. B. 波特：《世界海军史》，李杰等译，解放军出版社 1992 年版。

官专门负责购买英国威尔士煤以确保战舰的燃料供应。[①] 后来该舰队在远东几乎全军覆没的结局，其实在燃煤供应问题上早已注定。

（二）煤炭强化其他国家对英国的经济依赖

在英国的能源结构仍是薪柴主导时，煤炭已经成为重要的出口产品。1550—1640 年，英国的煤炭出口增加 6 倍左右[②]。随着英国煤炭工业的发展，在优先满足国内经济发展需要的同时，英国有越来越多的煤炭可供出口。如表 3-1 所示，1800 年时，英国煤炭产量的 2％用于出口。英国煤炭出口的比例在 1860 年时为 6％，1869 年为 12％，1887 年升至 20％。1913 年英国出口煤炭 9400 万吨，占英国当年产量的比例达到 33％的历史最高峰，占当时世界煤炭消费的约 10％。

英国的全球头号煤炭出口国地位一直保持到二战开始，期间只是在 1920年、1921 年和 1926 年等个别年份被美国或德国超过。能够与英国煤炭在较小程度上进行竞争的，在不同的历史时期只有比利时、美国和德国。但就是作为当时第二大产煤国的比利时，从 1831 年起也要从英国进口煤炭。19 世纪 80 年代，英国煤矿的劳动生产率达到最高峰。尽管美国煤矿的劳动生产率随后超出英国，但由于美国煤矿工人的工资更高、美国煤炭到港口的运输距离更长（运费相应更高）和欧洲和拉美主要城市的煤炭需求增速上升，英国的煤炭出口优势仍得以维持。1890 年，英国煤炭出口占世界煤炭出口的约 63％。1900 年，这一比例为 58％。若以 1900 年英国煤炭出口数量为 100 算，则其他国家加在一起为 72（即相当于英国的 72％）。分国家看，德国为 30.4，美国为 13.6，比利时为 11.7，日本为 5.7。1907 年，英国煤炭贸易的全球占比仍为 60％左右，价值超过 5200 万英镑，而同年美国石油出口的价值为 1900 万英镑左右[③]。从 1940 年开始，英国煤炭出口断崖式下跌，远离战火的美国才真正取而代之[④]。

---

① 俞天任：《浩瀚大洋是赌场——大日本帝国海军兴亡史》，语文出版社 2010 年版。

② Nef，J. U. A Comparison of Industrial Growth in France and England from 1540 to 1640. *The Journal of Political Economy*，44（3），1936，p. 312.

③ Clark，John G.，*The political economy of world energy：A twentieth-century perspective*，Hertfordshire：Harvester Wheatsheaf，1991，p. 9.

④ ［英］B. R. 米切尔编：《帕尔格雷夫世界历史统计（欧洲卷 1750—1993 年）》《帕尔格雷夫世界历史统计（美洲卷 1750—1993 年）》，贺力平译，经济科学出版社 2002 年版。

欧洲是英国煤炭出口的重中之重。1886—1890 年间，英国出口煤炭的 82.4％供应欧洲。1913 年，英国出口煤炭的 61％供应欧洲国家。从煤炭进口国的角度来看，法国煤炭进口的 60％、德国进口的 46％、意大利进口的 90％、瑞典和丹麦进口的 95％、俄罗斯进口的 72％、比利时和荷兰进口的 20％、其他欧洲国家进口的 61％和南美进口的 85％都是来自英国[①]。这其中尤其值得注意的是，当时作为世界第二大煤炭出口国和第三大生产国的德国，也要从英国进口煤炭。其中一个重要原因是，煤炭经由海上运输的费用远低于陆地运输。从煤炭贸易的形式来看，1900 年时，煤炭的海上贸易由英国绝对垄断：英国占世界煤炭海运贸易的 80％～85％。相比之下，当时的另外两个煤炭生产大国较少通过海路出口煤炭：德国煤炭贸易几乎全部经由铁路运输，经由海上运输的不足 1％；美国煤炭贸易的 75％经由陆路运至邻国加拿大和墨西哥。这也意味着，当时占据世界煤炭市场主导的是英国，而德国和美国煤炭只能在区域市场上占优。

由于关税，煤炭出口国和进口国间的燃料成本存在差距，经济竞争力也就有了高下之分。作为自由贸易的主要提倡者，19 世纪的英国并未专门出台关于煤炭出口的政策，未从数量上限制煤炭出口或者对煤炭出口实行高关税，但这并不意味着煤炭出口的完全免税。事实上，大部分时间里英国都有煤炭出口税，只是在 1873—1900 年间和 1906—1913 年间取消煤炭出口税。除了出口税外，进口国也要对煤炭进口征税。

以法国为例。帕尔格雷夫世界历史统计的资料显示，自 1827 年有数据以来，法国一直是煤炭的净进口国，进口远远多于出口。整个 19 世纪，法国一直是英国煤炭的最大进口国。直到 1860 年年初英法两国签署《柯布登——谢瓦利埃商约》，英国才取消对法国的煤炭出口税，而法国只是降低而非取消煤炭和焦炭的进口关税，包括煤炭和焦炭在内的英国工业产品的关税仍为约 15％。1860 年，法国工业生产中所消费的煤炭有 43％仰赖进口。到 1913 年，法国所需煤炭的 35％需要进口[②]。煤炭供应的不足，是法国经济长期发展缓

---

① Clark, John G., *The political economy of world energy: A twentieth-century perspective*, p. 25.

② Clark, John G., *The political economy of world energy: A twentieth-century perspective*, Hertfordshire: Harvester Wheatsheaf, 1991, p. 25.

慢的重要原因之一。正如斯塔夫里阿诺斯所说，法国选择重点发展奢侈品，而不是像英国那样发展大众消费品生产，主要原因正在于煤炭的匮乏。需要点明的是，大众消费品和奢侈品的一个重大差异就是产量的多寡，而这取决于作为主要能源的煤炭的供应多寡。能源禀赋的差异所决定的英法两国工业化路径的截然不同，显然对于两国的实力对比产生了深远影响。

哈佛大学植物形态学教授杰弗里指出："所谓欧洲民族的退化，并不是因为什么真正的堕落，而是因为煤资源的匮乏。对于拉丁民族来说尤其是这样。至于那些缺乏我们现代文明必备矿石的日耳曼民族，情况也只是没那么明显而已。"他还说，"爱尔兰的困境是源于煤资源的贫乏，而不是英国的压迫"[1]。杰弗里的论断虽然有点绝对，但我们无法否认一度辉煌但却在工业化过程中沦为二三流国家的意大利、西班牙、葡萄牙和法国等国都缺少煤炭和面临能源困境的事实。

还有必要提及的是中国。中国虽拥有巨大的煤炭储量，却在近代陷入了沉重屈辱的泥潭。原因自然是多方面的，包括僵化保守的封建制度、盲目自大的心态和淡薄粗浅的资源观念。这里需要突出的一点是，中国长期处于薪柴主导的能源结构。虽然中国拥有世界最为悠久的煤炭开采历史，但现代意义上的煤炭开采却只能追溯至洋务运动时期1881年的开平矿务局。具有讽刺意味的是，即使是被誉为中国早期资产阶级改良主义思想家、四川历史上"睁眼看世界"第一人的宋育仁，也留下了开设煤油公司局以煤炭炼制煤油（石油的产物）的国际笑柄[2]。据估计，中国1903年的煤炭产量刚刚超过100万吨。而在20世纪上半叶，以薪柴为主的生物质能在中国能源消费结构中的比重基本保持不变，从1900年的超过99%微降至1949年的接近98%[3]。能源结构的僵化也从一个侧面反映出中国社会经济发展的停滞。随着英国为首的资本主义列强先后从薪柴主导的能源结构过渡到煤炭主导的能源结构，中国与列强的实力差距越来越大。一位英国人指出，中国发展滞后的原因在于，中国人没能成功发挥出煤炭这一精灵的魔力，"那被束缚的黑色精灵就躺在他

---

① ［美］巴巴拉·弗里兹：《煤的历史》，时娜译，中信出版社2005年版，第132页。

② 曹苏宁：《煤炭炼煤油的天大笑话》，《文史博览》2012年第3期，第19页。

③ Smil, V. *Energy transitions：history，requirements，prospects*. Santa Barbara，California：ABC-CLIO，2010，pp. 95—96.

们悲怆的步伐下，无法施展自己的超凡之力"①。鲁迅先生在 1903 年发表的《中国地质略论》中，将煤炭称为"足以决盛衰生死之大问题者"，"盖以汽生力之世界，无不以石炭为原动力者，失之则能令机械悉死，铁舰不神"。即使在"以电生力"的时代，煤炭仍能"分握一方霸权，操一国之生死"。他称英美这样的国家都是"假僵死植物之灵，以横绝一世"，而由于列强的煤炭资源即将耗尽，因此纷纷对作为拥有世界最多煤炭的中国虎视眈眈，将中国视为其工业和经济兴衰的关键，欲分割占据中国。这里的石炭是中国自古以来对于煤炭的称谓，"以汽生力之世界"即蒸汽动力时代，"以电生力"的时代即电力时代，"僵死植物之灵"正是煤炭。由此来看，正是由于未能有效管控和充分利用本国煤炭资源，中国与西方的实力对比才在近代出现重大变化。

对英国来说，煤炭给英国经济带来的不只是燃料成本上的优势，英国在利用煤炭再造国内经济体系、完成从农业社会向工业社会转型的同时，也将世界上大多数地区纳入自己主导的经济、贸易和金融体系。1865 年，英国经济学家杰文斯在《煤炭问题》一书中写道："北美洲与俄罗斯平原是我们的麦田；芝加哥与敖德萨是我们的谷仓；加拿大与波罗的海沿岸是我们的森林；在澳大利亚有我们的牧羊场；在南美洲还有我们的放牛场。秘鲁赠送她的白银、黄金从加利福尼亚和澳大利亚流到伦敦；中国人替我们种茶，咖啡、糖与香料从东印度种植园送来，西班牙与法国是我们的葡萄园，地中海滨是我们的果园。我们的棉田，以前在美国南部，如今已世界各地都是了。"这段话为大家所熟知，反映了大英帝国在全球贸易和资本流动中的枢纽地位，明显流露出英国统治全球的高居在上的心态。但恐怕多数人对于这段话之前的一句话鲜有耳闻，"建立在煤生产基础上的自由贸易，曾使地球上不少地区自动向我们进贡"。杰文斯明确提出英国的自由贸易建在煤炭生产的基础之上，这是对煤炭地位一个看似偏颇，实则点中要害的精准总结。杰文斯还写道，"煤不是站在其他一切商品的旁边，而是完全站在它们上面。它是国家的物质能量，万应援助，我们所干任何事情的要素。有了煤，任何功绩都变为轻而易举的事；没有了煤，我们又被扔回到旧时代的艰苦穷困中去"②。如果没有煤

---

① 〔美〕巴巴拉·弗里兹：《煤的历史》，时娜译，中信出版社 2005 年版，第 11—12 页。

② 〔美〕耶金：《石油风云》，东方编译所、上海市政协翻译组编译，上海译文出版社 1997 年版，第 674—675 页。

炭的大量生产和消费，英国的海上霸权将无法维系，英国的蒸汽革命和交通运输革命将失去最根本的能源保障，英国的工业制成品将无法大规模、低成本生产并横扫全球。如果没有这些优势，英国就无法靠自由贸易征服全球。

总的来说，英国对煤炭的长期绝对控制和英国借助煤炭资源早早完成第一次工业革命，奠定了一战前英国与其他国家非对称相互依赖关系的基础。正如1856年出版的《基督教评论》所言，"谁能正确运用（煤炭）这件宝贝，谁就能稳稳当当地享有对世界的控制权"①。

综上，英国率先完成第一次能源大转换，为英国带来了如下优势：第一，为工业革命的发生提前奠定了充足而廉价的能源基础。煤炭的大规模开发使英国得以摆脱"马尔萨斯制约"或"生态制约"，实现了"生态缓解"，完成了从以土地为基础的有机物经济向以矿物能源为基础的无机物经济的转变。英国的能源价格因此降低，大大推进了英国的工业化和城市化进程。第二，工业革命时期英国的经济增长建立在大量消耗能源的基础上。正是基于此，英国得以成为第一次工业革命中的领导者和"旗手"。煤炭主要为工业革命提供了三个方面的支持：工业动力、交通运输和工业原材料。蒸汽机和它产生的蒸汽为工业革命提供了能够摆脱自然控制的持续不断的原动力。煤炭运输的需要最早在英国而不是其他国家催生了大规模的交通基础设施建设的革命，这大大推动了英国国内市场的统一，降低了人员、物资和信息流动的成本。没有充足而廉价的煤炭供应，就没有钢铁产业的蓬勃发展，工业化也就成了"无米之炊"。第三，煤炭强化了一战之前英国与其他国家之间非对称性相互依赖的关系。这种关系的存在是建立在英国对煤炭资源绝对控制和英国借助煤炭资源早早完成第一次工业革命的基础上的。这里笔者无意否认诸如金融、贸易等能源以外其他因素的可能更为重要的贡献。在能源方面，这种非对称性相互依赖主要体现在其他国家对于英国控制的煤炭的依赖远大于英国对于其他国家的种种依赖。正是借助加煤站网络，英国海军和商船队才能驰骋世界大洋。在那个经济往来主要靠远洋贸易维系的时代，称霸海洋就意味着无上的权力和财富。

---

① ［美］巴巴拉·弗里兹：《煤的历史》，时娜译，中信出版社2005年版，第11页。

四、其他国家迈向煤炭时代的影响

实际上，第一个进入煤炭时代的国家不是英国，而是率先使用泥炭的荷兰。泥炭是炭化程度最低的煤炭，或者说它并不是通常意义上的煤炭。对荷兰而言，泥炭所起的作用是"成也萧何败也萧何"。

在 19 世纪 40 年代英国完成第一次工业革命之后的几十年里，其他国家相继进入煤炭时代。其实，英国尽管通过自由贸易体系、英镑为中心的金本位制度和煤炭的大量出口仍控制着当时的世界体系，但美国、德国等后起之秀的迅速崛起对英国的霸主地位日益构成威胁。这些国家迅速崛起（最为直观的表现就是经济增速，见表 3-4）的原因各异，但有一点是相同的：它们都充分利用了煤炭资源，在煤炭的基础上建立了强大的制造业和交通运输体系，或者说强大的工业文明。

表 3-4　1870—1913 年主要资本主义国家经济增长情况

	GDP 年均增速	人均 GDP 年均增速
英　国	1.9	1.0
美　国	4.1	2.0
德　国	2.8	1.6
法　国	1.7	1.5
意大利	1.5	0.8
日　本	2.5	1.5

资料来源：宋则行、樊亢主编：《世界经济史》（上卷），第 243 页。

（一）荷兰

1568 年，因反抗西班牙国王的中央集权和对新教加尔文派的迫害，尼德兰爆发了反抗西班牙的 80 年战争。1579 年北尼德兰七省成立了乌得勒支联盟，共同反对西班牙统治，这被认为现代荷兰的开始。1648 年西班牙正式承认荷兰为独立主权国家。

17 世纪是公认的"荷兰的世纪"，被称为荷兰的"黄金时代"[①]，期间荷

---

① 关于黄金时代的准确起讫时间，学者们存在争议。有的认为是 1588—1702 年，有的认为是 1580—1680 年，也有的认为应在 1580—1670 年。

兰的贸易、科学、军事和艺术均在全球领先。马克思在《资本论》中说："17世纪的荷兰被认为是经济发展的模范国家。"

16、17 世纪一些国家的人均 GDP 见表 3-5。

表 3-5　16、17 世纪一些国家的人均 GDP

	人均 GDP 绝对值（美元）		人均 GDP 年增长率（%）
	1500 年	1700 年	1500—1700 年
荷　兰	754	2110	0.52
英　国	714	1250	0.28
法　国	727	986	0.15
意大利	1100	1100	0
中　国	600	600	0

一直以来，人们都在探讨"荷兰黄金时代"出现的原因。为何这样一个在势力达到全盛时人口不超过 200 万、面积仅 4 万多平方千米的小国能取得如此之大的成就，以至于成为当时拥有一流实力的"大国"？

荷兰尽管按领土面积和人口规模都远远算不上大国，但就其在当时的实力和影响而言，绝对称得上是大国。威廉·配第在 1690 年出版的《政治算术》中这么评价荷兰，"一个领土小而且人口少的小国，由于它的位置、产业和政策的优越，在财富和力量方面，可以同人口远为众多、领土远为辽阔的国家相抗衡。在这方面，特别是航海和水运的便利起着最显著而又最根本的作用"。很多历史学家说，荷兰是世界上第一个"赋予商人阶层充分的政治权利的国家"。马克思将荷兰的成就归因于其率先确立资本主义的生产方式，并指出地理大发现引起的商业革命是资本主义生产方式确立的"一个主要因素"。保罗·肯尼迪（1989）强调，荷兰经济繁荣的一个明显原因是，16 世纪 90年代开始的人口增长与企业家更加强烈的开拓精神相互影响。不仅如此，外来移民、贸易、商贸船队以及阿姆斯特丹的国际金融中心地位都是黄金时代经济繁荣的原因。布罗代尔（1993）认为，荷兰经济在 16、17 世纪飞速发展的原因是，商业扩张，贸易范围扩大，以及造船业、金融业的发展。让德弗瑞斯和范德伍德（1997）指出，16 世纪 80 年代开始，荷兰工业爆炸性增长的一个重要原因是由于 1585 年安特卫普陷落后，大量熟练技工和商业资本流入荷兰。诺思和托马斯（1999）认为，荷兰在 17 世纪成为近代欧洲经济领袖的原因在于对欧洲航运和国际商业贸易的垄断，以及有效的商业组织和资本市场的建立，使荷兰逃脱了"马尔萨斯陷阱"。他们认为，荷兰不是依靠自然的恩惠，而是发展了比其对手有效的经济组织，并在这样做的过程中获得了在经济和政治上都与共和国规模不相称的重要地位。剑桥大学教授威尔逊（2002）指出，"人口增长，运输业、对外贸易、技术的革新和荷兰北部的农业革命，造就了17世纪荷兰的经济进步"。麦迪逊（2003）提到，"荷兰的社会经济制度有利于经济增长，主要包括：荷兰对宗教的宽容吸引了许多有技能的移民；产权清晰，土地清册登记方便产权转让；拥有有利于企业发展的、有效的法律体系和健全的金融体系；对支出而不是对收入征税，鼓励了储蓄、节俭和勤奋工作"。伯恩斯坦（2004）将荷兰的繁荣归结为四个原因："荷兰人一向致力于发展稳固的个人财产权，只有英国堪与媲美；宗教改革摆脱了天主教的陈腐教义，加之荷兰人的宗教宽容避免了内部纷争；发达、合理的金融体系使荷兰可以得到大量低成本资金；地势平坦，拥有便利而廉价的水运交通"。董正华（2007）指出，"荷兰独立战争中形成的'联省共和'的分权与集中相统一的全新政治体制，是17世纪荷兰崛起的重要原因"。

在对于荷兰兴起的汗牛充栋的解释中，往往都忽略了一个重要因素：能源。具体对于当时的荷兰而言主要就是泥炭，还有风力。

任何国家的发展都离不开能源保障。荷兰的兴起与它率先摆脱以薪柴为主的能源结构，转而大量使用泥炭有很大关系。1640年左右，荷兰的薪柴资源已经消耗殆尽[①]。在薪柴供应日减导致其价格渐高的背景下，荷兰本土蕴藏丰富的泥炭得到开发，荷兰逐渐过渡到泥炭主导的能源结构，支撑了其庞大的商业帝国和快速的城市化进程。

对此，几位著名的经济史学者都有精彩论述。荷兰学者德齐尤乌（1978）指出，"荷兰17世纪在经济和社会发展上的领导地位源于其对内河航运的充分利用，并在此基础上形成对泥炭资源的依赖，使荷兰得以摆脱薪柴危机"。在荷兰黄金时代开启之初，阿姆斯特丹、乌得勒支、豪达、鹿特丹、代尔夫特、莱顿、哈勒姆等城市都拥有丰富、易运输和优质的泥炭资源，其后荷兰经济的重心也集中在这个区域。英国剑桥大学教授、研究英国人口史和工业

---

① Zeeuw J W. "Peat and the dutch golden Age: The historical meaning of energy attainability", *AAG Bijdragen*, vol. 21, 1978, p. 6.

革命史的著名学者里格利（2004）① 指出，"荷兰之所以在 16、17 世纪的黄金时代在经济上取得突出成就，没有进入停滞状态，就是因为荷兰当时找到大量泥炭，可以摆脱纯粹依赖土地的能源困境"。荷兰历史学家帕克（2005）指出，"尽管荷兰缺乏木材等其他能源，但是泥炭储藏很丰富并成为主要能源，从而为荷兰在 17 世纪的经济发展提供了充分的能源保障"。英国经济史学家昂格（2005）认为，"荷兰经济在 17 世纪能够飞速发展是以其大量能源消耗为代价的，而消耗的能源类型主要是泥炭和煤炭，其中泥炭是荷兰 17 世纪无生命能源的主要来源"。昂格还客观认识到，尽管"化石燃料的使用至关重要，但是绝不是说其产量的增加是经济发展最为重要或唯一的贡献者"。美国著名环境史学家麦克尼尔（2008）② 认为，荷兰的独特优势在于，能够利用其丰富的泥炭资源发展经济，"从 16 世纪 60 年代开始，荷兰在经济发展中持续利用了自己的能源优势"，荷兰经济因泥炭而成功。

问题有二。一是，包括荷兰在内的许多国家当时都拥有丰富的泥炭资源，为什么单单荷兰能借助泥炭大放异彩呢？

这与荷兰独特的地理位置和环境有关。荷兰不仅泥炭资源丰富，而且开采起来十分方便。荷兰号称"低地之国"。由于其沿海沼泽和平坦低洼地形，荷兰泥炭资源的埋藏位置距海平面比较近，绝大部分都处在海平面上下 1～2 米的位置。相比之下，世界其他地方如英国和斯堪的纳维亚的泥炭，通常都在海拔至少 50～150 米的位置（麦克尼尔，2008）。这种情况决定了在当时的条件下只有荷兰能够大规模、低成本地开采泥炭。

整个 15 世纪和 16 世纪初期，荷兰的泥炭开采都以极小的规模进行。最初开采的地方位于荷兰省众多城市的中间，产地离需求地极近，众多的天然水道非常方便运输，开采不需要资本投资和特殊的组织安排。1480—1530 年间，由于市场对泥炭的需求逐渐增加，尤其是安特卫普的需求迅速增加，泥炭价格涨到一般物价水平的 1.5 倍（让德弗瑞斯和范德伍德，1997）。价格上涨反过来刺激了泥炭开采，随着土地围垦、排涝和抽水的工程技术被用于泥

---

① Wrigley E A. *Poverty*，*progress*，*and population*，Cambridge：Cambridge University Press，2004，pp. 31，32，35，67.

② ［美］约翰·R. 麦克尼尔：《能源帝国：化石燃料与 1580 年以来的地缘政治》，格非译，《学术研究》2008 年第 6 期。

炭开采，从 16 世纪 30 年代开始，位于水面以下的泥炭资源得以挖掘，这带来荷兰的泥炭产量大幅增加。总的来看，16 世纪时对泥炭的需求主要来自南尼德兰的布拉班特和弗兰德尔。1580 年后，随着宗教战争中安特卫普陷落，泥炭的外部市场丧失，而荷兰自身城市和工业的迅速发展使得泥炭市场转到国内。

由于泥炭本身质量很重，通过陆上运输的成本一般占泥炭销售价格的 40%（昂格，1997）。在当时的条件下，船运是成本最低的运输方式，而船运需要便利的水运条件，而这恰恰是荷兰的优势所在。同时期的其他国家，交通的便利程度远不及荷兰，即使泥炭资源同样丰富，但运输困难严重限制了泥炭的大规模利用。

第二个问题是，无论在贸易、商业、船运和金融等荷兰优势表现最为明显的领域，还是在农业革命和劳动力、技术与资本的流入等较少为人关注的领域，泥炭等能源到底起着什么作用？

在传统研究中，对于荷兰的工业成就则鲜有提及，通常的看法似乎是认为工业的发展始于工业革命时期的英国，16、17 世纪的荷兰工业只是工场手工业而不是机器大工业，因此不值一提。其实，荷兰在贸易和商业上的辉煌成就是与工业联系在一起的，并非是孤立的。

在 15、16 世纪，荷兰经济的根基是农业和渔业。16 世纪 80 年代独立时，荷兰各省中规模最大的产业是船舶业、捕鱼业、制盐业、酿酒业、建材业及纺织业（毛纺和麻纺业）。在荷兰经济的黄金时代，除造船外，造纸、炼糖、印刷、亚麻、酿酒、制陶、砌砖、黏土管道制作等行业也都显著增长。到 17 世纪中期时，荷兰不足 40% 的劳动力从事农业，30% 从事高度多样化的工业，剩下的 30% 从事商业和其他服务业。

在荷兰的主要城市中，阿姆斯特丹和鹿特丹是鼓励工业多元化的典型。其他城市则优先发展单一工业类别，如莱顿的毛纺业、哈勒姆的麻纺业、代尔夫特的制陶业、豪达的黏土制管业和斯希丹的酿酒业。从 17 世纪最初几年到 17 世纪 60 年代，荷兰的纺织业中心莱顿的毛织品年产量从 5、6 万件上升到 13 万件。17 世纪上半期，哈勒姆是著名的麻纺织中心，在亚麻的漂白和磨光上处于领先地位。欧洲其他地方的商人都将亚麻运到这里进行漂白和磨光。制糖业上，1585 年安特卫普陷落后，阿姆斯特丹取而代之，成为欧洲炼糖业的中心。1662 年阿姆斯特丹的炼糖产量是 1605 年左右的约 17 倍。烟草加工也成为 17 世纪阿姆斯特丹的一个重要产业。以制糖业为例。17 世纪早期，美洲的甘蔗生产主要集中在巴西。1630—1654 年间，荷兰占领了盛产蔗糖的巴西东北部地区，糖料被运送到荷兰进行加工。到 1650 年时，荷兰已有 40 个糖料加工厂（麦迪逊，2003）。而正是从 1650 年起，糖在包括英国在内的许多国家从一种奢侈品和稀有品变成一种日用品和必需品（西敏司，2010）。尽管荷兰 1653 年丧失了生产蔗糖的殖民地，但世界制糖业的中心一直都在阿姆斯特丹。

在工商业的发展上，荷兰人的通常模式是：从国外进口原材料和半成品，然后在国内对其进行进一步的工业加工处理，最后才能作为成品分销到国内和向国外出口。如果不考虑国内消费的部分，荷兰人的所作所为就是今天的加工贸易，而且进出口的运输过程都由本国船队完成。这些依赖进口原料的行业主要包括煮盐、制糖、锯木和酿酒。此外，还有一些行业其原料部分由国内供应，部分要靠国外，包括烟草加工所用的烟叶，帆船布织造和绳索编织所用的大麻。

正是对于原材料和半成品的国内加工过程，使荷兰的泥炭有了大显身手的舞台。像煮盐、制糖、酿酒、制陶、砌砖、黏土管道制作、造纸和印染等工业，加热都是一个必不可少的重要工序，而加热所用的能源正是泥炭。甚至泥炭燃烧时所产生的烟，也被荷兰人用来熏制鱼类。

数位研究者都强调了廉价的泥炭所带给荷兰经济的能源成本优势。克劳士比（2006）指出，荷兰人用泥炭加工许多产品，如酿造啤酒、精制蔗糖及烧制砖瓦。荷兰是第一个主要以化石燃料作为动力的国家，可谓"第一个现代社会"。麦克尼尔认为，黄金时代的荷兰工业由于便宜的燃料而欣欣向荣，包括制盐、制糖、啤酒酿造、制砖、制革和印染等能源密集型工业。美国经济史学家金德尔伯格（2003）认为，荷兰兴起之时所开采的泥炭埋藏较浅，且运输便利，酿酒、蒸馏、制陶等工业因此能够充分发展。哈德等人（1989）同样认为，大量廉价而容易得到的泥炭资源促使了荷兰工业的发展。英国历史学家奥姆罗德（2003）指出，"从 17 世纪到 18 世纪初期，泥炭的价格比较便宜，荷兰发展经济使用的能源主要是泥炭"。海切尔（1993）指出，"依靠非常便宜的泥炭作为能源，荷兰的能源密集型工业获得了飞跃发展，所以荷兰经济在 17 世纪相当繁荣"。麦克尼尔（2008）指出，酿酒业和石灰烧制业是荷兰享受低廉能源优势最突出的两个产业。此外，制糖业、玻璃制造业、烧砖业和制盐业这些能源密集型产业也由于得到了丰富而便宜的泥炭的支持，才没有受到薪柴危机的打击，继续繁荣发展。

在用于工业的同时，泥炭还被用于家庭的取暖和烹饪。因此，泥炭的大量使用还在一定程度上促进了荷兰的城市化，而城市化又为泥炭工业提供了大量可靠的用户（范得伍德和速水融，1995）。1525 年，荷兰的城市化率为31％～32％，到 1675 年上升至 45％。其后出现回落，1750 年为 42％，1795年 40％，1815 年 38％。1650 年左右，荷兰的城市人口比英伦三岛和斯堪的纳维亚国家的城市人口加在一起还要多，也比经过 30 年战争破坏后的德国城市人口多。就城市而言，1622 年时阿姆斯特丹的人口就已接近 10.5 万人，1680 年代估计为 22 万人（让德弗瑞斯和范德伍德，1997）。

泥炭的运输需要推动了荷兰形成完善发达的运河体系。泥炭价格的上升和泥炭市场的活跃，带来荷兰运河的迅速扩张。首都阿姆斯特丹的三条主要运河都开凿于 17 世纪。同样在 17 世纪，荷兰北部盛产泥炭的弗里斯兰、格罗宁根和德伦特省开通了新的运河。格罗宁根在沼泽地规划运河网络，并沿河道划定泥炭开采的基地。这样的行为清晰地显示出运河的建设就是为了方便泥炭的开采。不仅通过运河网络大量运输泥炭，也鼓励人们投资建造更大的水闸、更深的运河和新的船坞[1]。17 世纪中叶，荷兰构建出配备有纤道的运河网络。而这些活动不仅便利了泥炭运输，也服务了整个经济。

直到 1650 年后，为运输泥炭而扩充延伸运河网络的活动才趋于停滞[2]。到 1665 年，荷兰运河的总长度已达近 644 千米，荷兰也因此获得"运河之国"的美称。相比之下，英国的第一条运河开凿于近一个世纪后的 1759 年。荷兰的主要城市阿姆斯特丹、鹿特丹都有密布的运河，而"丹"在荷兰语中就是水城的意思。阿姆斯特丹素有"北方威尼斯"之称。大大小小的运河与原有的天然水道互相连接，形成了荷兰发达的水上交通网络。

在 19 世纪之前的世界，内陆运输不论在何地都无非三种方式：一是靠人

---

[1] De Vries, Jan, and Ad Van der Woude. *The first modern economy: success, failure, and perseverance of the Dutch economy*, 1500—1815. Cambridge University Press, 1997.

[2] De Vries, Jan, and Ad Van der Woude. *The first modern economy: success, failure, and perseverance of the Dutch economy*, 1500—1815, p. 39.

扛或背；二是借助畜力，或者由牲畜直接驮运，或者由牲畜拉动的车辆载运；三是借助船只在内河上水运。内陆旅行也是一样，或者步行，或者骑马者乘马车，或者乘船。在这三种方式里，内河船运是最适合大宗货物运输的方式，也是最适合大规模旅客运输的方式。正如《易经》所言："舟楫之利，以济不通，致远以利天下。"历史上，大凡文明古国都处于大河流域，都拥有大江大河所带来的"舟楫之利"。17世纪的荷兰，因泥炭开采运输形成的运河网络和本就存在的自然水道一起，形成了当时世界最发达、最便捷的运输体系，其地位相当于19世纪欧美的铁路和20世纪以来的高速公路。17世纪中叶，荷兰靠马牵引的运河驳船几乎可以全天以7千米的时速在全国各地进行定期客货运输，而且一匹马牵引一条船能运送的货物超过50辆马车的货物。这大大降低了荷兰的运输成本。①

当然，泥炭作为能源，其用途是有限的。泥炭主要用来加热，产生热能，在当时的技术条件下还无法提供交通运输所需的动力，也无法产生固定位置的机械能。这方面的能源需要荷兰人以帆船和风车来解决。17世纪的荷兰人被称为"海上的马车夫"，这生动地刻画出荷兰人借助风力驾驶帆船驰骋在海洋上的形象。1570年，荷兰商船队的吨位为英、法、德三国总和的约96%，到1670年这一比例升至128%。荷兰也号称"风车之国"。从前欧洲流传着一句话："上帝创造了人，荷兰风车创造了陆地。"这形象地说明了风车在荷兰围海造陆的大规模工程中发挥的巨大作用。此外，在碾磨谷物、香料，加工大麦、粗盐和烟叶，制造木条、木板和纸张，榨油，压滚毛呢和毛毡等方面，风车都发挥了不可替代的作用。阿姆斯特丹附近的赞丹号称世界上第一个工业化地区，以造船闻名于世，17世纪末时赞丹有大约900架风车同时用于造船。18世纪末，荷兰全国的风车约有1.2万架，每台拥有4413千瓦。

到17世纪末，荷兰开始失去其支配地位。除了殖民地的一些产业外，荷兰的工业自17世纪60年代就开始陷入停滞，最终在进入18世纪后衰落。从17世纪60年代开始，荷兰大部分的工业从城市转移到乡村地区，这些工业随之或快或慢地下滑。例如，17世纪后半期，麻织品的生产转向更偏远的农村地区以降低成本，哈勒姆的麻织业开始衰落。

---

① ［英］麦迪森：《世界经济千年史》，伍晓鹰等译，北京大学出版社2003年版，第71页。

对于 18 世纪开始，荷兰经济衰落的原因，学者们归纳为荷兰商业扩张和对外贸易的衰落、农业停滞、三次英荷战争和英国工业革命等因素。马克思称："荷兰作为一个占统治地位的商业国家走向衰落的历史，就是一部商业资本从属于工业资本的历史。"麦迪逊（2003）指出，荷兰在 18 世纪丧失经济活力的主要原因是，它在与英法的冲突中丧失了贸易垄断特权，英法的贸易保护政策损害了荷兰的利益，其中最重要的是英国的《航海条例》和法国相似法令的颁布。房龙指出，1715 年以后，荷兰对于海军舰队的全然忽视是荷兰衰落的重要原因。由于在海上没有足够的自卫手段，荷兰的商业地位被英法等对手取代。从 1713 年至 1770 年，除荷兰省外的其他 6 省没有为维持舰队开支支付过钱。还有一种说法是，荷兰经济繁荣在 1670 年后突然终结主要是由于两个原因：一是主要的欧洲市场突然对荷兰关闭，尤其是出于政治考虑的法国；二是在整个 16 世纪和 17 世纪上半期持续的通货膨胀突然逆转为通货紧缩，并且紧缩局面一直持续到 18 世纪 40 年代。美国学者里亚·格林菲尔德在《资本主义精神：民族主义与经济增长》一书中指出："17 世纪以后荷兰经济发展没有能够持续下来，根源之一就是联省共和时期的荷兰还没有形成现代民族国家，不具备整体竞争性，因而缺乏必要的、支持现代经济持久发展的动力。"

在上述解释之外，能源问题可以为理解荷兰的衰落提供另外的视角。

首先，向主要的消费中心供应泥炭变得越来越困难，泥炭价格逐渐上涨。事实上，16 世纪末泥炭价格就开始逐渐上涨。若以 1585—1589 年泥炭的价格指数为 100 计，则 1600—1604 年达到 145，1665—1669 年为 284。18 世纪下半叶价格更是显著上涨。泥炭价格上升的原因有：埋藏较浅的泥炭开采完毕，开采较深层泥炭使得成本上升；城市附近的泥炭基本采完，需要到更远的地方开采；海港和河流因淤塞而变浅，疏浚水道和人力拖拽使得船运的代价日益昂贵；运河网络日益不能满足需要，需要向更远的泥炭产区延伸；在泥炭工人的工资基本保持不变的情况下，其他原因造成生产单位泥炭需要投入更多劳动。就泥炭开采的手段而言，当时还主要是靠手工和简单的工具，直到 19 世纪末才引入机械挖掘。在此情况下，泥炭开采的成本必定上升。

还有一个需要提及的因素是，开采泥炭资源对荷兰的环境造成了破坏，造成陆地氧化和下沉，因而被迫放弃开采泥炭。让德弗瑞斯和范德伍德

（1997）指出，挖空泥炭后的沼泽形成的湖覆盖了荷兰省中部和乌得勒支省西部的广大地区，大大毁坏了土地的农业用途，从而造成税基下降。最终，税务部门不得不对泥炭开采进行征税，为日后的土地回垦筹集资金。而这又提高了泥炭开采的成本。

再者，荷兰泥炭面临英国大量煤炭日渐强大的竞争。就能源本身的品质和效率而言，泥炭远不及煤炭。单位体积的泥炭产生的热量只相当于同样体积煤炭的 1/6。泥炭无法产生冶金需要的高温，因此无法用于钢铁行业。泥炭只能应付即时的燃料需求，因此荷兰人虽为后来的化石文明铺路，但却无法延续下去（克劳士比，2006）。

为满足不断增加的能源需求，荷兰还要从国外进口部分煤炭作为燃料。在 17 世纪，平均每 10 年，荷兰就消耗了其泥炭开采总量的 3%～5%，这就意味着荷兰在整个 17 世纪消耗的泥炭量几乎占其可开采泥炭总量的一半。到 18 世纪，荷兰泥炭供应面临消耗殆尽的局面（海切尔，1993）。17 世纪荷兰每年进口的煤炭平均数是 6.5 万吨，约占国内泥炭提供能耗的 2/5（理查德斯，2003）。17 世纪末，煤炭供应能源的比例已经占到了泥炭的 1/3。荷兰长期使用煤炭作为燃料是在 18 世纪，18 世纪 20 年代以后，由于泥炭价格上涨，许多荷兰人逐渐使用煤炭（奥姆罗德，2003）。到 1800 年，煤炭为荷兰经济提供的能量已经与泥炭在 17 世纪的贡献相同了（昂格，2005）。

不过，煤炭的进口面临高关税和安全性两个问题。里格利（1988）指出，进口煤炭受到英国出口关税、荷兰各省进口关税和在荷兰港口船运卸货成本的限制，这将使荷兰工业在同它们的英国竞争对手竞争时不利因素增加。海切尔（1993）也认同这个逻辑，由于荷兰越来越依赖包含昂贵关税和运输费用在内的进口煤炭，使得荷兰工业的燃料成本不断上升，最终导致荷兰经济出现衰落。不仅如此，煤炭的进口还极易受到地缘政治等因素影响，从而使供给面临中断的危险。

面对煤炭施加的强大竞争压力，荷兰确实作出了调整以泥炭为主的能源结构的努力，不过以煤炭代替泥炭的能源转换进展很慢而且缺乏效率。主要原因在于出现了"技术闭锁"。到 17 世纪末，荷兰发展起了高效的采掘、运输和燃烧泥炭的经济，是当时世界上最好的经济。但荷兰没有多少煤炭，这是妨碍荷兰转向使用煤炭的一个天然劣势。另一个劣势是荷兰已建立了完备的使用泥炭的制度和设施，它已经为此付出了大量人力、物力和财力，要转向使用煤炭将是非常昂贵的。从经济理性的角度来看，荷兰更愿意继续使用旧能源，幻想旧能源依然具有强大的竞争力（麦克尼尔，2008）。

在交通运输等领域，荷兰的优势也迅速消减。风帆时代各国水上交通工具尽管也有差别，但相互之间的差别并不是很大，换句话说，处于领先的一方很容易被赶上。到1780年荷兰商船队的吨位骤降至英、法、德三国总和的24%。就风车而言，荷兰也绝非欧洲唯一适合利用风车的地方。

（二）美国

美国的煤炭主要集中在北部，尤其是优质的无烟煤集中在东北部的宾夕法尼亚州。南北战争之前，美国东北部的工业在煤炭的推动下蓬勃发展，而南方主要依靠大量奴隶在种植园中的劳动。北方相对于南方的经济优势可以用以下一组数字体现出来：北方工业产量、铁储量、火器产量和煤炭产量分别是南方的10倍、15倍、32倍和38倍[①]。因此这场战争基本上是工业文明和农业文明之间的战争。尽管当时煤炭的地位尚未超过薪柴，但战争的结果已经充分显示了建立在煤炭基础上的经济体系的优越性。

南北战争结束后，美国国内市场得到统一，工业革命迅速展开。日益集中于城市的工业经济、快步推进的城市化和迅速扩张的全国铁路网，都建立在煤炭的基础上[②]。1895年美国成为世界头号工业国，1913年美国的工业产出已经超出世界工业生产的1/3，正好相当于排在其后的德国、英国和法国三国的总和。

（三）德国

正如煤炭对于促进美国统一一样，在德国统一过程中煤炭也发挥了独特作用。1834年生效的德意志关税同盟是德国统一进程中的重要里程碑。作为关税同盟和日后德国统一领导者的普鲁士，拥有丰富的自然资源，德国最重要的三大矿区鲁尔区、萨尔区和上西里西亚均位于普鲁士境内。这使得中小邦国强化了对于普鲁士的经济和政治依赖。1865年，普鲁士的铁路长度、生铁产量、蒸汽机数量和蒸汽机功率分别相当于奥地利的1.67倍、1.85倍、

---

① ［美］巴巴拉·弗里兹：《煤的历史》，时娜译，中信出版社2005年版，第106页。

② Melosi, M. Energy transitions in historical perspective. In *The Energy Reader*, L. Nader, ed. West Sussex: John Wiley & Sons, 2010, p. 49.

4.41 倍和 8 倍。在 1866 年的普奥之战中，普鲁士非常及时地利用了不少曾在美国南北战争中大放异彩的先进技术，包括通过铁路远距离运兵，以及借助电报进行集中指挥。工业基础和技术上的巨大优势，是 1866 年普奥战争中普鲁士迅速打败奥地利的重要原因。

19 世纪五六十年代，德国第一次工业革命大规模展开。到 1870 年，德国的煤炭产量增至 1850 年的 5.1 倍，带动生铁产量增至 1850 年的 6.6 倍。再以蒸汽动力为例，1870 年时德国比 1850 年增长 8.5 倍，同期法国增长 4 倍，英国增长 2.1 倍；横向来看，1850 年时德国仅相当于法国的 70％，英国的 20％，1870 年时德国相当于法国的 134％，英国的 61％。德国不仅大踏步超过法国，与英国的差距也缩小很多[1]。

1871 年德国在普法战争中取胜。战败的法国被迫将资源丰富的阿尔萨斯省全部和洛林省大部割让给德国，而且在 50 亿金法郎赔款付清以前，德国占领法国北部 6 省。阿尔萨斯是法国最先进的纺织业基地和重要的钾盐产地，而洛林自 19 世纪初以来，一直是法国及邻近的卢森堡、比利时和普鲁士钢铁工业主要的铁矿石来源地。领土割让的结果是，德国鲁尔的煤矿与洛林铁矿在地理上连成一片，改变了此前德国有煤无铁的尴尬境地。19 世纪 90 年代，洛林发现了储量巨大的磷酸铁矿石，非常适合当时新产生的炼钢技术。到 1913 年，仅洛林一地开采的铁矿石就占欧洲的 47％，其中大部分流入德国[2]。

煤铁资源的有效结合，使德国经济尤其是重工业得以飞速发展。1870—1913 年，德国经济总量增加了 6 倍，同时煤炭产量增加 6 倍，钢铁产量增加 15 倍，出口增长率居欧洲首位。德国仅用了三四十年时间就从一个以农业为主的国家转变为以工业为主的国家。在电气工业和化学工业等建立在煤炭基础上的新兴工业中，德国都处于世界领先水平[3]。这为德国与英国争霸并发动世界大战奠定了物质基础。著名经济学家凯恩斯因此表示，"德意志帝国与其说是建立在铁和血上，毋宁说是建立在煤和铁上"[4]。

---

① 邢来顺：《德国第一次工业革命述略》，《华中师范大学学报》（人文社会科学版）1999 年第 6 期，第 87—89 页。

② Stearns, P. N. *The industrial revolution in world history*. Boulder, Colorado: Westview Press, 1993, p.47.

③ 丁建弘：《德国通史》，上海社会科学院出版社 2002 年版，第 228 页。

④ 同上书，第 197 页。

第四章 美国及其他国家石油为主的
能源结构成因和影响

第一节 石油为主的能源结构成因

一、煤炭与石油相对价格的变化

20 世纪 50 年代后期开始，在西欧和日本，石油相对于煤炭具有价格优势，是石油能够取代煤炭居于能源结构首位的重要原因。具体的时间分界点是在 1958 年左右。

二战结束后，日本的煤炭价格一直居高不下。日本政府 1953 年度的白皮书称，日本进口的美国煤炭价格为每吨 17～18 美元，比欧美市场的价格高7～8 美元，而在阪神地区销售的九州产原煤的价格为每吨 20 美元。再看日本大藏省《财政金融统计月报》中记录的 1954 年 12 月的黏结煤价格，日本国内价格为每吨 19 美元，美国煤炭的出口离岸价格为 9.5 美元，印度国内价格为 6.6 美元[①]。日本国产煤炭的价格与国际市场煤炭价格相比高出很多，这显然不利于日本国产煤炭销路的扩大。只不过在 1957 年前，原油的生产成本由于受开采技术和产量等因素的限制仍高于煤炭，因此原油的地位暂时受到抑制。

1958 年开始，由于世界上一批大油田的开发带来石油工业的激增，油价迅速下降。资料显示，1959—1966 年间，日本进口原油的价格远低于煤炭价格（如图 4-1 所示）。

---

① ［日］中村隆英编：《日本经济史 7："计划化"和"民主化"》，胡企林等译，生活·读书·新知三联书店 1997 年版，第 328—329 页。

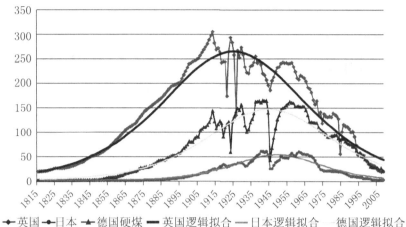

图 4-1　日本煤炭与石油价格对比（单位：美元/百万英国热量单位）

资料来源：根据尹晓亮著《战后日本能源政策》第 116、119 页数据换算制作。

二、煤炭供应危机与石油供需两旺

（一）煤炭供应危机

煤炭丧失在能源消费结构中的主导地位，同它的供应危机有关。煤炭供应危机与许多因素相关，主要包括以下几方面因素。

第一，煤炭的生产和运输体系受到二战严重的战争破坏。这些破坏既包括直接破坏，如针对煤矿、运煤船和运煤铁路等设施的轰炸，也包括间接的破坏，如战争期间煤炭生产设备的老化和陈旧、融资渠道受阻等。这里主要指的是那些本土受到二战较大破坏的国家，不包括美国。

以日本为例。二战之前和战时，日本通过战争掠夺和海外进口来保证煤炭的供应。二战战败后，日本掠夺煤炭的渠道随之断绝，进口权被盟军剥夺，海外煤炭供应出现暂时中断。1940 年时，日本通过战争掠夺的煤炭占当年全部供应的 7.2%，自海外正常进口的占当年供应的 7.6%，两项合计接近15%。1946 年，战争掠夺和海外进口的煤炭数量均降至零。到 1945 年 11 月，日本煤炭产量仅相当于 1940 年月均供应的 1/10 或者 1931 年月均供应的约 1/4。煤炭供应危机成为战败后的日本经济复兴的最大障碍。[1]

---

[1]　尹晓亮：《战后日本能源政策》，社会科学文献出版社 2011 年版，第 30、31、65 页。

再看西欧。数据显示，1925 年时西欧占世界一次能源生产的 34%，到二战爆发前夕的 1938 年，上述比例微降至 32%，而到了 1950 年却大降至 19%[①]。这意味着西欧的本土能源供应能力也就是煤炭供应能力因战争而大幅下降。1945 年二战结束时，德国（不含萨尔区）煤炭产量仅相当于战前的 21%，荷兰相当于战前的 40%，比利时（1944 年数字）相当于战前的 45%，法国（1944 年数字）相当于战前的 51%，英国相当于战前的 79%。1946 年，西欧的煤炭产量为 3.4 亿吨，仅为战前的一半。

第二，煤炭行业是劳动密集型行业，劳工问题比较严重，罢工或其他因素导致的煤矿工人短缺，经常使煤炭供应中断。

劳资关系紧张影响煤炭供应的问题在美国和英国表现得尤为突出。早在 1890 年，美国中西部的烟煤矿就已成立矿工联合会，这是第一个在美国长期存续的矿工联盟。该联合会在 1898 年获得正式认可，并很快发展为美国最大、最强的联盟。1902 年 5 月，矿工联合会组织的罢工吸引了近 15 万无烟煤矿工参加，造成美国无烟煤生产停顿，烟煤也因此出现短缺，最终在美国总统破天荒地介入劳资纠纷后，才解决罢工问题。这次罢工使美国面临能源危机，在罢工平息后过了几个月，煤炭供应和价格才得以恢复。一战结束后，美国的劳资关系空前紧张，矿业领域尤其明显。不仅如此，美国矿业的劳工运动与其他产煤大国如英国相比，也更为暴力和血腥。1921 年在弗吉尼亚州爆发的一场劳工冲突，最终因美国陆军大规模介入才避免造成大规模流血事件。二战期间，美国矿工联合会不仅没有号召煤矿工人加紧生产，反而领导煤矿工人远离岗位、举行罢工，这一行动使矿工联合会及其领导人约翰·L. 刘易斯成为国家公敌，站到了公众的对立面。煤矿工人的频繁罢工，使得美国消费的首要能源的供应受到了严重威胁，这是美国的能源结构由煤炭主导转向石油主导的重要原因。煤矿罢工的后果是，每次罢工结束后石油在美国能源市场的份额就前进一步。不仅美国国内的石油生产商获得了利益，其他产油国也能从中分一杯羹。难怪一位委内瑞拉的石油商人想在委首都加拉加斯为刘易斯树立雕像，"以表彰这位委内瑞拉石油工业最伟大的恩人和英

---

① Clark，John G.，*The political economy of world energy：A twentieth-century perspective*，Hertfordshire：Harvester Wheatsheaf，1991，p.102.

雄"①。在英国,1912 年煤矿工人罢工。1915 年的罢工有 20 万煤矿工人参加。1921 年和 1926 年,英国煤矿再现罢工,都是由于煤矿老板降低工资②。

美英两国煤炭行业的劳资关系紧张,是与两国烟煤生产领域的企业竞争格局分不开的。1911 年美国的烟煤矿中 2/3 为年产量不足 10 万吨的小矿,这些小矿生产的煤炭仅占美国煤炭总产量的 10%。小企业技术创新和设备更新速度很慢,为保持竞争力只能减薪,减薪自然带来矿工抗议③。

煤炭生产中的劳工问题在日本同样存在。其表现形式之一是劳工短缺。为了提高煤炭产量,以维持战争机器高速运转,日本掠夺了大量周边国家的劳动力到本国煤矿。二战结束后,约占日本煤矿工人总数 34% 的 13.4 万名中国、朝鲜被绑架熟练劳工相继回国④,造成日本煤矿严重的劳动力短缺,煤炭产量急剧下降。

由于实行具有计划性质的统制经济体制,日本政府和企业的关系呈现出明显的"强政府弱企业"特征,民间与工会的力量极为有限,这使得战前日本煤矿工人的罢工问题并不像美国那样突出。但是二战结束后,这一问题开始凸显。1952 年年底,日本煤矿发生了长达 63 天的长期罢工。煤炭使用大户为了保障能源稳定供给,改用电力和石油。日本政府从海外紧急进口的煤炭运回国内时,罢工已经结束,反而加剧了供求混乱局面。⑤ 这次罢工后,日本民众对煤炭行业的认同开始明显下降⑥。煤炭行业再现严重萧条,到1954 年年底煤矿工人数量下降 27%,近 200 家中小煤矿倒闭⑦。

第三,产业合理化计划加剧了煤炭供应危机。如果说劳工问题是煤炭产业的先天缺陷,战争破坏是"天灾",那么产业合理化计划就是"人祸"。

① [美] 弗里兹:《煤的历史》,时娜译,中信出版社 2005 年版,第 117—134 页。

② Clark, John G., *The political economy of world energy: A twentieth-century perspective*, Hertfordshire: Harvester Wheatsheaf, 1991, pp. 28, 43, 60.

③ Clark, John G., *The political economy of world energy: A twentieth-century perspective*, Hertfordshire: Harvester Wheatsheaf, 1991, p. 19.

④ 尹晓亮:《战后日本能源政策》,社会科学文献出版社 2011 年版,第 30 页。

⑤ [日] 中村隆英编:《日本经济史 7:"计划化"和"民主化"》,胡企林等译,生活·读书·新知三联书店 1997 年版,第 333 页。

⑥ Hein, Laura Elizabeth. *Fueling growth: the energy revolution and economic policy in postwar Japan*. No. 147. Harvard Univ Asia Center, 1990, p. 288.

⑦ [日] 安场保吉、猪木武德编:《日本经济史 8:高速增长》,连湘译,生活·读书·新知三联书店 1997 年版,第 106 页。

先看日本。最初，日本为了解决煤炭生产成本过高和煤炭价格居高不下的问题，在 1955 年 7 月通过了《煤矿业合理化临时措施法》，当年 10 月制定了"煤炭合理化基本计划"。煤炭产业合理化计划的一项主要内容便是采取关停和赎买方式，对废旧煤矿和低效率煤矿进行合理化。1958 年时日本全国的煤矿数位历史最高值 784 个，1959 年减至 703 个，1960 年减至 624 个。煤矿工人数量在 1958—1961 年间减少 7.7 万人，降幅约 27%。问题的关键是煤矿的关停和减员并未达到增效的目的，反而使煤炭业的生存环境更加恶化，日本国内煤炭产量在 1961 年达到 5540 万吨以后，便开始明显下滑[1]。产业合理化计划不仅存在于煤炭行业，其他行业同样存在。而且，就每个具体行业而言，产业合理化本身通常就意味着从使用煤炭转向使用石油。有的是因为使用石油比煤炭更有效率，有的是因为从美国引进的更新、更高级的设计和技术本身就是使用石油驱动的引擎[2]。

欧洲同样存在产业合理化计划。在合理化计划的名义下，比利时和荷兰完全停止煤炭生产，德法两国的煤炭产量显著下降。欧洲的煤炭生产在 1957 年达到峰值，随后开始稳步下降。到 1973 年降幅超过 40%，而当时整个欧洲的能源需求翻了一番还多。在煤炭生产相对繁荣的 1973 年，其总产量还低于 1937 年最萧条时和战后初期的 1950 年。

1815—2005 年英国、日本和德国煤炭产量如图 4-2 所示。

（二）二战后全球石油供应能力激增

与煤炭行业相比，资本高度密集型的石油工业遭受劳工风潮的波动要小得多。

自 1859 年第一口井出油以来，美国的石油工业发展迅速，并孕育出洛克菲勒这样的"石油大王"。1880 年美国石油产量占当年世界产量的 87.6%。自 1902 年至 1975 年，美国一直保持世界第一大产油国的地位。1950 年，美国石油产量仍占世界的 52%。

除了美国、墨西哥、苏联和委内瑞拉等石油生产大国外，许多新的国家加入到石油生产国的行列中，迅速改变了国际石油生产和市场格局。1927 年，伊拉克发现大油田，1932 和 1938 年又相继在巴林、科威特和沙特发现

---

[1] 崔成、牛建国：《日本煤炭及电煤贸易与价格管理》，《中国能源》2012 年第 1 期，第 36 页。

[2] Hein, Laura Elizabeth. *Fueling growth: the energy revolution and economic policy in postwar Japan*, p. 300.

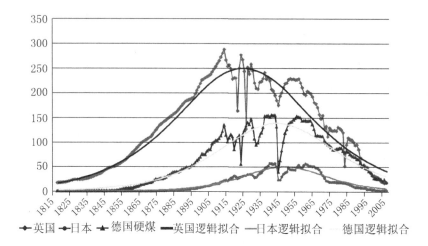

图 4-2 英国、日本和德国煤炭产量（单位：百万吨）

资料来源：Höök，M.，Zittel，W.，Schindler，J.，&Aleklett，K. Global coal production outlooks based on a logistic model. *Fuel*，89（11），2010，pp. 3546—3558.

大油田。二战结束后，中东地区及苏联连续发现或探明一大批大型和特大型油田。迄今为止的世界 20 大油田中，有 13 个是在 1948—1968 年这个世界石油储量和产量增长的高峰期发现的[①]。其中就包括沙特阿拉伯 1948 年发现的迄今为止世界最大的陆上油田——加瓦尔特大油田。

1950—2010 年世界石油产量如图 4-3 所示。

图 4-3 世界石油产量（单位：百万桶/日）

资料来源：http://www. earth-policy. org/datacenter/pdf/book _ wote _ energy _ oil. pdf

---

① Robelius，Fredrik. *Giant oil fields-the highway to oil：GIant oil fields and their importance for future oil production*. Uppsala，Sweden：Uppsala University，2007，p. 79.

特别是中东地区的石油开发出现井喷局面（如图 4-4 所示）。1920 年，中东石油占世界石油产量的比重仅为 1.8％，1940 年达到 4.8％，1950 年已经上升到 16.9％，1960 年为 25.1％，1970 年为 29.4％，1974 年达到 37.9％。中东石油产量 1966 年首超美国，1969 年超过北美，1978 年超过美、苏两国总和。自 1990 年以来，中东一直保持全球头号石油生产国的地位。

由于自身经济发展落后，中东出产的石油不同于其他地区的是，大部分用于出口，成为世界主要石油供应地。1961 年，中东石油出口占世界总出口量的 51.6％，1975 年出口量占世界的比重达到高峰，为 61％。除了在产量、储量和出口方面的优势外，中东地区的石油油质好、油层浅，易于开采和运输，开采成本也很低，每桶仅为 2～4 美元。

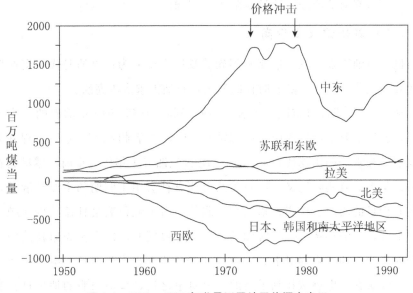

图 4-4　1950—1990 年世界不同地区能源净出口

资料来源：http：//www.joshuagoldstein.com/enrgyisq.pdf

国际市场的新增原油供应一开始主要被美国吸纳，因为美国在 1948 年，从石油出口国逆转为进口国。由于以中东石油为主的进口石油价格远低于国产石油，只在国内发展的美国大量独立产油商的利益严重受损，同时美国煤炭生产商的利益也因进口石油挤占煤炭市场受到损失。在这两部分利益集团的压力下，1959 年艾森豪威尔政府宣布对进口石油实行"强制进口限额"制度，进口石油数量大大减少。受此影响，除美国以外的国际市场石油供应数量大增，从 1960 年的 3800 万～4000 万吨增至 1969 年的 2 亿～2.2 亿吨[①]，西欧是这些石油的主要去处。

在向以石油为首的能源消费结构过渡的过程中，曾经的石油生产大国俄罗斯成了不折不扣的落后者。这其中与石油供给能力的下降有很大关系。从石油的资源禀赋和生产能力来看，俄罗斯一度与美国不相上下。在 20 世纪初的汽油时代到来之前，美俄两国作为煤油生产的"双雄"，在欧洲市场上进行了激烈争夺。1901 年，俄罗斯的原油产量达到创纪录的 8600 万桶。然而，作为资本主义链条上最薄弱的一环，进入 20 世纪后，俄罗斯较其他大国经历了更多的革命和战争，使俄罗斯的石油工业遭到严重破坏。1904—1913 年间，俄罗斯石油出口占世界市场的份额从 31％大降至仅 9％。1920 年的内战结束后，俄罗斯的原油年产量降至 2500 万桶。

（三）石油需求步步高涨

世界石油工业的发展按照时间先后顺序主要分为：煤油时代、交通燃料时代和石油化工时代。随着时代的演进，石油需求步步高涨。

从 1784 年煤油灯首次点亮法兰西剧场起，直到 1910 年前后的一个多世纪里，石油主要被制造成照明用的煤油，称为"煤油时代"。这一过程并非一帆风顺。在俄美两国现代石油工业于 19 世纪四五十年代起步前，零星的石油开采几乎不具有实际意义。当时美欧等西方社会用于照明的主要是鲸油，另外还有少量的乙醇、松脂、猪油和牛脂等。由于鲸鱼数量日益减少和鲸油价格的上涨，煤油迅速取代了鲸油的地位。不过同时，以煤炭为原料的城市煤气照明成为煤油的强劲对手。1882 年爱迪生发明出白炽灯后，电力工业迅速发展，煤炭在发电领域找到了新的大显身手之地，煤油照明的地位日益受到排挤。

内燃机（包括汽油机和柴油机）、汽车和飞机的出现彻底改变了石油业的窘境。1911 年，美国汽油需求量历史上第一次超过煤油，石油工业实现从煤油时代到汽油时代的飞跃。以福特公司用流水线法生产汽车为分水岭，汽车在美国开始大众化。汽车、飞机和轮船等现代交通工具迅速普及，导致石油

[①] ［苏］勃·弗·拉奇科夫：《石油与世界政治》，上海人民出版社 1977 年版，第 128 页。

需求量大增，占全球石油产量 2/3 的美国，在 1918 年甚至出现了石油供应困难。到 1929 年，美国占据世界汽车保有量超过 3/4。这对推动美国的石油需求产生了重要作用。

这其中值得突出强调的是，军队或军事用途是将内燃机和石油迅速应用于交通运输领域的先驱。和煤炭相比，石油的燃烧性能更好，所占空间更小，携带更为方便。舰艇使用石油可以获得更大的航程、更高的速度，添加燃料的过程更为迅速，大大节省了人力、物力。因此，1912 年，刚刚就任英国海军第一大臣的温斯顿·丘吉尔就指出，"作为英国生存基础的海军，只能以石油作为燃料"[1]。1913 年，丘吉尔又指出，没有石油就没有粮食和棉花，没有维持英国经济繁荣的诸多必需品。在丘吉尔的努力下，英国议会于第一次世界大战爆发前的一个多月通过决议，英国海军部成功收购了民营的英波石油公司（BP）51％的股份。BP 虽仍以私企方式运作，但英国政府却对董事会的决议具有一票否决权，尤其是对政治敏感问题[2]。英国海军宁肯放弃别国求之不得的充足而优质的本土煤炭，转而仰仗海外供应没有保障的石油，是因为看到了石油在军事上的巨大优势。

一战使人们认识到石油并不仅仅是一种普通商品。战争结束后，对于石油的需求迅速上升到国家战略层面。美国放弃了长期坚持的不介入石油公司的经营活动，尤其是海外活动的立场，积极推动和帮助美国的石油公司与其他国家的公司争夺开采权。1923—1929 年在任的美国总统柯立芝明确表示，"拥有可开采的石油及其产品，甚至可能确立国家的霸权地位"[3]。1924 年，法国政府支持成立了法国石油公司（道达尔石油公司的前身）。1926 年，意大利政府成立了完全持股的阿吉普石油公司（埃尼石油公司的前身）。列强的竞争大大刺激了石油的需求。

二战刚刚结束后的美国，正常生活方式的回归使得压抑已久的石油需求突然出现爆发式增长。美国的汽车数量从 1945 年的 2600 万辆增长至 1950 年的 4000 万辆。石油需求的猛增使得作为全球第一大产油国的美国，在

---

[1]　［美］丹尼尔·耶金：《石油风云》，东方编译所、上海市政协翻译组编译，上海译文出版社 1997 年版，第 183 页。

[2]　［意］莱昂纳尔多·毛杰里：《石油！石油！——探寻世界上最富争议资源的神话、历史和未来》，夏俊、徐文琴译，上海人民出版社 2008 年版，第 24 页。

[3]　同上书，第 25 页。

1947—1948 年间可使用的石油出现短缺。1948 年美国的石油进口在历史上首次超过出口，油价升至 1945 年的两倍多①。

　　西欧和日本在二战后都陷入了严重的资源匮乏。这种匮乏主要体现在三个方面：美元硬通货、食物和能源。经济恢复和社会稳定迫切需要能源的充足供应。由于煤炭不能满足巨大的能源缺口，进口石油便获得了取代这些国家国产煤炭主导地位的绝佳机会。

　　上述是二战后一些国家能源需求的基本背景，具体到单个国家情况复杂得多。以日本为例，日本政府在二战后，为提高本国煤炭产量进行了不遗余力的努力。煤炭产量虽未恢复到二战期间的高位，但也确实取得了一定成效。假以时日，日本国产煤炭保住在能源结构中的主导地位可能不是问题。煤炭与石油相对地位的转化，与日本石油化学工业建立和发展带来的石油需求快速增长密不可分。甚至可以说，石油化学工业是日本从煤炭转向石油的关键因素。20 世纪 50 年代发展起来的石油化学工业作为一个新行业，完全依赖石油和天然气作为原料。最初，日本希望在煤炭基础上振兴化学工业。不过当时日本高度依赖美国的新技术，而美国的技术又是建立在石油基础上。1955 年，日本制定石油化学工业培育对策。化学工业的基础从煤炭转向了石油。这被视为"向煤炭的棺材里钉进去的最重要的一颗钉子"。如同其他国家一样，石油化学工业出现后，很快就成为国民经济的支柱行业。化学工业成为第一批从使用煤炭转向使用石油的行业。这对整个工业领域乃至其他领域从使用煤炭转向使用石油起到重大作用。换句话说，国民经济各个领域内出现的以石油为基础的历史性技术变革，大大刺激了石油的需求，给日本的煤炭行业带来了严重冲击。②

三、美苏对于西欧的争夺

　　二战之前，欧洲的能源结构是煤炭绝对主导。二战结束后二十年时间内西欧和日本就从煤炭为主的能源结构过渡到石油，这一重大能源转换所耗时

　　① ［美］丹尼尔·耶金：《石油风云》，东方编译所、上海市政协翻译组译，上海译文出版社 1997 年版，第 497—498 页。

　　② Hein，Laura Elizabeth. *Fueling growth：the energy revolution and economic policy in postwar Japan*. No. 147. Harvard Univ Asia Center，1990，pp. 286，300，302.

之短，在世界能源转换的历史上绝无仅有，这与相关国家政策的设计与调整有极其深厚的关系。

（一）美国的战略谋划

二战前，煤炭是西欧能源的基石。在西欧，一些国家能源消费结构中的占比均在 80％以上，有的甚至超过 90％。战后初期，食物和能源的严重短缺使西欧国家普遍陷入困难和恐慌。

1. 战后初期倚重煤炭推动欧洲复苏

有关煤炭对于西欧的战略意义，美国有着深刻的认识，直接推动成立了应对战后煤炭危机的国际组织。早在 1944 年 8 月 22 日，美国国务院经济事务委员会的官员萨姆·伯格和亚瑟·诺特曼就发布了关于欧洲战后煤炭问题的报告。该报告描绘了一幅战后欧洲能源经济的黯淡图画，称欧洲的煤炭短缺要想得到解决，要么必须依赖自身的煤矿，要么必须放弃煤炭。他们还建议成立欧洲煤炭组织。1944 年 9 月 22 日，盟国远征军最高司令部创设了一个固体燃料小组，下设法国、比利时、荷兰和德国四个分组。盟军总司令艾森豪威尔称，该小组的目标就是要帮助欧洲自身煤炭生产的恢复和发展，以支撑欧洲经济，并减轻对于美英两国煤炭的需求。1945 年 5 月 18 日，欧洲煤炭组织（European Coal Organization，ECO）在伦敦成立，10 个国家成为其创始国。其后，波兰和捷克斯洛伐克加入该组织。该组织是二战欧洲战事结束后，由西方盟国创立的第一个国际组织，其主要目标是向需要煤炭的成员国分配可用的煤炭供应，但并不能干涉煤炭生产。尽管 ECO 的推荐只是建议性的，并无行政权力，但实际上各国政府都严格遵照其决定行事。从 1945 年 5 月至 1947 年 12 月，ECO 分配了超过 1 亿吨煤炭。这里所谓的分配并非无偿援助，而是需要成员国用硬通货购买的：美国出口至ECO 成员国的煤炭必须要用美元支付，德国和其他欧洲国家出口的煤炭可以用一篮子货币支付，但主要还是美元。1946 年春，比利时和波兰共同建议允许 ECO 成员进行煤炭易货贸易，却被美国以不符合建立 ECO 的初衷为由予以否决。

从二战结束到美国抛出"马歇尔计划"的两年时间里，美国一些重量级的专家、学者和政府官员相继强调将煤炭产能恢复至战前水平对于西欧的重要性。1945 年 6 月，英美两国的煤炭专家 C. J. 波特和哈特利向杜鲁门和丘吉尔提交报告，在煤炭供应和欧洲稳定之间建立起紧迫的联系。1946 年，美国国务院的官员威尔·克莱顿和迪安·艾奇逊在给国务卿 Byrnes 的电报中称，"迅速采取措施增加德国鲁尔区的煤炭生产符合美国的利益"。1947 年春，由经验丰富的外交家乔治·凯南领导的美国国务院研究团队发布报告称，"英美必须共同努力，使德国和波兰的煤炭生产恢复到战前水平"。1947 年 5月 28 日，美国国务院在一次会议上达成了援助欧洲的五条共识，第一条就是考虑接管德国鲁尔区的煤炭生产，以帮助欧洲缓解煤炭危机。克莱顿强调，欧洲必须重新回到煤炭自给自足的状态，并认为为达此目标，美国应该从英国手中接管其占领的鲁尔区的煤炭生产。

2. 1947 年起的"去煤炭"之路

从 1947 年前后开始，美国奉行的政策和实际的做法导致西欧开始走上"去煤炭"之路。在这背后，美国至少存在双重政策考量。

一方面，是意识形态的斗争。具体而言，是对苏联东欧社会主义阵营对资本主义的西欧进行渗透和扩张的强烈担忧。在以法国和意大利为代表的西欧国家中，共产党在二战中发挥了重要的抵抗作用，战后千疮百孔的经济社会环境又为其活动提供了土壤，因此战后初期，共产党的影响迅速增长。法国议会里共产党一度成为第一大党。当时美国十分担心法国和意大利等欧洲国家可能走向共产主义。乔治·凯南著名的 8000 字电报和丘吉尔的"铁幕演说"都是这种心态的反映。不仅如此，在英国和西德，共产党领导的工会当时在煤矿居于支配地位。美国担心，煤炭这种当时欧洲主要的能源来源可能因此落入共产党的手中。

另一方面，是出于长期对欧洲进行控制的战略考虑。美国最初的想法是不让欧洲落入共产主义，阻止苏联势力范围的扩张，但美国很快就从战略高度看待西欧在美国对外关系中的地位。美国担心一个经济上独立自主的欧洲，将会对美国的企业构成严峻的竞争威胁。中东的石油当时被美国牢牢控制，美国的算盘是，如果能够引导欧洲从煤炭转到石油，就能够将欧洲纳入自己的轨道。这个战略在战后初期被美国的政策制定者公开讨论。时任美国国防部部长的詹姆斯·福雷斯特尔，在日记中记录了他与参议院商务委员会主席欧文·布鲁斯特尔的一次谈话。布鲁斯特尔称，他与约翰·D. 洛克菲勒进行了一次长谈，称"欧洲在接下来的十年可能从煤炭转向石油经济，因此谁能坐拥中东石油的阀门谁就能控制欧洲的命运"[1]。这次谈话体现的通过控制石油来控制欧洲的思想，最终得以成为现实，并影响到西欧能源结构的转换。

出于上述考量，美国的欧洲政策和煤炭政策渐渐地改变了方向，原有的依靠 ECO 推动欧洲复兴的计划被一项更全面的复兴计划取代。1947 年，马歇尔接替 Byrnes 出任国务卿。1947 年 6 月 5 日，国务卿马歇尔在演讲中号召欧洲规划一个重建计划，由美国为该计划提供资金。这就是著名的"马歇尔计划"（也称"欧洲复兴计划"）。为对接援助计划，1947 年 7 月，欧洲 16 个马歇尔计划受援国在巴黎成立了欧洲经济合作委员会（CEEC）。该委员会下设了有关煤炭的分委员会，主要由 ECO 的代表组成，决定美国援助用于重建煤炭行业的数额。不仅如此，ECO 承担的煤炭方面的统计工作也被转移到新成立的联合国欧洲经济委员会。到 1947 年年底，ECO "寿终正寝"。1948 年 4 月，美国总统杜鲁门签署《1948 年经济合作法》，授权建立经济合作署（Economic Cooperation Agency，ECA），作为美国主管马歇尔计划的内阁级机构。处理煤炭问题的重大机构变革表明，煤炭问题在美国决策者中受重视程度的下降。

西欧走上"去煤炭"之路，实际是一系列复杂决策和步骤的结果。马歇尔计划抛出后，美国决策层开始紧锣密鼓地考虑如何具体落实该计划。1947 年 8 月 4 日，美国副国务卿克莱顿建议，制定若干谈判要点作为援助欧洲的条件，第一条便指明煤炭和食品是欧洲实现复兴的关键项目。不过，援助欧洲扩大煤炭生产的计划很快就严重缩水。为了评估美国援助欧洲的物资和资源供应能力，美国总统杜鲁门成立了由内政部部长朱利叶斯·克鲁格领衔的委员会。该委员会随后发布了《国家资源与对外援助报告》。其中蹊跷的是，委员会对于欧洲复兴所需的煤炭和采煤设备价值的预估连续大幅下跌，煤炭及采煤设备需求连续三年的降幅分别为 50％、54％和 32％，到 1951—1952 年度时的援助仅相当于 1948—1949 年度的约 16％。而且煤炭现货的援助占到 71％，剩下才是采煤设备。与煤炭和采煤设备的需求逐年大降形成鲜明对比的是，钢铁、石油、食品、化肥、农机等物资的需求基本保持稳中有升的

① Shaffer，E. *The United States and the control of world oil*. London and Canberra：Croom Helm，1983，p. 143.

态势。1948—1949 年度，委员会预估的欧洲需要的煤炭和采煤设备价值是石油价值的 71.4%，到 1951—1952 年度这一比例跌至 11.1%。而美国的煤炭价格在 1948—1952 年间基本保持不变，同期欧洲由于大部分煤矿在二战中严重损坏且对煤炭需求高企，煤价没有大幅下跌的可能。上述煤炭和采煤设备价值的连年大跌只能表明一个结果，即克鲁格委员会在进行规划时，有意连续大幅压缩欧洲所需的煤炭和采煤设备的数量，从而达到在实际上使欧洲减轻对煤炭的依赖。结合战前欧洲国家对于煤炭的绝对依赖来看，美国无疑是在有意大幅压低在煤炭方面对于欧洲的援助。这是其一。

其二，吝于向英国和德国的煤炭生产投资。二战之前，英、德两国的煤炭产量占西欧的 80% 左右。毫无疑问，战后欧洲若要维持煤炭主导的能源结构，重点仍然是恢复和提高英、德两国的煤炭产能。1948—1951 年，美国向"马歇尔计划"的参与国提供了 4 亿美元，用于购买煤炭和采煤设备[1]。如前所述，其中主要是资助购买煤炭，而不是煤矿生产设施和机器设备。正所谓"授人以鱼不如授人以渔"，这种援助对于西欧恢复煤炭生产能力助益不大。

而且，"马歇尔计划"对煤炭的投入远小于对石油的投入。截至 1951 年中期，在实际提供的共 131.5 亿美元援助资金中，超过 10% 被指定用于购买石油，从而使石油成为占比最大的单一商品[2]。关于购买石油的具体金额，学者们说法不一，从 12 亿美元到 13.896 亿美元[3]，再到 16 亿美元[4]不等。而在购买石油的资金中，又有 3.84 亿美元用于购买属于美国公司的中东原油[5]，2400 万美元用于增加欧洲的炼油能力[6]，剩下的用于从美国公司购买汽油、煤油和燃料油等石油产品。与石油方面的大手笔援助相比，"马歇尔计划"在实际执行过程中，对于煤炭的关注就显得极为有限，"厚此薄彼"之势相当明显。

---

① Ethan B. Kapstein：*The Insecure Alliance：Energy Crises and Western Politics Since 1944*，Oxford：Oxford University Press，1990，p. 47.

② Painter，D. S. Oil and the Marshall plan. *Business history review*，58（3），1984，p. 362.

③ 王才良、周珊：《世界石油大事记》，石油工业出版社 2008 年版，第 116 页。

④ Milward，A. S. *The Reconstruction of Western Europe*，1945—1951. Routledge，2004.

⑤ 于民：《英国 法国石油政策和石油工业的发展（1859—1990）》，石油工业出版社 1992 年版，第 28 页。

⑥ Painter，D. S. Oil and the Marshall plan. p. 375.

其三，阻挠西欧与东欧（主要是波兰）的煤炭贸易。1948 年年初，美国国会就欧洲复兴计划立法草案进行听证。上述克鲁格委员会的内容也出现在提交给听证会的名为《欧洲复兴的所需货品和美国援助支出》的背景性报告中。当时的国会议员华莱士援引联合国的一份研究称，"如果在波兰的煤矿和交通运输系统投资 9000 万美元，西欧将无须每年耗资 5 亿美元购买美国煤炭"。他称，"马歇尔计划的实施将阻断西欧与东欧的贸易，限制世界银行对东欧的贷款，以使欧洲在能源方面过分依赖美国"。事实上，东欧长期以来就是西欧煤炭、矿物、木柴和食品等商品的供应来源，而东欧是西欧钢铁、机械和其他工业产品的重要买家。

对于美国决策层而言，出于冷战的考虑，他们的制定落实"马歇尔计划"的措施之初，就决心要最大限度地降低对于波兰这样的苏联集团煤炭生产国的依赖。他们担心，如果西欧国家过于依赖波兰的煤炭，苏联会很容易将这种依赖转化为对于西欧的政治影响力，从而对美国主导西欧事务构成威胁。实际上，截至 1948 年年底，ECA 拨款 3160 万美元供"马歇尔计划"的参与国从东欧进口商品，包括从波兰购买煤炭。1949 年上半年，再拨款 4700 万美元用于从东欧进口，重头仍是波兰的煤炭。这部分资金包含在上述的 4 亿美元之中，由于不涉及向波兰的煤炭生产领域投资，因此对于恢复欧洲煤炭的产能并无太大意义。

其四，限制美国本土出口西欧的煤炭数量。在美国限制本土对欧出口煤炭数量，阻挠欧洲内部煤炭贸易，并压低对英国和德国煤炭生产投资等因素的综合作用下，欧洲燃料和能源根本短缺的困境迟迟不能有效缓解。在此情况下，欧洲表现出了急于拥抱石油资源的趋势。其实这并非欧洲有识之士的本意，实属不得已而为之。

通过"马歇尔计划"，西欧的能源消费结构完成了从战前绝对依赖煤炭迅速转换到依赖石油为主，美国通过控制中东石油，牢牢地控制了西欧石油市场。事实上，战前煤炭是西欧能源消费的绝对主体，占 90％ 以上。西欧主要大国英国、德国和法国均拥有丰富的煤炭资源，石油在这些国家非军工领域的消费很少。1947 年，欧洲进口的中东石油占其总进口的比例 1947 年为 43％，1948 年即上升到 66％，1950 年高达 85％。到了 1965 年，煤炭在欧洲能源消费中所占比例已从 1950 年的 85％ 下降到 47％，石油则从 15% 上升到 51%。

（二）苏联在西欧石油市场的低价倾销

与美国试图通过改变能源结构以控制西欧的宏大战略相比，领导华约组织与美国对抗的苏联在争夺西欧的力度上虽逊色很多，但也不容小觑。苏联在斯大林期间对石油重视程度远不如煤炭，赫鲁晓夫上台后改变了这一做法。作为赫鲁晓夫提出的"石油和天然气运动"的一部分，苏联加紧对外，尤其是对西欧的石油出口。这样一方面可以从西欧国家赚取美元硬通货，另一方面可以增加西欧和苏联的经济联系，减轻西欧对苏联和东欧的敌意和威胁。

在处理手法上，苏联对于石油出口价格采取歧视性做法。具体说就是有意压低出口至西欧的石油价格，而抬高对于东欧社会主义阵营内部国家的出口价格（见表 4-1）。举例而言，1959 年苏联出口给东德的油价约每桶 2.7 美元，而出口给西德的油价仅为每桶 1.69 美元。

表 4-1 苏联出口石油平均价格 （单位：美元/桶）

年份	对共产主义国家出口价	对非共产主义国家出口价	美国 WTI 原油标价
1955	3.38	2.16	2.82
1956	3.3	2.17	2.82
1957	3.28	2.55	3.04
1958	2.97	2.08	3.06
1959	3.01	1.88	2.98
1960	3.01	1.57	2.97
1961	2.54	1.26	2.97
1962	2.52	1.26	2.97
1963	2.55	1.43	2.97
1964	2.57	1.41	2.95

续　表

年份	对共产主义国家出口价	对非共产主义国家出口价	美国 WTI 原油标价
1965	2.42	1.4	2.92
1966	2.18	1.39	2.94
1967	2.1	1.5	3.03

资料来源：Jennifer I. Considine and William. A. KERR，The Russian Oil Economy，Cheltenham，UK and Northhampton，MA，USA：Edward Elgar Publishing，2002，pp. 81—82.

苏联向西欧出口石油的价格，是根据西方"石油七姐妹"的价格来确定的，在此基础上提供 20％～30％的折扣。不仅如此，苏联还大量使用易货贸易，用石油换取急缺的工业设备、钢管和人造橡胶等商品。

四、跨国公司的扩张

能源市场的参与者绝非仅限于国家，公司是另外一个重要参与者。不过，公司作用的发挥经历了一个漫长的过程。在从薪柴时代向煤炭时代过渡的过程中，尤其是在 17 世纪末 18 世纪初就已完成这种过渡的英国，公司作为一种生产的组织形式，其本身仍处于早期的发展阶段，自然还远谈不上公司在能源转换中所起的作用。到 19 世纪后半期，资本主义发展进入垄断资本主义阶段后，公司才开始在社会经济生活中起到越来越重要的作用。在煤炭行业，从 19 世纪末到一战前这段时间，最为出名的公司当属德国的莱茵-威斯特伐利亚煤炭辛迪加，一度控制德国煤炭主产区鲁尔区煤炭生产的 90％左右和全德煤炭生产的 50％。而与欧洲大陆的煤炭行业相比，英美的煤炭企业规模都不大，没有地位特别突出的公司。整体而言，煤炭企业在推动能源结构转换的过程中并未发挥明显作用。与煤炭行业相比，西方石油行业要集中得多，而且技术先进[1]。不像煤炭行业，石油公司往往投入巨资进行研发。石油公司的巨大规模和影响力，以及与政府通常存在的千丝万缕的联系，为其在能源结构转换过程中发挥作用奠定了基础。

---

[1]　Clark，John G.，The political economy of world energy：A twentieth-century perspective，Hertfordshire：Harvester Wheatsheaf，1991，pp. 28，32，60.

　　煤油时代的美国，见证了标准石油托拉斯和它的创立者、"石油大王"约翰·D.洛克菲勒的兴衰。标准石油托拉斯虽然在1911年被强制分拆为34个独立公司，但后来"石油七姐妹"中的三家：埃克森、美孚、雪佛龙，当初分别是标准石油在新泽西州、纽约州和加利福尼亚州的子公司。"七姐妹"中属于美国的另外两家公司德士古和海湾石油不属于洛克菲勒系，均在1901年成立于得克萨斯州。20世纪初时，美国国内的石油生产商担心海外石油进口会对国内石油造成冲击。在其压力下，美国政府不允许美国石油公司在海外开发石油资源。一战结束后，出于对国内石油耗竭和油价大涨的担忧，美国政府开始积极支持美国石油公司的海外扩张。然而，尽管石油公司在海外的"跑马圈地"成绩斐然，到1950年石油在美国以外的其他主要消费市场上仍处于附属地位。这种状况显然是不利于石油公司扩张的。如果打不开更多的终端市场，前期的巨额投入都可能化为乌有。

　　欧洲成为美国石油公司的主攻方向。不过欧洲的情况与美国存有不小差异。欧洲的汽车拥有率相对较低。1951年时的西欧和北欧，石油产品盈利的26％来自汽油，这一比例远低于1950年时美国的49％。1960年，欧洲交通领域仅占石油消费的30％，同期美国为49％，其中欧洲公路交通消费23％的石油，而美国为41％。从供求模式上看，1953年时西欧石油产品的31％是汽油，远低于美国的51％。这样一来，靠交通领域来增加欧洲的石油依赖将是一个长期的过程。除了火车由烧煤转变为柴油（或者转变为电力机车，但其所用电力依然由以石油为燃料的热电厂提供）外，交通领域石油需求的增加将主要取决于欧洲的汽车化。这不仅仅意味着私人汽车保有量的显著提升，还要大量投资建设辅助设施，如高速公路、服务站和车库。这样的发展显然不会在一夜之间出现。

　　与交通领域相比，欧洲在工业、发电和家庭取暖领域能够更快实现由用煤转向用油。1951年时的西欧和北欧，石油产品盈利的51％来自残渣燃料油（主要用于工业、发电和家庭取暖领域），远高于1950年时美国17％的水平。而在供求上，残渣燃料油在西欧占到39％，美国为23％。在适当的价格刺激下，欧洲的工业有望在相对较短的时间内替换机器装备。考虑到残渣燃料油和煤炭的竞争关系，美国的石油公司只要将残渣燃料油的销售价格压低至煤炭以下，就可以在工业和发电市场上排挤欧洲煤炭的份额。

在二战之前，欧洲市场上残渣燃料油价格高于本土煤炭价格，这限制了燃料油的市场，于是仅有的少数炼油厂只能被迫寻求出口燃料油。这使得煤炭的支配地位非常牢固。摆在石油公司面前的出路很清楚：美国控制的石油要想尽快打入欧洲市场，必须在残渣燃料油这一欧洲消费的主流石油产品上下功夫。更明确地说，压低其销售价格。

1951 年时，西欧和北欧到岸的残渣燃料油价格为每桶 2.74 美元，低于 3.22 美元这个欧洲炼厂进口原油的价格，更远低于 5.19 美元的汽油价格和 5.5 美元的美国到岸煤炭换算价（能产生与石油同样能效的煤炭的价格）。相比之下，1950 年时美国的残渣燃料油价格为每桶 1.65 美元，汽油价格为 4.2 美元，而美国煤炭离岸价为 1.91 美元，炼厂获得原油的价格为 2.72 美元。可见，20 世纪 50 年代初，欧美能源市场主要产品的价格存在如下共同之处：第一，汽油价格比各自的残渣燃料油价格每桶均高出 2.5 美元左右；第二，残渣燃料油价格均低于各自炼厂的原油购入价格；第三，残渣燃料油价格均低于美国煤炭价格这一煤炭市场最低价格。

不难发现，欧美市场上残渣燃料油价格均低于各自炼厂的原油购入价格，也均低于美国煤炭价格这一当时世界煤炭市场最低价格。更值得关注的是，欧洲燃料油与煤炭价格的价差。欧洲市场上的残渣燃料油价格虽高出美国残渣燃料油价格 1 美元多，但仅为欧洲进口美国煤炭到岸价的一半，而美国市场上残渣燃料油价格却与美国煤炭出口离岸价格相差无几。

为挤占煤炭的市场空间，欧洲成为美国在石油领域私人直接投资的重点关注对象。1950 年，美国投资的 12％在欧洲，远低于拉美的 35％。1960 年欧洲占到 16％，1970 年占 28％，1974 年已占 46％，雄踞首位，直到 20 世纪 70 年代末一直稳定在 44％。

由于燃料油以低于作为原料的原油的价格进行销售，上述方式其实就是倾销。对于控制石油勘探、开采、冶炼、运输全产业链的国际石油巨头来说，这并不是太难的事情，它们实际上还有利润。石油行业的价格结构在这里起关键作用，其利润主要是在上游的生产环节，而不是在提炼和运输这一下游环节实现。只有那些独立的炼厂，即那些没有任何原油生产资产的炼厂，才需要为进口原油付全部价钱，主要包括中东原油的标价加上运输和其他成本。而那些一体化的炼厂，即那些由国际石油公司拥有的炼厂，获取原油的代价仅仅是含税成本，主要包括生产费用、税收、王室报酬加上运输和其他费用。它们获得原油的真正成本可能还不到名义成本的一半，主要取决于某家企业具体的税负和王室报酬安排，以及它们利用美国税收信贷的能力。即使残渣燃料油的价格低于所公布的炼厂获得原油的价格，该价格依然高于一体化炼厂获得原油的实际价格①。

对于美国的石油巨头来说，它们的策略是"放长线钓大鱼"。石油公司可能将它们的理论损失看作对未来获得更大回报的投资。它们很清楚，一旦煤矿被关闭，再重新运营将非常困难而且成本高昂。等到煤矿关闭后，煤炭对残渣燃料油的竞争威胁将永远不复存在，届时石油公司就可以提高燃料油价格。这相当于降低了残渣燃料油的需求价格弹性。一旦石油公司能够赶走煤炭这个竞争对手，它们就将使欧洲依赖于它们的石油，因此就获得了高度控制欧洲经济的杠杆。这个目标与美国将欧洲置于麾下的外交政策目标是一致的。

1959 年 3 月，美国总统艾森豪威尔签署《强制限制石油进口方案》，宣布对美国石油进口实行限制配额措施，进口石油在美国石油消费总量中所占的比例不得超过 12.2% 的水平。这种限制对于在美国西海岸港口卸油和通过陆路从北美进口石油留有余地，而对于在美国东海岸港口卸油显得特别困难，这实际上等于美国关上了从中东增加石油进口的大门。该政策对石油公司产生了巨大影响。对于激增的石油产量而言，欧洲是 20 世纪五六十年代最重要和最有竞争力的市场。石油公司不惜重金在欧洲扩张，而且由于欧洲直接和间接的政府调节控制多于美国，石油公司还常常需要政治手腕。作为竞争激烈程度的反映，英国的加油站常常设有多家公司的专用油泵，出售的汽油牌号多达 6 种。小公司也毫不示弱。举例来说，美国的大陆石油公司在利比亚的巨大产量原计划全部输往美国销售，受该政策影响只能在欧洲市场寻求出路。从 1960 年开始的三年里，该公司在西欧迅速建立起自己的炼油和销售系统，并与其他炼油厂商订立长期合同。到 1964 年，该公司的海外产量已超过

---

① Shaffer, E. *The United States and the control of world oil*. London and Canberra: Croom Helm, 1983, pp. 145—151.

其在美国的产量①。石油公司的作为，对于欧洲迅速从煤炭时代过渡到石油时代，无疑起到了重要作用。

五、能源政策的转变

（一）欧洲转向石油时代过程中能源政策的转变

在欧洲能源结构由煤炭主导让位于石油主导的过程中，欧洲的能源政策经历了显著变化，这主要由前后三份能源政策报告中反映出来。

受欧洲经济合作组织（该组织是马歇尔计划的产物，其后演变为经合组织）部长理事会的委托，法国国家铁路公司的董事会主席路易斯·阿蒙德于1955年公布了阿蒙德报告。阿蒙德在报告中表达了对外国石油进入欧洲的担心。他抱怨进口的石油占到欧洲石油消费的97％，而这大量耗竭了欧洲的美元硬通货。他提倡发展欧洲本土的能源资源，这样将降低能源成本。他认为能源价格的低廉是第一位的，但他并不认为石油能向欧洲提供便宜的能源，而是认为原子能或核能将成为便宜能源的核心。部长理事会在评估该报告后，决定在1955年建立一个能源委员会，并创设一个工作组来探讨合作开发原子能的方法和途径。

能源委员会成立后不久，就邀请英国的哈罗德·哈特利准备一份关于欧洲能源需求的报告。1956年年初哈特利提交报告，这年稍后爆发了因苏伊士运河危机引起的阿以战争和欧洲第一次石油危机。他认为能源供求的紧急问题不能交给市场解决，国家必须制定能源政策，包括一些不同能源形式之间的协调措施。尽管承认煤炭价格相对于石油价格的上升导致煤炭被石油取代，但他还是提出"煤炭必须保持在西欧能源经济中的主体地位"。他告诫对于核能的夸大宣传已经对煤炭行业的投资产生负面效应。同时他也承认煤炭不能满足欧洲的所有能源需求。由于可以预见的收支平衡困难，哈特利并不想看到石油进口增加。他认为阻止未来发生严重的收支平衡困难的唯一方法是，通过为长期投资创造适宜的条件来增加煤炭生产。

在收到哈特利的报告后，欧洲经济合作组织于1956年建立了一个能源咨

---

① ［美］丹尼尔·耶金：《石油风云》，东方编译所、上海市政协翻译组编译，上海译文出版社1997年版，第679—681页。

询委员会，该委员会是一个由高级别独立专家组成的永久组织，由剑桥大学教授奥斯汀·罗宾逊担任主席。该组织 1959 年完成的报告提出了与阿蒙德报告和哈特利报告截然不同的建议。当时欧洲已从能源短缺转向整体过剩。罗宾逊报告称，"如果说有哪种燃料有短缺风险，那就是煤炭供应接近其上限"。报告认为，对进口的依赖不断增加并不会产生特别的问题，因为有理由相信进口将会有保证。报告提出，制成品出口能够消除收支平衡问题。产品在世界市场上的竞争能力，取决于其价格竞争力，价格竞争力又取决于低的要素成本。因此，罗宾逊强调能源供给的廉价而不是安全。报告称，在规划长期能源政策时，首先应考虑的是低成本能源的充足供给，以使消费者有选择自由。对低成本能源的强调意味着拒绝哈特利关于鼓励对煤炭的长期投资的建议。罗宾逊认为，煤炭生产的任何扩张都将增加成本，因此主张削减煤炭产量。那些在市场上交易的煤炭，应该以使其能够与替代能源充分竞争的价格出售。由于石油公司的残渣燃料油低价政策，这意味着大多数欧洲煤炭不能盈利。因此，采取低成本能源政策意味着基于煤炭的本土能源政策的终结。罗宾逊委员会不仅拒绝煤炭，还贬低核能。简单说，该委员会提倡放弃本土能源供应，转而依赖进口石油。

值得注意的是，罗宾逊将撒哈拉视为主要的石油进口来源，认为撒哈拉将永远由法国控制。这样，这些石油进口就能够以法国货币支付。他指出，"欧洲支付其石油进口的能力由其对产油区的经济和政治控制决定。只有采取石油帝国主义政策，欧洲才能支付其石油进口"。罗宾逊报告形成时欧洲已经经历了 1956—1957 年的阿以战争引发的石油危机，但仍听信美国石油公司的保证，对石油供应的安全问题毫不担忧。

由于罗宾逊报告对欧洲煤炭行业的看法，各界的反应非常复杂。但最终，欧洲经济合作组织多数成员国政府还是在不同程度上接受了罗宾逊报告的政策建议。欧洲煤钢共同体也接受了该报告[①]。

毫无疑问，对欧洲能源政策最终影响最大的是 1959 年公布的罗宾逊报告，这份报告为欧洲的煤炭行业敲响了丧钟。不过，仔细回顾上述三份报告不难发现，尽管报告的政策基调和建议各不相同，但阿蒙德报告和罗宾

---

① Shaffer Ed，*The United States and the Control of World Oil*，Kent：Croom Helm，1983，pp. 151—160.

逊报告均将廉价作为能源供应的首要关注问题，盖过了第二份报告对于国家在能源政策中发挥作用的强调。考虑到前文所述欧洲进口煤炭价格的高昂，这一能源战略优先关注点意味着煤炭在与石油的斗争中将处于下风。而且，尽管阿蒙德报告和哈特利报告都强调发展欧洲本土的能源，但前者强调核能，后者强调煤炭，着力点的分歧使得决策者在收到这两份报告后仍无所适从。随着 20 世纪 50 年代后半期欧洲美元短缺情况的缓解，欧洲在考虑能源战略时开始摆脱收支平衡问题的考虑，这就为欧洲转向进口石油奠定了基础。

（二）日本转向石油时代过程中能源政策的转变

从二战结束直到 20 世纪 50 年代中后期，日本视煤炭供应为经济复兴的最大瓶颈，因此一直全力推行煤炭优先的政策，将增加煤炭供应作为政府最优先解决的问题。战后初期，为了促进煤炭生产的增加，以美国为首的盟军最高司令部（GHQ）屡次以备忘录的形式敦促日本政府加大对煤炭生产的重视程度。

日本政府先后制定了一系列政策，致力于增加煤炭生产，确保煤炭在能源结构中的主体地位。这些政策主要包括"倾斜生产方式""价格差补给金"制度和"复兴金融金库"。1946 年 12 月，日本决定施行"倾斜生产方式"，将有限的资源集中用于关键的煤炭和钢铁行业，最终实现带动其他行业恢复发展的目的。其出发点是确立"煤炭增产第一"的思想。1947 年 2 月，日本把煤炭、钢铁、肥料确定为最重点行业。金融机构的贷款必须按照顺序优先提供给最重要的产业。"倾斜生产方式"一直实施到 1951 年。日本还恢复了战时的"价格差补给金"制度，政府交付补助金将煤炭价格按照比原价低廉的价格引渡于钢铁行业，同样，钢铁业以比原价低廉的价格把钢铁引渡给煤矿。1947 年的价格补差金占普通会计的 17.9%，1948 年达到 23.8%，其最大的获得者是能源产业与钢铁产业。1947 年 1 月，设立"复兴金融金库"（以下简称复金），最为重要的融资对象就是煤炭产业。从复金的成立到废止，煤炭产业共接受了复金融资总额的 36%。"倾斜生产方式""价格差补给金"和"复兴金融金库"这三项政策，对于恢复煤炭的地位起到了重要作用。二战后初期的 1946 年，煤炭在日本能源结构中的比例从 1942 年的 69.1% 降至 42.2%。到 1951 年，煤炭占比回升到 54%。

　　而就在日本不断出台措施强化煤炭地位的同时，能源政策转变的种子已经埋下。石油进口成为第一步。1946 年 5 月 21 日，GHQ 发布的《关于石油配给及受领备忘录》批准日本进口石油制品。1949 年年底日本太平洋沿岸炼油厂的重新开工，较为顺利地得到了 GHQ 的批准。1950 年伊始，太平洋沿岸 9 家炼油厂相继重新开工。在美国的压力下，日本与跨国石油公司签订在这些炼厂中"五五出资、五五分成"的协议。类似的协议并未施加给同样是战败国的德国①。伴随着朝鲜战争的爆发、美国对日占领政策的转变，以及日本对原油进口的强烈需求，1950 年 1 月以后，在美国的首肯下，日本终于获得了原油进口的许可权，原油进口量随之猛增。1952 年，即 GHQ 结束占领日本的当年，日本就开始实行石油买卖自由化。

　　煤炭的地位受到的实质性打击来自"道奇计划"。"道奇计划"于 1949—1951 年间实施，被学者称为"马歇尔计划在日本的翻版"。很难证明该计划的初始目的就是改变日本以煤炭为主导的能源结构，因为该计划的主要内容是稳定日本经济，实现日本经济在体制和机制上与美国为首的资本主义体系接轨，但就结果而言，"道奇计划"宣告了日本颇有成效的"倾斜生产方式"的终结。为治理日本战败后持续 4 年多的通胀，美国总统杜鲁门派底特律银行行长、德国货币改革方案的制定者约瑟夫·道奇担任盟军驻日总司令的经济顾问。道奇崇尚彻底的自由经济，反对政府深度经济的经济统制政策。道奇采取的治理通胀措施废止了价格补贴和复兴金融金库，使得煤炭产业失去了政府的财政和金融支持，日本重整煤炭行业的计划落空。

　　"道奇计划"结束后，日本政府并未改变将煤炭作为国本的战略定位。面对石油进口和消费增加的局面，1955 年 9 月，日本实施意在限制石油消费的《重油锅炉限制法》。该法为期 10 年，规定通产大臣对重油销售价格拥有劝告权，政府可以通过限制建设锅炉来控制重油消费，还通过降低对重油的外汇资金分配比率来限制重油进口。1955 年 10 月，日本政府制订了"煤炭合理化基本计划"，规定除因国产煤的质量问题而需要进口的部门以外，其余部门一律优先使用国产煤。

　　从 1956 年起，日本以重化工业为核心，集中发展钢铁、运输、机械、电

---

① Clark，John G.，*The political economy of world energy：A twentieth-century perspective*，Hertfordshire：Harvester Wheatsheaf，1991，p. 109.

力和化学等行业，进入了实现国民经济现代化的高速发展时期。在能源需求激增的背景下，20 世纪 50 年代末开始，日本对战后一直奉行的"重煤轻油"的能源政策进行方向性的调整。1958—1960 年，通产省对煤炭合理化政策进行重新审视和调整。1958 年 10 月发布的名为《搞错了的能源政策》的报告，称继续实施重油消费限制是能源锁国政策，以往的长期能源政策完全忽视了价格因素。1959 年通产省制定的政策中，将煤炭业确定为结构性萧条行业，主张通过缓和重油锅炉限制，促进能源消费结构向石油方向转化。1960 年 9 月 26 日，日本通产省明确规定石油进口自由化要在 1962 年 10 月 1 日前开始实施。1960 年 12 月 27 日，日本政府制订《国民收入倍增计划》。为确保高速增长的经济拥有稳定的能源供应，计划明确提出要把油主煤从作为今后日本能源政策的基本方向，尽快取消对重油的进口管制并实行自由化。1961 年 2 月，日本组成欧洲能源政策调查团赴欧洲考察。同年 7 月，调查团提交了名为《欧洲能源政策的要点》的报告。报告指出，欧洲主要能源消费国政府都尽可能向消费者提供低价能源，并提倡消费者自由选择能源，作为政府不能强制消费者使用特定的能源。报告的结论是日本当时煤主油从的能源政策缺乏通盘考量。1962 年 5 月，通产省设立综合能源部会，主要职能是系统研究审议并制定以石油为主的综合能源政策。与此同时，日本政府颁布实施了《石油业法》。

伴随着日本能源政策的剧烈调整，日本的能源结构也发生了迅速变化。1961 年，石油在日本能源结构中的比重与煤炭持平，都是 39.9%。到 1962 年，石油的比重上升至 46.1%，超出煤炭 10.1 个百分点。到 1971 年，石油比重达到 73.5%，煤炭则降至 17.5% 的低位[①]。

（三）俄国转向石油时代过程中能源政策的转变

俄罗斯虽为世界石油工业的两大发源地之一，石油资源禀赋和生产能力与美国不相上下，但从煤炭时代向石油时代的转换却极其缓慢，与其在石油业中的地位不太相称。苏联向石油为主的能源消费结构的转换落后于美国 20 年，甚至落后于西欧和日本。俄罗斯转向石油经济的滞后除了革命和战争对石油生产的破坏外，国家计划和政策的歧视性安排与领导人偏好是重要原因。

① 尹晓亮：《战后日本能源政策》，社会科学文献出版社 2011 年版，第 118 页。

十月革命胜利后的新生苏维埃政权把能源领域的重心放在了煤炭上面，并没有向汽油时代迅速迈进。1920 年 12 月，列宁在全俄苏维埃第八次代表大会上提出"共产主义就是苏维埃政权加全国电气化"，强调只有国家实现了电气化才能得到最后的胜利。列宁的这一论述为苏联的工业化提出了理论根据。在当时的技术条件下，发电几乎完全依赖煤炭，而不是石油。列宁的这一思路为煤炭和石油的不同命运奠定了根基。从 1928 年苏联开始第一个五年计划到 20 世纪 50 年代末，在煤炭和石油两种燃料之间，苏联的优先选择是煤炭，奉行"重煤轻油"的能源政策。1932—1950 年间，硬煤的生产和消费占苏联能源结构的比重从 50.8％增加到 64.6％，而石油的比重从 28.7％降到 17％。在制订 1950—1955 年的苏联第五个五年计划时，斯大林强调燃料结构的矿物化，这意味着硬煤在能源结构中的比例显著和持续增加。同时，苏联还提出不再将残渣燃料油作为重工业的原料，这进一步限制了石油在苏联国内的用途。

苏联石油的转机出现在 1955 年。当年 5 月，苏联《真理报》刊登一篇文章，强调增加石油在苏联燃料和能源生产中比重的重要性。此后不久，苏联国家计划委员会就决定采取行动增加石油行业的资本投资，从而打乱和重塑了整个苏联的能源平衡。1959 年，该委员会创建了一个"特别委员会"，来监督向石油经济的微妙和高度复杂的转换。在苏联这样的计划经济体制的发源地和中枢，国家能源政策调整的影响是巨大的，它使苏联迅速过渡到石油主导的能源结构，而且迅速再现了其在国际石油市场上曾有的辉煌。1965 年，石油和天然气共占苏联一次能源生产的 49.4％。1970 年，石油在苏联能源结构中的占比超过煤炭，与英国同步。1975 年，苏联石油产量首次超出美国，此后一直到 1991 年解体，苏联始终保持世界头号石油生产国的地位。1960 年，苏联能源产量只相当于美国的 50％，1980 年已经接近美国的水平，成为世界第二号能源大国。

六、环境危害与公众环保意识的增强

石油替代煤炭成为能源结构主角，还与煤炭的高污染相关。煤炭是高碳燃料。相同热量单位的煤炭的含碳量比石油高 40％，比天然气高 75％。煤炭燃烧不仅会释放二氧化碳、二氧化硫、氮氧化物、大量的高碳灰尘和微粒，还释放很多重金属元素，如汞、砷、铀、铅、铬、镍、钴、硒和镉。煤炭燃烧的污染积累到一定程度，就会造成严重的环境污染事件。17 世纪中期，一位作家称，伦敦的空气质量比欧洲任何其他城市都要差，并将处处冒着煤烟的伦敦描述为"火山岛和火神的庭院"。工业革命开始后，伦敦成为世界闻名的"雾都"，反映出伦敦严重的空气污染。

尽管如此，20 世纪之前，燃煤造成的严重污染问题并未对煤炭在能源结构中的地位造成实质性损害，甚至根本谈不上损害，原因是多方面的。

首先是决策者对于环境污染问题的漠视。这并不是说政府从未关注过环境问题或者未就环境问题出台过法令，而是说煤炭使用造成的环境问题在决策者的心目中所占权重极低。造成这种情况的原因众多：其一，决策者抱定经济发展优先的思维；其二，决策者与庞大的用煤群体存在密切的利益关联；其三，决策者并不真正了解环境和公众健康受威胁的程度。例如，伦敦早在 13 世纪就出现了煤烟污染问题，英国政府于 1306 年颁布了禁止燃煤的法令，对燃煤者进行重罚并毁掉熔炉。不过，这一法令的影响只是暂时的。在薪柴危机发生后，伦敦又重新鼓励燃煤。1821 年，英国颁布《烟尘禁止法》，但只是表明了议会对烟尘的反对态度而已，并未对法律体系进行实质补充。随后，英国出台了一些管理烟尘排放的地方法案，但多是内容空泛、流于形式、约束乏力，都没产生效果。[①] 出现这种情况的根本原因在于，在英国工业化的过程中，议员和政府官员与产生污染的企业构成利益共同体，醉心于发展经济或者创造利润，对于公众的健康漠然视之。

其次，公众环保意识的普及程度较低，而且公众对于国家和政府决策影响力的相对低下。纵然少数理想主义者、环保主义者和认识到污染问题严重性的政治人物高声疾呼，也难以唤起包括决策者在内的社会大多数人士的积极响应和真正行动。1842 年，罗奇戴尔律师就发起建立了"曼彻斯特消除烟尘联合会"。1843 年，伦敦的一位律师提出要在全英强制性推广威尔士无烟煤作为燃料。先不说无烟煤达不到普通煤炭的供应量的问题，当时的英国公众对于这种提议并无任何思想准备。另外，20 世纪之前的西方社会，民权的力量还很薄弱，公众在环境问题上的抱怨和抗议根本不会对国家权力结构的天平造成冲击，因此并不能促使政府控制煤炭的消费。

---

① ［英］布雷恩·威廉·克拉普：《工业革命以来的英国环境史》，王黎译，中国环境科学出版社 2011 年版，第 29—41 页。

最后，20 世纪之前的社会信息相对闭塞，科技水平相对落后，公众和政府尤其是公众并不真正了解使用煤炭造成的环境破坏程度高低。公众由于身处社会底层，信息获取渠道本身就极其有限，还容易遭受政府对于特定信息的封锁。1873 年 12 月伦敦曾发生一次严重的空气污染。当时《泰晤士报》报道了两位先生在两起事故中，因摔倒后吸入受污染的空气而很快死去的消息，却被两道命令勒令停刊。事后几十年，一项统计显示，1873 年的那次空气污染导致 270～700 个伦敦人死亡，1880 年的一次空气污染致死 700～1100人，1892 年的另一次污染致死约 1000 人。这些事件中的大多数在当时都没有被报道①。

进入 20 世纪以来，世界各地尤其是对于煤炭依赖严重的国家和地区相继发生一系列骇人听闻的环境公害事件，造成大量的生命和财产损失。同时，公众的环保意识日益觉醒，公众舆论和公众运动对于国家和政府的影响逐渐增强。

环境公害事件最早出现在煤炭资源丰富的比利时，该国在 19 世纪中期以前是仅次于英国的产煤大国。长期使用煤炭的后果在 20 世纪 30 年代初显现：1930 年 12 月 1 日至 15 日，比利时发生马斯河谷烟雾事件。马斯河谷地区是当时比利时的一个重要工业区，包括炼焦、炼钢、电力、硫酸、化肥等在内的许多重型工业分布于此。事件期间，一星期内就有 60 多人死亡，家畜更是死亡无数。

伦敦的情况更加严重。1952 年，该市能源消费超过六成都是煤炭。煤烟污染成为当时空气污染的主要来源。当年 12 月发生了震惊世界的伦敦烟雾事件，又称"雾都劫难"。从 12 月 5 日至 12 月 8 日的短短 4 天里，伦敦死亡人数高达 4000 人。浓重的烟雾导致伦敦的所有交通几近瘫痪，司机需要人坐在引擎盖上指引才能开车，警察指挥交通甚至要使用火把。此后两个月，又有近 8000 人因空气污染导致的相关疾病死亡。这是伦敦在和平年代遭遇的最严重灾难。

在"雾都劫难"事件后，英国公众和议员对于空气污染的危害真正重视起来。1953 年 5 月成立了由著名工业家休·比弗主持的公共质询委员会。该

---

① ［美］弗里兹：《煤的历史》，时娜译，中信出版社 2005 年版，第 84—85 页。

委员会公布的最终报告确认净化空气和净化水源同等重要，并且认为恢复良好的空气质量的成本比继续污染要低得多。英国政府原则上接受了这份报告，并在此基础上进行立法。1956 年，世界上第一部《清洁空气法》在英国正式生效。在此之前，几乎没有哪个有关社会问题的报告能在如此短时间内取得实际进展①。该法案的主要内容是减少煤炭用量和将主要用煤企业迁至郊区。其后，英国用煤量迅速下降，同时石油消耗量快速上涨。尽管 1962 年伦敦的一次污染再次夺去 750 个伦敦人的生命，但像 1952 年那样后果的污染事件却再也没有发生。1970 年的伦敦，煤炭基本上被其他燃料所取代。进入 20 世纪 80 年代，伦敦最终与"雾都"的形象告别。

　　与第一次能源大转换相比，第二次能源大转换耗费的时间要短得多。即使是从现代石油工业兴起来算，石油从零开始到占据世界能源消费结构的半壁江山也只用了 120 年左右。在此期间，主要西方国家纷纷完成了能源转换。这一时长要远远短于第一次能源大转换中从英国遭遇薪柴危机到主要西方国家完成转换所花费的超过 400 年的时间。

　　总的来看，在第二次能源大转换的过程中，美国及其他国家形成以石油为主的能源结构的成因包括：煤炭供应危机与石油供需两旺、美苏对于西欧的争夺、能源政策的转变、跨国公司的扩张、环境危害和公众环保意识的增强。其中，第二和第三点，甚至第四点都可以归入政策的范畴，只不过文中为了凸显不同的政策主体而将它们分开。与第一次能源大转换相比，第二次能源大转换时的一个显著变化是，政策起到的作用大大增强。这与国家治理体系的完善息息相关，也反映出英美两国"统治"世界方式的差异。所谓"英国治下的和平"，靠的主要是自由贸易体系、金本位制和以海军为依托的全球殖民统治，英国在这三个层面都处于中心地位。英国并未有意寻求通过操控一国的能源结构来控制该国。轮到美国有资格和实力规划国际秩序时，美国将能源战略运用到前所未有的高度，借助能源打造以其为首的国家集团。虽然西欧和日本也在二战后进行了持续的尝试，试图通过维护其煤炭主导的能源结构来确保国家的战略独立，但种种努力终究化为泡影。美国的能源战略能够实施，是建立在当时美国石油能够自给、中东石油产量激增和美国控

---

　　① ［英］布雷恩·威廉·克拉普：《工业革命以来的英国环境史》，王黎译，中国环境科学出版社 2011 年版，第 42—44 页。

制中东石油的基础上的。从煤炭这个昔日霸主的角度来看，由于罢工、战争破坏和产业合理化计划的作用，煤炭的供应在 20 世纪 50 年代中期以后每况愈下。当时出现的伦敦烟雾事件，也在一定程度上推动了石油取代煤炭的步伐。

第二节　能源结构转向石油的影响

一、石油塑造美国的军事和战略优势

美国在 1910 年以后开启的由煤炭时代向石油时代的转换，首先在军事和战略上赋予美国以优势。

石油在一战中初显身手，飞机和坦克等以石油为燃料的现代化军事武器都是在这次战争中首次登上历史舞台。战争之初协约国所需石油主要由远离欧洲的波斯（当时的称呼，即今伊朗）供应。由于战争的巨大消耗，1916 年年初英国已出现汽油匮乏。1917 年年初，德国发动无限制潜艇战，协约国的石油工业面临即将枯竭的窘境。

美国的契机终于来临。1917 年 4 月美国对德国宣战。1917 年 8 月，美国总统威尔逊设立燃料局，协调美国和协约国军队与美国民间的石油需求。美国还成立了全国石油战争服务委员会，负责为协约国政府向美国订购石油并安排航运。1918 年 2 月，由美、英、法、意参加的协约国间石油会议建立，以协调和管理石油供应和船运。一战期间，美国供应了协约国石油需求的80%[1]。总的来看，一战使欧洲列强两败俱伤，美国大发战争横财，从战前的债务国摇身变为债权国，军事实力也因欧洲列强的衰落而相对壮大。1922 年签订的《华盛顿海军条约》使美国海军获得与英国海军平起平坐的地位。

1945 年二战结束时，世界军事格局彻底发生了变化：英、法、德、日一蹶不振，美、苏成为两个军事超级大国。美军所到之处，留下了长长一串军

---

① ［美］耶金：《石油风云》，东方编译所、上海市政协翻译组编译，上海译文出版社 1997 年版，第 209—210 页。

事基地和军事合作条约，成为日后控制全球的基础。

二战期间，美国本土为美国自身和盟国生产它们所使用石油的近 90%[①]。以 1940 年为例，美国的石油产量占世界的 63%。随着战争的进行，美国愈发担心其石油资源有朝一日将会匮乏，"保存理论"在美国开始出现。该理论认为，美国必须控制外国的石油储备，以便降低对国内石油的消耗，保存国内的储量以备未来之需，从而保证美国的安全。中东成为美国瞩目的中心。由于中东主要是英国的势力范围，美国在中东与英国展开了激烈的石油争夺[②]。

最终，通过对中东大部分石油资源的控制，美国为它的军事机器锁定了源源不断的燃料供应。20 世纪 70 年代虽发生了石油国有化运动和两次石油危机，但时至今日，美国仍对中东地区有着最大的话语权，对中东的控制也成为当今美国军事霸权的基石。

石油为美国带来的优势不仅是军事方面的，战略层面的优势同样明显和重要。欧洲的能源结构从煤炭主导转向石油主导，带来的一个后果是能源对外依存度的大大提高。1960 年时，西欧的能源依存度为 47%，1965 年升至 63%，1973 年达 83% 的高峰。能源依存度的提高使欧洲高度依赖美国控制下的中东地区，高度依赖美国在全球提供的安全保护。纵然 20 世纪 70 年代两次石油危机后，欧洲对于中东石油的依赖程度已大大降低，欧洲的能源进口已基本实现来源多元化，但在石油危机前业已形成的西欧，对于美国在安全方面的依赖局面并未随之改变。

正是由于日本对于石油资源尤其是中东石油资源的绝对依赖，几十年来日本在战略上始终唯美国马首是瞻，把日美同盟放在突出的核心地位。虽然 1973 年石油危机后日本对外政策不时偏离美国，日美贸易战也频频发生，然而日本始终作为美国远东战略的牢固支柱，美日战略同盟关系的根基始终没有发生根本动摇。

---

① ［美］耶金：《石油风云》，东方编译所、上海市政协翻译组编译，上海译文出版社 1997 年版，第 476 页。

② 美、英、法等国对于全球石油资源的争夺在一战结束后就已开始。1928 年，美国的石油公司成功参股英国控制的伊拉克石油公司，走出了美国涉足中东石油资源的第一步。美国分别在 1929 年和 1933 年得到了在巴林和沙特的独有开采权，1934 年取得了科威特油田一半的开采权。

二、石油霸权成为美元霸权的基石

美元霸权的确立和巩固，是包括政治、军事、经济、金融、制度和文化等一系列因素综合作用的结果，与世界格局的演变密不可分。在诸多因素之中，石油对于美元霸权起到了不可忽视的重要作用。这里的前提是美国基本控制海外石油资源和发达国家的能源结构从煤炭居首转向石油居首。

在此基础上，美元地位确立的逻辑链条大致如下：美国以美元为其控制的石油标价；作为最大贸易商品的石油以美元标价，保障了美元在绝大多数国际贸易中的计价结算地位；最终，石油美元回流机制和美国金融创新带来的金融市场大发展，赋予了美元在结算、投资和储备等领域的超群地位，美元霸权得以确立。

（一）美元石油与英镑石油的激烈斗争

二战结束后西欧各国能源、资本和劳动力均严重短缺，在无外援的情况下短时间内恢复战前的煤炭供应水平已无可能，只能依赖便宜的进口石油。当时的石油出口国主要集中在美国、墨西哥、委内瑞拉、苏联、罗马尼亚和中东。美国、墨西哥、委内瑞拉控制在美国石油公司手里，以美元标价；苏联和罗马尼亚的石油由于东西方关系在二战后迅速转向，无法大量供应西欧；中东石油则分别由美英资本控制，美元和英镑标价并存。1943年，英国控制中东原油生产的81%，美国只有14%，在炼油业中，英国占85%，美国为8%。1945年，英国掌握的中东石油份额下降到41%，美国则上升至55%。

1944年确立的布雷顿森林体系赋予了美元等同于黄金的国际货币地位，但当时美元的实际地位并不像协议规定的那样强大。英镑在二战结束时仍是40%左右整体国际贸易的结算货币。1948年时国际贸易的36%以英镑结算，1949年包括有形和无形贸易的国际支付的50%也是用英镑完成的。

在石油的标价货币问题上，上演了一段美元石油与英镑石油的激烈斗争。石油输出国组织（OPEC）秘书长巴德里曾在2009年指出，石油交易中，从英镑计价到美元计价，期间经历了数十年时间。在英镑区和英国的势力范围内，石油以英镑标价结算，被称为"英镑石油"。这包括中东地区三分之二的石油贸易。而在美国的势力范围内，石油以美元标价结算，被称为"美元石油"。二战期间，英国曾借助英镑的地位来回击美国石油公司的竞争，英镑区成员也联合一致在结算比例上支持英镑并限制美元。这被称为"英镑—美元石油问题"[①]。

当时的西欧和日本本身并不产油，美国想以石油作为突破口，树立美元在石油贸易和整体贸易中的标价结算货币地位。时任经济合作署（ECA）石油部负责人和美国石油问题战略专家的利维表示，"欧洲复兴中最重要的问题之一，就是确保石油美元安全的考虑"，ECA 的主要任务就是帮助欧洲国家通过将其软通货转换为美元来支付美元进口。"如果 ECA 援助停止了，美元石油将发现不能够占有庞大的海外市场，同时面临着非美元石油扩展的竞争压力，"他称，"美国必须帮助欧洲推进它的美元收支平衡，以使它在未来三年内获得复兴，美国在使欧洲自我支撑的过程中需要作出一些牺牲，但这是必要的"。

但美国或者美元石油的劣势在于：一是二战结束后的 10 年左右，西欧和日本存在严重的"美元荒"，美元储备严重短缺，只有一定英镑结存；二是美元石油的价格高于英镑石油；三是当时英、荷等国在全球仍控制相当的石油。"石油七姐妹"的两家非美资石油公司，即英国石油公司（该公司名称经历了从英波石油公司到英伊石油公司，再到英国石油公司的变化）和英国荷兰壳牌石油公司，所出售的石油均以英镑计价结算。

美国的优势在于硬件和技术方面。美国是当时世界上唯一有能力出口主要石油设备的国家，要维护和扩大石油生产的大多数设备只能用美元才能买到。而且，世界上的绝大多数油轮都是在美国或巴拿马注册的，租用这些油轮运输也需要支付美元[②]。

为解决"美元荒"，推动本国出口，二战后美国进行了几次大规模的美元输出，主要包括：英美财政协定下向英国提供 37.5 亿美元贷款；1945—1947年通过联合国善后救济总署援助西欧 90 亿美元；1948—1951 年通过马歇尔计划援助西欧 131.5 亿美元；1952 财年通过《1951 年共同安全法》向世界各地提供 74.83 亿美元援助。还有很多，不一一列出。"美元荒"的问题相对容易解决，因为输出货币可以完全由美国决定。

---

① 管清友、张明：《国际石油交易的计价货币为什么是美元》，《国际经济评论》2006 年 7/8 期，第 58 页。

② 李若晶：《失衡的依赖——美国对中东石油外交的国际政治经济学解读》，中国社会科学出版社 2012 年版，第 106 页。

美元石油的价格高于英镑石油，是历史上形成的石油定价机制的结果。在中东石油大发现之前，世界石油工业的中心无疑位于美洲。世界石油出口贸易超过70%都来自美国石油，而且几乎没有哪个石油消费国不用美国石油。石油开采先后繁荣的墨西哥和委内瑞拉也位于墨西哥湾周边。这样，早期的世界石油贸易自然形成了"墨西哥湾加价制"（Gulf Plus System）。在这种定价机制下，不管原油的实际产地在全球哪个角落，都统一认定原油由美国墨西哥湾装船，采取统一的基准价，即"墨西哥湾港口船上交货价"（FOB-price in the Gulf of Mexico），外加由墨西哥湾到消费地或目的地的运费。美国石油成本普遍高于世界其他国家，采用这种定价制度，可以确保美国国内的石油供应和价格不受到海外进口石油的冲击，有利于美国石油工业的发展，同时也维护了国际石油公司的垄断利益。需要注意的是，当时并不存在统一的国内外石油价格，大量在美国国内生产并用于国内消费的石油的价格，并不遵循上述定价机制。

随着中东石油的开发，波斯湾取代墨西哥湾成为东半球90%的石油贸易的来源。1945年，石油定价出现了"双重基点制"，在墨西哥湾价格之外又出现了一种新的价格，基准价格仍是"墨西哥湾港口船上交货价"，在计算运费时采用波斯湾作为基点，即运费是从波斯湾到消费地的费用。1948年后，"波斯湾港口船上交货价"与"墨西哥湾港口船上交货价"渐行渐远。部分中东原油采用"波斯湾港口船上交货价"加上从波斯湾到消费地的运费进行定价。不过仍有部分原油坚持使用墨西哥湾基准价。如印度进口原油直到1957年仍采用墨西哥湾价格作为基准。这就形成了英镑石油与美元石油的价格差异，前者较低，而后者较高。

在马歇尔计划的制定过程中，克鲁格委员会建议，"为保证不浪费资源，重建欧洲石油经济的基本能源供给，还是应该确定在中东原油供应来源上"①。最终，由中东而不是美国本土向欧洲供油的建议被采纳。1948年，即马歇尔计划运行的头年，美国公司自中东卖给欧洲的原油价格以比中东原油价格高出40%的墨西哥湾原油的价格计算。尽管经济合作署（ECA）向国际石油公司和国会呼吁让西欧以竞争性的价格购买石油，1949年美国石油巨头也确曾先后两次降低售往西欧的中东油价，美元油价仍高于英镑油价。

---

① 李若晶：《失衡的依赖——美国对中东石油外交的国际政治经济学解读》，中国社会科学出版社2012年版，第104页。

美元石油和英镑石油争夺市场份额的过程，也步履维艰。马歇尔计划推出后，英国政府要求美国让英伊石油公司和英荷壳牌集团同美国石油公司一起向经合总署提供援助用的石油，价格以波斯湾油价计算且以英镑付款。这种扩大英镑影响的做法自然遭到美国拒绝。

英国政府马上还以颜色。1949 年，英国政府作出规定，在英镑区的石油能够供应的情况下，一切英国国民必须首先购买英镑区的石油。这使美国石油公司被迫作出将一部分石油用所在国货币出售的决定。在美国的压力下，英美两国达成相互妥协的协议，允许美国的石油公司向其英国分支机构供油，但美国供应的汽油要以英镑支付，且这部分英镑不能兑换为美元，公司将所获英镑利润购买英国制造的货物和设备。显然，在这一回合的英美斗争中，美国的石油虽然卖到了英镑区，但美元并未占到"便宜"。

美国只能在马歇尔计划上做文章。如前所述，马歇尔计划援助资金超过10％被美国指定用于购买美国石油公司生产的石油和石油制品，多于其他任何一种单一商品。美国明确这部分石油全部要用美元支付。

对西欧国家而言，石油是这些国家外汇预算中耗费美元最多的单一商品。联合购买便宜的英镑石油，以取代价格更高的美元石油，成为它们的理性选择。为节省紧缺的美元，"西欧各受援国试图劝说 ECA 向欧洲扩展精炼能力提供美元"，这样西欧各国就可以不用直接进口昂贵的、以美元支付的石油精炼产品，而是进口较便宜的英镑原油自己进行炼制。ECA 认为，西欧精炼能力的提高最终必然造成美元石油在欧洲的销售受挫。于是，在欧洲经济合作组织委员会提交对建设和扩大炼油厂项目给予援助的申请后，ECA 大量削减开支，对那些可能与美国石油公司的产品产生竞争的工程项目拒绝给予援助。事实上，ECA 只向建设精炼业"投资了 2400 万美元，与 12 亿的援助总额来比无疑是相当小的一部分"。

在马歇尔计划执行期间，美国处心积虑扶持美元和美元石油的做法并未产生实效。价格便宜和结算方便还是欧洲国家的首要考虑。相关文件显示，1948 年时，西欧进口的美元区石油和英镑区石油平分秋色，都是 700 万吨，但到 1951 年，自美元区进口的石油缓慢增加到 740 万吨，而自英镑区的进口则大幅增加到 2890 万吨。来自英镑区的进口显然要用英镑支付，这表明直到1951 年时英镑石油仍较美元石油占上风（见表 4-2）。

表 4-2　部分西欧国家进口石油产品数额　　　　（单位：百万吨）

地　区	年　份	原　油	成品油	合　计
美元区	1938	5.7	5.6	11.3
	1948	2.8	4.2	7.0
	1951	3.3	4.1	7.4
英镑区附属地	1938	3.9	1.0	4.9
	1948	5.3	1.7	7.0
	1951	27.5	1.4	28.9
独立海外领地	1938	0.8	6.1	6.9
	1948	1.2	7.9	9.1
	1951	1.1	5.0	6.1
西　欧	1938	0.1	0.4	0.5
	1948	—	0.2	0.2
	1951	—	1.7	1.7
总进口量	1938	11.9	19.1	31.0
	1948	15.4	20.3	35.7
	1951	51.1	15.6	66.7

资料来源：《经济合作署向国会第 13 次报告》，第 112 页。转引自李昀：《经济合作署与战后初期西欧重建（1947—1951 年）》，南开大学博士学位论文，2009 年 4 月。

其实，在英镑石油热卖时，英镑的地位已经大为衰落[①]。这意味着英镑石油的地位并没有数字显现的那样强大。既然在价格上暂时无法与英国竞争，产量或者供应来源就成为更好的选择。1951 年 4 月爆发的伊朗石油国有化危机，为美国提供了一个绝佳的打破英国对伊朗石油完全垄断的机会。1953 年，美国中央情报局直接策划推翻实施石油国有化的伊朗摩萨台政府。1954 年，在美、英、伊三方达成的协议中，英伊石油公司丧失了对伊朗石油的独家垄断，在新成立的国际石油财团中的股权降低为 40%，美国的石油财团获得与英国石油公司同样的份额，成功染指英国一直以来最为珍视的禁脔之地。伊朗的石油产量被确定限额，失去了其中东头号产油国的地位。"伊朗财团建成之后，美国现在是中东的石油方面和多变的政治方面唯一起作用的角色。"[②] 美国石油公司得以

---

① 1947 年 7 月 16 日，英国按照《英美财政协定》的约定恢复英镑的自由兑换，但仅持续了 7 个星期就被叫停，英国的美元储备损失近 10 亿美元，这是战后英镑经历的第一次危机。1949 年 9 月 18 日英镑贬值 30.5%，对美元汇价由 1 英镑折合 4.03 美元降为 2.8 美元。这次贬值，对于英镑地位产生了不可挽回的重大影响，其他英镑区国家对英镑的信心大大减弱，开始进行争取本国黄金外汇储备多样化的活动，不愿意单一地保存英镑。1951 年，英镑再次爆发危机。

② ［美］耶金：《石油风云》，东方编译所、上海市政协翻译组编译，上海译文出版社 1997 年版，第 587 页。

控制中东石油生产特许权的 90％①。1947 年英国控制中东石油行业总固定资产的 44％，美国控制 40％，到 1959 年英国控制的比例降至 18％，美国上升至 50％②。受此影响，英镑区对西欧的石油出口能力下降，也使得英镑的地位遭到进一步削弱。

不过，英镑石油仍在国际石油贸易中占据一席之地。因为在 1954 年的伊朗石油协议中，新成立的国际石油财团的总部设在英国，并且仍然以英镑作为石油贸易的结算货币。

（二）美元作为石油唯一标价货币地位的确立

到 20 世纪 60 年代中后期，在西欧能源消费结构中，石油首次超过煤炭成为主导能源。这时，英镑的地位经数次危机后进一步削弱③，虽然美元自 1960 年开始至 1973 年也发生了十次危机，但两者地位已不可同日而语，前者已彻底失势，后者尚可通过制度变革重回强势。

作为对黄金储备严重外流和美元影响江河日下的回应，美国尼克松政府在 1971 年 8 月 15 日果断关闭黄金兑换窗口，又在 1973 年宣布放弃固定汇率，实行浮动汇率制度。但仅仅这样还很不够。石油又成为美国战略的关键。美国意图通过控制石油这种极端重要的战略资源来保障美元霸权。

广为流传的说法是，美国与沙特在不早于 1973 年的某个时刻达成一项协议，沙特以美元为其石油标价结算的唯一货币，并保证将赚取的石油美元回流美国，而美国为沙特提供安全保护。由于沙特在石油生产和出口中的地位，其他石油出口国也接受了将美元作为唯一的标价结算货币。这样，以美元为石油的唯一标价结算货币，成为一种非正式的制度安排，并延续至今。美元石油与英镑石油的竞争，由此尘埃落定。

美国与沙特的这份协议是真是假，是口头协议还是书面协议，正式内容如何，至今仍无法得知。但广泛流传的协议内容不仅在逻辑上是可信的，也由迄今 40 年美国苦心经营中东的历史所印证。一个例子是，2003 年伊拉克

---

① 李若晶：《失衡的依赖——美国对中东石油外交的国际政治经济学解读》，中国社会科学出版社 2012 年版，第 139 页。

② Issawi, C., & Yeganeh, M. *The Economics of Middle Eastern Oil*. New York: Frederick A. Praeger, 1962.

③ 1955 年、1956 年、1957 年、1961 年、1963 年和 1964 年相继发生英镑危机。1967 年 11 月 18 日英镑贬值 14.3％，对美元汇价降为 1 英镑折合 2.4 美元。1972 年 6 月 23 日英镑区正式解体。

战争的爆发，与2000年年底伊拉克改用欧元结算其石油出口账户有关。

美元与石油的唯一绑定关系，意味着依赖石油资源的世界各国不得不在外汇储备中保持大量美元资产，以满足其石油进口需求。不仅如此，美国还构建了石油美元回流机制。1974年9月28日，美国国务卿基辛格首次提出"石油美元回流"，称应在美国内部安排好资金借贷，以使这种回流更为灵活，并且在此过程中应避免产油国施加的政治影响。石油美元回流机制的意义在于，经济落后的中东产油国内部难以吸收大量的石油美元，这些美元通过美国的私人银行渠道回流到美国购买美国债券，不仅可以减少美元的境外流通量，稳定美元价值，还能弥补美国的债务缺口，压低美国的利率水平。

美元将其根基建立在石油的基础上，与石油市场的独特性质密不可分。能源是世界商品贸易中最大的商品类别。石油是世界贸易总额中占比最大的单一子类商品。由于燃料贸易的权重较大，其对于标价结算货币的初始选择就具有标杆意义。考虑到路径依赖的影响和美元背后美国金融市场无与伦比的广度、深度和流动性优势，后来的贸易商没有足够的动力去根本改变美元主导的国际贸易标价结算格局。再者，石油市场的另一个独特之处在于垄断程度极高，石油资源的供给集中在少数国家手中，国家内部又由少数大公司（无论是国际石油公司还是国家石油公司）垄断，而石油的需求则十分广泛，没有哪个国家不需要石油，同时石油需求量较大且难以替代。除石油外，很难找到具有上述所有性质的类似商品。石油以美元标价，保障了美元在绝大多数国际贸易中的计价结算地位。这正是美国如此在乎石油贸易而不是其他贸易标价结算货币的重要原因。

此外，20世纪80年代初美国总统里根上台后，大力支持发展股票市场、债券市场、货币市场、利率市场、外汇市场和期货市场等虚拟金融市场，建立起全方位、多层次的金融市场体系，这些市场无一例外地以美元报价结算。尤其值得强调的是，20世纪80年代美、英两国相继推出原油期货品种，分别以西德克萨斯中质原油期货（WTI）和北海布伦特原油期货（BRENT）为代表。尽管后者在国际原油市场上的影响与前者并驾齐驱，但报价货币也是美元，早已没有英镑的影子。

至此，美元作为国际贸易计价货币和国际投资结算货币的垄断地位基本确立，美元霸权已无人能撼。目前从整体来看，国际石油贸易的绝大多数还是以美元进行标价，美元与石油的紧密联系仍未受到根本动摇。

三、廉价石油与西方经济的"黄金时代"

20 世纪 50—70 年代，西方发达国家出现了经济高速增长的"黄金时代"，年均经济增长率为 5.3%。相比之下，1919—1938 年的增长率仅为 2.3%。更具体来看，1953—1973 年间，日本的国民生产总值实际年均增长率高达 9.8%，联邦德国为 5.9%，法国 5.2%，美国 3.5%，英国 3%；而在 1913—1938 年间，上述五国的增长率分别为 4.5%、1.3%、1.1%、2% 和 1%。[①] 其中，日本的经济发展速度更是惊人，国民生产总值在 20 世纪 60 年代先后超过加拿大、英国、法国和联邦德国，于 1968 年成为资本主义世界第二经济大国。[②]

关于西方经济出现"黄金时代"的原因，有诸多解释。长期以来，学者们对于经济增长与能源消费的因果关系争论不休：有的认为是经济增长单向导致了能源消费的增长，有的认为是能源消费单向导致了经济增长，还有的认为两者互为因果。这是由于不同学者选取的国家样本、时间样本或所采用的因果关系检验方法不同所致。样本或方法稍有改变，结论就截然不同。除此之外，如果进一步细分不同的能源形式，得出的结论又大相径庭。

笔者以为，廉价石油的大量消费是其中最重要的因素之一。1953—1970年，在美国以外的西方市场上，石油输出国组织（OPEC）各国的原油平均售价仅为 1.15 美元/桶，仅相当于美国市场价格的 36%。进入 20 世纪 70 年代后，油价制定的主动权从石油巨头转移到产油国手中，油价才有所上调。尽管如此，在 1973 年第一次石油危机爆发前夕，阿拉伯产油国的油价也只有 3.11 美元/桶[③]。

以日本为例进行说明。确保能源供应是二战后日本政策规划者的中心任务。正是能源问题提供了对整个经济进行升级的契机。煤炭、电力和石油炼制等能源行业为其他经济领域的发展提供了参照样板。能源相关的技术进步为 20 世纪 50 年代日本的劳动生产率进步提供了可能[④]。1960 年年底日本政府制定的《国民收入倍增计划》明确提出，为了确保国民生产总值在 1961—

---

① 宋则行、樊亢主编：《世界经济史》（下卷），经济科学出版社 1998 年版，第 43 页。
② 同上书，第 47 页。
③ 王才良、周珊编：《世界石油大事记》，石油工业出版社 2008 年版，第 196—208 页。
④ Hein, Laura Elizabeth. *Fueling growth: the energy revolution and economic policy in post-war Japan*, p. 316.

1970 年间翻一番，一次能源的供应量 1970 年应达到 1959 年的 2.12 倍。而日本国内煤炭产量在 1961 年就已达到战后的顶峰，如果继续依靠煤炭，日本的倍增计划将成为泡影。日本政策制定者认识到，通过将能源结构的主体从煤炭转换到石油，日本可以通过进口石油降低能源成本，来降低整个生产成本，这样便能刺激日本工业制成品的出口，从而带来外汇收入的增长。赚得的外汇除进口能源和资源外，还进口先进的机器设备和技术，以进一步提高出口能力，如此循环反复。这其实就是"贸易立国"的战略。在经济进入高速增长期后，日本政府把振兴贸易作为经济发展的唯一关键。大量进口和消费石油成为实施该战略的基本前提和起点。

1956—1973 年，日本国内生产总值年均增长率为 9.5%，占全球比例从 3.7% 上升到 7.8%，同期能源消费年均增长率为 10.5%，占全球比例从 2% 上升到 6% 的历史最高水平[1]。日本的原油进口量在 1955—1970 年年初的 15 年间几乎增长了 24 倍，同期煤炭供应量增加不到 1 倍[2]。能源消费增速高于经济增速和原油进口大增的事实充分表明，日本经济在此期间的高速增长，是建立在以石油为中心的能源消费高增长的基础上的。

能源结构从煤炭主导转向石油主导，带来了产业体系的再造和重构。在煤炭作为主导能源的时代，煤炭、钢铁、纺织、造船和机械制造等行业是工业的主体。自 20 世纪 50 年代中后期开始，日本进入重化工业高速发展的时代。1955 年时重化工业占日本制造业的比重为 44.6%，到 1970 年已达到 62.3%。重化工业的迅速发展大大提高了日本在国际分工和贸易格局中的地位。不仅日本，20 世纪五六十年代，在世界范围内，石油化学、合成纤维、合成树脂、合成橡胶、汽车制造、飞机制造、原子能、电子、半导体和海洋开发等以石油为基础的新兴产业迅速发展。它们的建立和发展使西方国家最终在全球率先完成了工业化，其意义再怎么强调也不为过。就廉价石油推动"黄金时代"的经济增长而言，西欧的情况与日本大同小异。而经济实力的恢复和增强，反过来又对国际权力格局产生影响。西欧和日本经济的迅速恢复和高速增长，巩固了以美国为首的西方国家的力量。

---

① 王安建、王高尚等：《能源与国家经济发展》，地质出版社 2008 年版，第 198 页。
② ［日］安场保吉、猪木武德编：《日本经济史 8：高速增长》，连湘译，生活·读书·新知三联书店 1997 年版，第 107 页。

　　反观这一时期的苏联，"重煤轻油"的能源政策使得苏联形成了一个具有高昂机会成本的能源体系。早在煤油时代，沙俄的石油产量还曾高于美国。由于能源政策的"重煤轻油"和其他一系列原因，1960 年苏联能源产量只相当于美国的 50％，1970 年才提高到 60％[①]。能源产量的不足、能源结构的畸形和东西方冷战，使得苏联并未享受到廉价石油带来的增长红利。以塑料行业的发展为例，当西方市场经济国家越发依赖石油制成的塑料时，苏联的计划制定者还在争论是否和如何将塑料行业作为苏联经济现代化的一部分纳入国家计划。直到 20 世纪 70 年代，许多到访苏联的人还常常谈到苏联的许多产品仍然使用高成本的金属进行制造，而在西方这些产品都已经实现用低成本石油制成的塑料来制造[②]。

　　美国率先完成第二次能源大转换，也自然成为这次能源转换过程中的最大受益者。依靠其无与伦比的军事实力、对于中东石油的控制和建立在石油基础上的美元霸权，美国成功确立了影响至今的西方主导的国际秩序。就美国的军事霸权而言，需要强调的是，虽然石油不是两次世界大战的全部，但石油本身是战争争夺的重要内容，战争胜负也与石油高度相关。尤其是在二战中，石油资源贫乏的德国和日本面对美国和苏联这两大石油生产国为主的盟国，战争的发生和结果本身都在情理之中。石油是美国赢得战争的基础，也成为其在战后军事霸权的基石。就美元霸权而言，石油在诸多因素之中起到了不可忽视的重要作用。这其中的前提是美国对于全球石油资源的有效控制和二战后西欧和日本的能源转换。在此前提下，作为最大的贸易商品的石油以美元标价，保障了美元在绝大多数国际贸易中的计价结算地位。石油美元回流机制和美国金融创新带来的金融市场大发展，赋予了美元在结算、投资和储备等领域的超群地位，最终确立美元霸权。就整个西方世界而言，20世纪 50—70 年代，西方出现的经济高速增长的"黄金时代"，正是建立在大量消费廉价石油的基础上。西欧和日本经济的迅速恢复和高速增长，又巩固了以美国为首的西方国家的力量。

　　①　李树果：《苏联 80 年代的能源问题》，《苏联东欧问题》1984 年第 1 期，第 52 页。

　　②　Considine，Jennifer I.，and William A. Kerr. *The Russian oil economy. Cheltenham & Northampton*，MA：Edward Elgar，2002，p. 76.

第五章　能源转换的成因和影响

第一节　能源转换的成因

从前两次能源大转换的过程可以得出，能源结构转换的成因按照重要程度由大到小大致包括以下五个方面：新旧能源的供求态势变化；新旧能源的相对价格变化；政策的变革；技术进步；能源品质变化。需要注意的是，这五个方面的因素只是导致能源转换发生的框架性解释。具体的某个国家的某次具体的能源转换，并非一定要全部具备这五个因素才能发生，有时即使缺乏某个单一因素，能源转换照样能够发生。

一、新旧能源的供求态势变化

一般来说，能源转换因既有能源的供应危机而起。既有能源的供应不足，迫使社会去寻找新的替代能源。这里的情况不是主观上的想与不想转换，而是客观上的不得不转换。只有在合适的时间找到替代能源，才能保证能源供应的平稳接续和社会的正常运行，否则，轻则经济生活水平倒退，重则国家崩溃、文明消亡。

对于替代能源而言，必须能够在相当长时期内克服既有能源存在的供应不足的缺陷，否则这种能源形式本身就无法成为合格的替代能源。这种替代能源，可以是新发现的本国能源，也可以是有保证的外国进口能源。16世纪的薪柴危机促使英国更多地使用本国煤炭，随着煤炭开采技术的进步，煤炭供应量的逐渐提高为英国转向煤炭为主的能源结构奠定了基础。二战后的西欧和日本，曾经的主导能源煤炭的供应遭遇瓶颈，日益难以适应这些国家经济加快增长的需求，这时中东和其他国家迅速增长的石油产量确保了它们顺利完成能源转换。

需求和供应是一枚硬币的两面。只有充足的供应，若没有足够、广泛的需求与之匹配，同样不利于新兴能源抢占旧有能源在能源结构中的份额，能源转换的过程将被大大拉长。众多需求终端的能源需求本身，对于能源转换的进行起到持续的推动作用。英国从薪柴时代向煤炭时代的过渡也可以说是始于迫于薪柴和木炭价格上涨，而被迫采用煤炭做燃料的铁匠铺、面包作坊和酿酒作坊。其后，蒸汽机、钢铁和电力领域对于煤炭的需求，将社会最终引入煤炭时代。在煤油时代，石油的供应不可谓不充足，但市场却是相当有限的，只是在汽油时代开启之后，石油的需求才出现突破性的持续增长，最终导致石油取代煤炭的地位。

二、新旧能源的相对价格变化

价格是与供求紧密相连的另一个因素。之所以将其单列，主要考虑到价格信号最容易观察。如同两种替代商品，假定它们对于满足消费者的偏好来说是无差异的，那么一种商品价格的提高将导致对另一种商品需求的增加。能源之间的替代同样如此。

然而，新旧能源相对价格的变化只是能源转换的充分而不必要条件。美国煤炭价格自1929年大萧条来临后就开始下跌，一直持续到1965年左右，价格重新回到1875年的水平上下。而且，图5-1显示，最迟从1947年开始，煤炭价格就一直低于石油价格。美国在1950年实现石油在能源结构中超过煤炭，显然不能用价格因素来解释。如果单以价格作为不同能源替代的依据，那么更为便宜的天然气显然更有资格，但事实却是石油占了上风。

三、技术进步

能源转换表现为以一种能源代替另一种能源，由于每种能源都对应着独特的储藏、开采、加工、运输和使用方式，能源转换的发生必然要求储藏、开采、加工、运输和使用能源的技术出现进步。没有上述技术的进步，新的替代能源既难以大规模生产，解决不了能源的供应问题；也难以真正走近消费者，无法培育能源的需求。

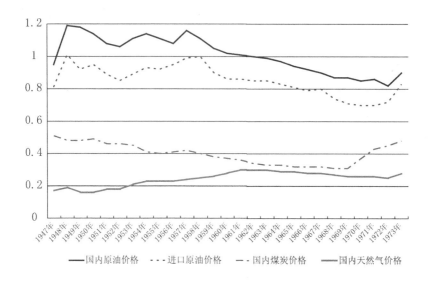

图 5-1　1947—1973 年美国不同能源价格对比

（美元/百万英国热量单位，以 **1977** 年美元为基准）

资料来源：President's Commission on Coal. "Coal Data Book". Washington, DC: US Government Printing Office, 1980, p. 99.

这里对于技术的理解不能局限在能源本身，而应从能源系统或体系的整体去看待。举例而言，当谈到煤炭相关的技术进步时，指的并不仅仅是煤炭这种黑色固体燃料，而包括像蒸汽机、火车、铁路和钢铁这样的煤炭的高度关联行业或派生行业的技术进步，也就是煤炭经济系统的技术进步；当谈到石油相关的技术进步时，指的并不仅仅是对那种"黏稠的、深褐色液体"本身上述几个环节上的技术进步，而是如前文所述的整个石油经济系统的技术进步，比如内燃机的发明和汽车的普及。

四、能源品质变化

能源品质也是影响能源转换的重要因素。社会中的每个人都是能源的消费者。站在消费者的角度，选择以一种商品替代另一种商品，在其他条件不变的情况下，通常作为替代者的商品应该能给消费者带来作为被替代的商品所能带来的更大的效用。就能源的替代和转换而言，这里的效用主要指的就是能源的品质，或者说能源的热值、能源的效率。随着时间的演化，能源的清洁程度在能源品质中占据的分量越来越重。简单地说，能源转换的过程是优质能源替代劣质能源的过程。

从薪柴到煤炭，再到石油的能源转换的大的脉络，正是从生物质能源或者可再生能源到固体化石能源，再到液体化石能源的转换。每一次转换，能源的品质都经历了一个革命性的飞跃。参照中国制定的相关能源折算系数，单位重量的原煤的热值或发热量是薪柴的 1.25 倍，而单位重量的原油的热值或发热量是原煤的 2 倍或者薪柴的 2.5 倍。

五、国家政策干预与变革

从表面上看，能源转换似乎是个市场自发作用的过程，"看不见的手"完全操控着能源转换。但实际上，政府这只"看得见的手"在能源转换的过程中也无时无刻不在发挥作用。政策因素推动能源转换这一事实是清晰无误的。西欧和日本正是在内外政策的共同干预下才迅速过渡到石油居首的能源结构，如果没有政策的变革，尤其是来自美国的政策诱导，单靠市场力量则煤炭未必就会在竞争中输给石油，即使被替代也会耗费长得多的时间。

当然，政策也可以拖累和阻碍能源转换的进程。作为世界石油工业的发源地之一，石油本来有望在苏联更早地占据能源结构的首位，但在列宁有关"共产主义就是苏维埃政权加全国电气化"的论断和斯大林的"燃料结构矿物化"政策影响下，石油让位于煤炭。在斯大林逝世后，赫鲁晓夫全盘否定斯大林，遭到斯大林歧视的石油才在苏联得到充分重视。

政策的变革，首先当然是能源方面的变革，也包括对能源的供求和价格产生影响的非能源领域的变革。变革其实包含多重含义，既有前瞻性的主动调整，也有市场变化后的被动调整，还有外部力量的干预。一般来说，国家出于维护自身安全和促进经济发展的需要，会对生产和使用一种能源而不是另一种能源作出整体上的安排。随着全球化的发展、国际关系的演进和大国竞争的加剧，一国的能源结构不再完全由该国自身决定，而是越来越多地受到其他国家、国际组织和跨国公司等国际行为体的影响。最为明显的是，一国政府会为了达到影响甚至控制特定对象国的战略目的，而有意通过相关政策影响对象国的能源结构及其变迁。

政府的政策干预对于能源转换究竟起到什么性质的作用，是促进还是阻碍，不好一概而论，要结合具体情况而言。到位、及时的政策干预，有助于能源转换进程的顺利启动、推进和完成；不合时宜的政策干预，反而会阻碍能源转换的进程，增加难度并拉长时间。海夫纳三世以 20 世纪 70 年代以来的政府大规模干预为例，认为多数干预起到了相反的作用。他进一步得出结论，在能源转型的推动力中，政府干预的效力最低。政府政策通常是既定利益集团游说的结果，因此常起到相反的作用，拖延而不是促进能源转换[1]。他的看法不能说是错误的，但并不全面。如果观察二战结束至 20 世纪 70 年代的历史，显然政府的政策干预在能源转换中发挥了不可替代的重要作用。假设美国与西欧和日本不进行相应的政策干预，西欧和日本能否在 20 年左右完成能源结构的大转换是非常值得怀疑的。

当然，除了上述五大方面，推动能源转换的还有其他方面的因素。值得强调的是个人的选择和决断。无论能源的供应和需求，还是技术的进步或者战略和政策，其背后都能找到无数个个人的作用。个体对于能源价格和可获得性的反应，以及能源使用对于生活质量的影响，被海夫纳三世认为是"迄今为止推动能源转型最有效、最基本的力量"，"个人能源选择的累积效应决定了全球能源消费"[2]。即使是战略和决策，也深深受到领导者个人抱负、品性、兴趣和决断等因素的影响。

第二节　能源转换的影响

历史上已经发生并完成的两次大型能源转换分别是从薪柴主导的能源结构过渡到煤炭主导的能源结构和从煤炭主导的能源结构过渡到石油主导的能源结构。这两次大型能源转换伴随着西方资本主义国家持续两百多年的工业化进程的完成。

观察能源转换的历史，可以发现能源转换的影响主要体现在三个方面：一是推动长期经济发展，二是影响和塑造国际权力和地缘政治格局，三是促成货币霸权。前两个方面的影响是普遍的。第三个方面的影响主要是指，在

---

① ［美］罗伯特·海夫纳三世：《能源大转型》，马圆春、李博抒译，中信出版社 2013 年版，第 14 页。
② 同上书，第 16 页。

第二次能源大转换中，能源转换为美元霸权的确立奠定了基础。能源转换的影响如图 5-2 所示。

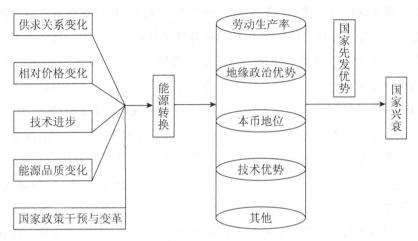

图 5-2　能源转换的影响

资料来源：作者自己制作。

一、推动经济发展

（一）能源与经济增长和经济发展关系的一般探讨

对于能源消费与经济增长的关系，很多研究者利用实证分析方法进行了大量的因果关系论证，即究竟是能源消费的增加导致了经济增长，还是经济增长带来了能源消费的增加。Stern（2000）用协整理论分析美国能源消费和国内生产总值之间的关系，发现能源消费对促进经济增长具有显著作用。Asafu（2000）及 Soytas 和 Sari（2003）分别用误差修正模型对四个亚洲国家和七国集团进行分析，发现在工业化发达国家中能源消费对于促进经济增长具有显著影响。Mehrara（2007）对 11 个石油出口国能源消费和 GDP 数据的分析表明，石油出口国的经济增长对于石油消费有很强的单向格兰杰因果关系。

国内学者中，吴永平等（2008）发现，中国的经济增长和能源消费存在双向因果关系。梁森和聂锐（2008）指出，中国能源消费和经济增长之间的关系，是单向地从经济增长到能源消费的因果关系，也就是经济增长拉动能源消费。具体到不同的能源形式，学者们也看法不一。先看煤炭。张兴平等

(2008) 认为，中国的 GDP 对于煤炭消费存在单向的格兰杰因果关系且具有持续的正影响。李艳红（2009）认为，经济增长对于煤炭消费具有单向依赖关系。但于励民（2008）的结论是，煤炭消费与经济增长短期内是双向因果关系，而长期内存在从经济增长到煤炭消费的单向因果关系。再看石油。大部分学者认为，经济增长单向导致石油消费增长。如刘卫国（2008）认为，中国经济总量对于石油消费具有较强的单向正影响。张莹（2008）等学者认为石油消费与经济增长间互为因果。研究对象换成电力后的结果又不一样，一般认为电力消费单向导致经济增长。王火根和沈利生（2008）的模型认为电力消费是经济增长的原因，而经济增长并非电力消费的原因。他们提出，电力消费减少 1%，经济增长将下降 0.498%。何永秀等（2008）的结论是，用电量增加 1%，经济将增长 1.15%。

在对能源与经济增长关系的定性研究中，彭慕兰（2000）指出，任何大经济体如果既要维持人口的持续增长，又要维持人均产出的继续增长，都需要矿物燃料和（或）其他对土地限制的明显缓解。要使一场工业革命发生并持续下去，或者即使是为了原始工业的增长能持续得更长久，就必须在某些地方找到燃料、纤维或许还有食物。Victor and Victor（2002）指出，人均 GDP 的上升伴随着从生物质能源到化石能源和电力的广泛使用。Grübler（2004）指出，通常来说，总体初级能源消费随着收入上涨而上涨，但两者并非步调一致地变动。在经济发展的早期阶段，低效的能源和技术处于支配地位，意味着收入的增加要求能源的大量投入。当经济继续发展变得更为现代时，更高效率的能源和技术被采用，导致能源强度（单位经济产出的能源投入）开始下降。当一国进入工业化的第一阶段和原材料密集型制造业成为经济的主驱动力时，如 1890—1930 年的美国，能源强度的下降趋势才会被打断。最终，服务业导向的后工业化体系形成后，自然资源消费量的小幅增加就能带来经济产出的大幅上升。

（二）能源和能源转换对于经济增长和发展的意义

能源是经济发展不可替代的根基。能源的使用在历史上大大促进了经济发展。图 5-3 显示，自 1850—1990 年的一个半世纪里，全球能源消费的增速始终高于经济增速。这一时期以 1950 年为界，可以大致分为两个时段，前一时段为煤炭时代，后一时段为石油时代。很明显，石油时代无论是能源消费还是经济总量，都在煤炭时代的基础上有了实质性的跃升。自 1990 年以来，全球能源消费增速显著低于经济增速，主要是由于发达国家均已完成工业化，进入后工业社会，能源消费强度大大降低，利用效率显著提高。考虑到 1990 年以来并未发生明显的能源转换，因此不是本书关注的重点所在。

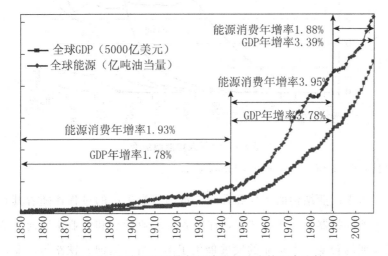

图 5-3　全球能源消费与经济增长速度的历史比较

资料来源：王安建，王高尚：《能源与国家经济发展》，地质出版社 2008 年版，第 5 页。

在西方完成工业化的过程中，人均能源消费均出现明显增长。如图 5-4 所示，19 世纪中期至一战前世界人均煤炭消费迅速增长，20 世纪 50—70 年代石油和天然气消费迅速增长。西方恰恰主要是在这两个时间段最终完成了工业化。

能源转换通过以下几个渠道，推动经济的发展和社会的进步。

一是降低能源的价格。在成功的能源转换中，新兴的主导能源通常较被取代的既有主导能源廉价，主要是因为前者的供应较后者更为充足、普遍和稳定。能源转换的发生通常会在相当长的历史时期内大大缓解能源供应的紧张局面，从而为人口增长和经济扩张奠定根本的物质基础。这是经济增长的根本前提。能源转换后主导能源价格的降低，使得一国的生产成本降低，不仅扩大了国内市场，产品和服务的国际竞争力也大大提高。而且能源转换带来的经济扩张，并不仅仅是简单的量的扩张，更主要的是质的飞跃。在国家层面上，廉价能源造就了众多经济奇迹，例子主要有 16—17 世纪的荷兰，20 世纪 50—70 年代初的联邦德国、法国和日本。

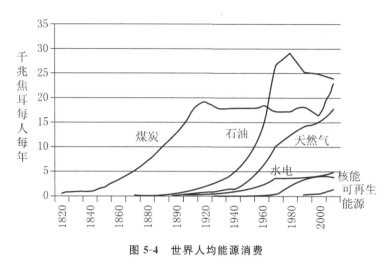

图 5-4　世界人均能源消费

资料来源：http：//www.theoildrum.com.

二是带来产业结构的嬗变和升级。英国煤炭生产的过程伴随着其自身从工场手工业到机器大工业的转变，伴随着从农业社会和农业文明向工业社会和工业文明的转变。煤炭业的发展催生了蒸汽机、运河、铁路等产业，使得钢铁、纺织等行业的生产效率、规模大大提升，生产方式发生根本转变。这些行业又产生新的刺激效应，如铁路的建设推动了巨型建筑承包商的产生；铁路的安全、准时运营的需要催生了电报行业；美国石油业的发展催生了汽车、飞机等产业，使化工行业由煤化工发展到石油化工。里夫金说得最为彻底，"几乎所有重要的产业都是由石油工业衍生而来"[1]。说到底，由于能源行业是经济运行的基础行业，能源结构的变迁因此深刻影响产业结构的变迁。

三是推动与之相适应和配套的新型基础设施体系的建设。而基础设施体系建设作为投资的重要组成部分，是拉动经济发展的重要动力。

英国煤炭业的发展，推动了公路网的建设，催生了收费公路体系，激起了"运河热"和铁路建设狂潮。其他国家也以英国为范本，大力修筑公路、运河和铁路。19世纪七八十年代以后，电力革命又激起电力基础设施建设的热潮。石油的情况与煤炭类似，只不过石油时代的基础设施与煤炭时代截然不同。输油管、储油罐、炼油厂、加油站和大型油轮船队等都是石油时代特

---

[1] ［美］杰里米·里夫金：《第三次工业革命》，张体伟、孙豫宁译，中信出版社2012年版，第116页。

有的基础设施。1859 年美国开采出第一口油井之后的 20 年，名为"潮水输油管"的世界上第一条远距离输油管道便在美国建成，使得石油运输摆脱了铁路和卡车的局限。由于其石油工业发源地的地位，美国在主要大国中率先建成全国范围内的输油管道体系。输油管道的建设热潮时至今日仍在持续。除了上述直接牵涉石油的基础设施外，石油在陆上、空中和水上交通的大量运用还大大刺激了公路（主要是高速公路）、机场和码头的建设。

二、影响国际权力和地缘政治格局

（一）国际权力和地缘政治格局变化的常规解释

关于国家兴衰和国际格局变化，国外学者们从政治学和经济学的角度给出了很多解释。

美国学者奥根斯基提出权力转移论。他对主导国与挑战国的关系和行为模式进行了详细分析，认为国际体系稳定与否的关键在于能否实现权力与满意度之间的平衡。

莫德尔斯基提出霸权周期理论。他认为，自 1494 年以来，先后出现了四个"世界领导者"，即 16 世纪的葡萄牙、17 世纪的荷兰、18 和 19 世纪的英国以及 20 世纪的美国。它们称霸的原因在于，它们在技术和社会组织等方面作出了具有历史意义的重大创新，其中包括航海大发现、创建近代民族国家、宪政制度、工业革命、现代科技和教育体系等。自 1500 年以来的几次霸主更迭，都是正在衰落的国家逐渐将领导者地位"禅让"给其主要伙伴，其背后是经济和军事实力对比的变化。一些国家能够成为强有力挑战者的重要原因之一，在于它们最先并有效地从世界领导者那里学到了创新。

沃伦斯坦创立了世界体系论。他认为，经济是决定霸权兴衰的主要因素，而战争是霸权国家保持经济优势地位的最终手段。他指出，一国在获得霸权地位后，即开始奉行自由贸易政策，但这同时也孕育了霸权衰落的种子。因为自由贸易难以阻碍技术知识在国家间的传播，在此情况下，其他国家将有可能依托最先进的技术和装备跻身最有利润的市场，以此蚕食霸权国家生产率优势的物质基础，进而再度引发各国间的激烈争夺，导致霸权国家走向衰落和国家间关系的重组。

金德尔伯格提出了经济霸权更替理论。他提出，国家衰落的外部原因包括战争、过度扩张和残酷竞争。内部原因包括：利益分配联盟固守自身利益，抵制变革，创新能力低下；经济从生产性走向非生产性；为解决政府财政困境或收入分配矛盾而滥印钞票导致通货膨胀，等等。

保罗·肯尼迪提出大国兴衰论。他提出，各国的经济增长速度不平衡以及技术和组织上的突破可能使一国比另一国有更大的优势。他认为，大国兴起，起于经济和科技发达，以及随之而来的军事强盛和对外征战扩张。如英国之强大，建立在蒸汽动力及其依赖的煤炭和金属资源的优势上，也建立在先进的银行和信贷系统的基础上。大国之衰，衰于国际生产力重心转移，同时，国际承诺太多、军事费用过大，因而出现了一国战线太长的现象，直到最后被完全拖垮。如果一国过多地把资源用于军事目的而不是财富创造，如果社会变革和技术创新的障碍过多导致竞争受到抑制，国家实力就会减弱。

罗伯特·吉尔平提出霸权稳定论。他认为，经济因素在一国决定变革或维持某种国际体系的过程中起决定性作用，是物质环境（尤其是经济和技术条件）及势力的国际平衡产生了促进或阻碍一国变革国际体系企图的作用力。他指出，在世界政治经济中应用的"霸权"概念，一个重要的含义是物质资源上的优势。霸权国家必须控制原材料和资本的来源，维持庞大的进口市场，以及在高附加值新产品的生产上具有比较优势。

布热津斯基认为，美国是第一个也是唯一一个真正的全球性大国。美国在全球力量四个具有决定性作用的方面居于首屈一指的地位。在经济方面，它仍然是全球经济增长的主要"火车头"，美国经济的活力为美国在全球起首要作用提供了必要的先决条件；在军事方面，它有无可匹敌的在全球发挥作用的能力；在技术方面，美国在开创性的尖端领域保持着全面领先地位；在文化方面，美国文化虽然有些粗俗，却有无比的吸引力，特别是在世界的青年中。这四个方面加在一起，使美国成为一个唯一的、全面的全球性超级大国。

以上是从政治学角度给出的几个极具代表性的解释。经济学家们主要是从经济增长、自由贸易、分工和专业化的角度解释国家兴衰问题，如亚当·斯密（1774）、大卫·李嘉图（1817）、奥尔森（1982）提出，经济成功有两个必要条件：存在可靠且明确界定的财产权利和公正的契约执行权利；同时不存在任何形式的巧取豪夺。凡是协调好政府强权和个人权利保障之间关系的国家，便会走向繁荣；反之则衰败。他还提出，利益集团为维护既得利益而阻碍制度变迁或创新，造成"制度僵化"，阻碍了经济增长或经济发展。诺斯和托马斯（1973）指出，有效率的组织或者说制度创新是经济增长的关键，而导致制度创新的主要参数乃是人口增长。熊彼特提出，企业家的创新行为是经济发展的源泉，一旦企业家的创新精神消失或减弱，国家也将衰弱。

阿西莫格鲁和罗宾逊在 2012 年出版的《国家为什么会失败：权力、贫困和繁荣的根源》一书中指出，一个国家所采取的政治制度和经济制度决定了这个国家的经济绩效，进而决定了与其他国家在经济绩效上的差异。他们将不同国家的政治制度和经济制度用包容性（inclusive）和攫取性（extractive）来刻画。包容性制度的主要特点是：保障私有财产；保护每个人工作、创造和获得收益的权利；创造开放公平的市场竞争环境；保护和鼓励个人创新；有相对集中的中央政治权力和稳定的社会环境；公民能够广泛参与政治；政府权力（包括皇权）受到限制；政府能够代表大多数人的利益，等等。从根本上讲，这种制度是一种多数人参与、利益分享的多元制度。"攫取性制度"中，权力和财富高度集中，被少数人垄断，整个国家制度建立在剥夺多数人而为极少数人服务的基础上，大多数人没有劳动和创造的积极性，因而国家不仅不能持续繁荣，很难有技术创新和进步，还经常面临为争夺权力而引发的内乱和不稳定。无论是从效率还是公平上讲，"包容性制度"都优于"攫取性制度"。他们认为包容性政治制度和包容性经济制度是实现长期经济增长的关键，攫取性政治制度和攫取性经济制度虽然能够在一定程度上和一定时期内实现经济增长，但是不能够持续。有的国家（或地区）建成了包容性政治制度和包容性经济制度，而有的国家（或地区）建成的是攫取性政治制度和攫取性经济制度，结果就造成了不同国家（或地区）之间经济增长和经济发展水平的差异，造成了世界性的不平等。简单地说，国家失败的根源在于攫取性制度，而国家成功的必要条件为包容性制度。

国内学界对大国兴衰的研究鳞次栉比，角度五花八门。比如，海权与大国兴衰（张文木，2005）、产权制度与大国兴衰（张宇燕，2004）、创新与大国兴衰、国家模式与大国兴衰、金融与大国兴衰、产业演进与大国兴衰等。

张宇燕和高程从歧视性产权制度解释大国兴衰，指出国家统治集团是否与最具生产性的商人集团达成合作，是否在国内外保护他们的财产安全、帮助他们扩大财产规模，是导致一国在国际竞争中成败的关键。

杨小凯、Jeffrey Sachs 和胡永泰（2000）提出，为何法国在 19 世纪时落后于英国，苏联在 20 世纪三四十年代经济发展快但后来发展慢，是由于法、俄没有或没有完全实行英、美的共和宪政体制。他认为法国和英国最大的差距是制度的差距，因为英国从光荣革命之后，已经实现了宪政体制，而法国在传统的中央集权的制度之下，经过法国大革命、拿破仑革命等，仍没有完成宪政制度改革。

张文木（2005）指出，随着资本全球化及相应的资本多极化的运动，使得海洋成为地球体的"血脉"，因而也是将国家力量投送到世界各地，并将世界财富送返资本母国的最重要的载体。于是，控制大海就成了控制世界财富的关键。从某种意义上说，强大的海军和制海权是市场经济和民主政治的"火车头"。没有制海权，就很难有稳定和安全的海外市场和资源及由此产生的海外利润回流，以及由回流利润滋养的社会稳定和民主政治的平稳发展。大国，特别是已进入市场经济"快车道"的中国，其经济如不与制海权相结合，就不能保证自身持续增长及由其支撑的市场经济国家的可持续性发展。

刘江永（2012）提出，国家模式竞争是决定大国兴衰的重要因素。国家模式则是相对社会形态而言的国家形态范畴。它主要包括国家结构、国家政体、政党制度、经济体制、发展战略、对外战略等与国家发展相关的诸多重要方面构成的国家发展形态。二战以来半个多世纪的历史证明，在"两种社会制度并存、多种模式竞争"的时代，正是国家模式的竞争导致了大国的兴衰。未来 30 年，这种并存与竞争时代将进入新的发展阶段，能够确保本国发展模式在改革中不断完善的国家，将巩固和发展自身的社会形态，而在国家模式转型中失败的国家，则可能走向衰落。中国的改革就是社会主义国家模式的自我完善，中国未来的发展，也要继续依靠国家发展模式的不断完善和创新。

王逸舟（2009）指出，除历史和时代的机遇之外，国际制度的强弱和取向；国家应对威胁的物质实力和动员能力；国民忧患意识的建构与具备；经济社会进步和政治体制改革的成效；国内民族宗教关系的和谐程度，等等，从不同方向促进或制约着大国崛起的进程与水平。

邵峰（2009）指出，中国真正崛起的标准起码有五个指标：第一，政治制度和价值观具有先进性和普适性，就是我们常说的提升软实力；第二，科学技术要执世界之牛耳；第三，产业结构的水平要高度化，在国际产业分工链条中要处于上游和尖端；第四，军事实力要具有超强的优势；第五，GDP总量和人均 GDP 要在世界处于领先地位。GDP 既要总量大，构成也应优化。

刘景华（2010）详尽考察了 11—18 世纪英国的外来移民和外国商人状况及他们的贡献，包括犹太人、意大利商人、德国汉萨商人、尼德兰纺织工匠、法国胡格诺教徒、荷兰商人等，分析了不同时期英国政府和社会对外来人员态度的演变，指出英国的最初崛起离不开外来因素的促进和推动。当 11—15 世纪英国尚处于经济落后阶段时，外来因素弥补了英国经济总量弱小所带来的不足和困难；当 16 世纪后英国开始崛起、经济发展开始进入欧洲前列的时候，外来因素增强了英国社会前进的推动力，由此处于更为优势的地位；对英国早期发展具有重大意义的经济变化，大多与外来移民相联系。财政金融上，外来商人长期向困难中的英国政府贷款，使英国王室财政得以正常运转；在英国崛起时期，外国资本的投入促进了近代英国金融体系的建立，并为工业革命提供了一定资金准备。当然，外来移民和商人之所以能进入岛内并起着重大作用，亦在于英国自身在经济社会变革的过程中逐渐生成了容受、欢迎乃至刺激外来者进入的良性机制。各种内外因素在这里发挥聚集效应，促成了它的率先崛起。

（二）能源转换影响国际权力和地缘政治格局的途径

能源本身是塑造国际权力和地缘政治格局的重要因素。英国煤炭生产的过程伴随着英国从欧洲三流国家向一流国家的转变。能源结构的转换，或者说一种能源取代另一种能源的地位，将打破与原有能源结构相适应的国际权力结构和地缘政治格局。煤炭时代过渡到石油时代，意味着煤炭的生产国和出口国在国际舞台上的影响力下降，而石油的生产国和出口国则影响力上升。自文艺复兴和大航海时代以来，中东地区就渐渐为世人所淡忘。然而 20 世纪以来，由于石油资源的发现和开发，这里持续成为大国竞争的焦点。直到今天，富含石油的中东仍是世界地缘政治竞争的中心舞台所在。

国际能源体系的结构与国际权力的结构虽然是两个概念，两者并不是完全的对应关系，但确实存在着某种关联。回顾能源转换和国际权力结构变迁的历史不难发现，率先占据煤炭时代国际能源体系顶峰的英国，也恰恰是煤炭时代的世界霸权或权力中心；率先占据石油时代国际能源体系顶峰的美国，也恰恰是石油时代的世界霸权或权力中心。而煤炭生产和出口上的后起之秀美国和德国，在煤炭时代的国际权力格局中虽然具备了足够的挑战实力，却始终无力取代早已获得先发优势或先行者优势的英国的地位。石油生产和出口上的后起之秀沙特阿拉伯，其石油工业尚在襁褓之中时就已经完全被纳入美国的轨道，既无意也无力挑战美国。另一个石油生产和出口大国俄罗斯（包括苏联在内），虽有意在石油时代的国际权力格局中挑战美国，却经历了种种遭遇，无力与早已获得先发优势或先行者优势的美国展开势均力敌的竞争。

能源转换影响国际权力和地缘政治格局的途径主要有以下几种。

一是在能源转换上具有先发优势的国家往往被赋予军事上的优势。如开篇所述，军事和战争须臾不能离开能源。率先进行能源转换的国家，往往率先将新的能源应用于军事领域，从而获得了相对于仍然使用旧的能源的国家，或者依赖进口获得新的能源的国家的军事优势。这种军事优势包括：使用新的能源的作战能力更强的军事和武器装备、军队远程活动和投放能力的增强、军需燃料的充足供给、新军兵种的产生，以及军事理论和战争理念的升级。

二是在能源转换上具有先发优势的国家进行能源出口带来的优势。能源的需求是普遍的和刚性的，如同对粮食的需求一样。同时能源的供给却不是普遍的，由于能源的地理分布极不均衡，少数国家占有多数的能源储量，因此能源的出口国相对进口国而言，数目相当少。能源出口国和进口国之间往往形成非对称性的相互依存关系。这种非对称性的关系正是出口国的权力和地缘优势来源。由于占据某种卖方垄断的地位，能源的出口国可以依据自身的国家利益和市场形势的变化，选择在什么时间向哪个国家出口、出口多少数量和以什么价格出口。不仅如此，正如下文即将谈到的，能源出口国还可以选择以哪种货币作为本国的出口能源标价结算。

三是在能源转换上具有先发优势的国家有意或无意引导其他国家的能源转换。如果是有意为之并且成功达到目的，则先发国家就能够通过能源这个纽带实现对后发国家的控制。在西欧二战后能源结构的转换中，美国存在明显的战略故意。最终美国得偿所愿，实现了对西欧的控制，建立了美国领导下的西方体系。不过，并非所有在能源转换上具有先发优势的国家都会积极寻求对于它国能源结构的控制。在这种情况下，先发国家在能源利用上的技术领先优势，将会激励后发国家去模仿和学习。这种技术差距本身就是国家间权力和支配的来源所在。

当然，除了上述提到的途径，能源转换带来的国家间经济实力对比的变化本身，就是国际权力和地缘政治格局变化的最重要动力之一。由于前文已述，在此不再赘述。

三、促成货币霸权

（一）货币国际地位与国际贸易计价货币研究

有关货币国际化和货币国际地位变化的文献汗牛充栋。有的学者从单一角度追寻其渊源，有的学者从多角度综合分析。总的来看，这些原因不外乎国家经济实力、金融市场发展程度、货币内在价值、国家政治军事实力、历史继承性和网络外部性等方面。具体如下。

国家经济实力。Andrew（1961）认为，货币国际化是一国货币与他国货币的竞争过程，国家经济实力的强弱，决定了货币竞争能力的强弱和生命周期的长短。Eichengreen（1994）指出，可行的国际货币体系具备一定的等级结构，国家经济实力的差距在这种等级结构的形成和维持方面起着举足轻重的作用。

国家政治军事实力。蒙代尔（1983）和小原三代平（1984）强调了政治、军事力量对货币国际地位的巩固作用。

历史继承性。Brinley（1975）通过对英镑的观察，发现某种货币拥有国际货币的特权后，会产生"历史继承性"。Tavlas（1990）从交易成本角度（获取信息，以及由不确定和计算产生的费用）具体证明了国际货币使用上的历史继承性或惯性。

货币稳定性。Hayek（1978）指出，作为一种资产，持有者首先看重货币的实际购买力，从动态角度看，一种货币国际地位的变化在很大程度上依赖于该货币的稳定性或"未来价值的可预测性"。Cooper（1986）持有类似的观点，认为作为国际货币的一个必要标准是，它的价值不会不规则波动。Echingreen（2005）指出，20世纪前75年，英国通胀率保持在美国的3倍水平，这是英镑让位于美元的重要原因。蒙代尔（2003）认为一国货币要成为国际货币取决于人们对该货币稳定的信心，而这又取决于以下因素：货币流通或交易区域的规模；货币政策的稳定；没有管制；货币发行国的强大和持久货币本身的还原价值。他认为货币作为公共物品，具有内在规模、范围经济，市场的广度、深度是衡量一种货币利用规模经济和范围经济的程度。流通区域越大，货币对付冲击的能力越强。

金融市场发展程度。Williams（1968）的研究发现，国际货币的流动性较少依赖于发行国的实体经济，而更多地依赖于该国金融部门的发展，"正是集中于伦敦的国际银行体系，才提供了 1914 年以前英镑体系的核心"。Kenen（1988）指出，货币国际化需要有令人满意的货币供给条件，只有资本的自由流动才能创造货币国际化所需的广度和深度，因此金融市场自由化程度是决定货币国际化程度的关键性因素。

在相对单一的视角之外，还有学者从多视角看待国际货币问题。Bergsten（1975）认为国际货币的条件应包括政治和经济两个方面。政治上应具有强大的政治权力并得到国际合作的支持。在经济上，他从外部经济条件和内部经济条件两个角度进行分析：外部经济条件包括维持可兑换信心、合理的流动性比率和健康的国际收支及其结构；内部经济条件包括保持经济增长、价格稳定、国际经济规模上的相对优势、经济货币的独立性及发达的金融市场。Tavlas（1997）把影响货币国际运用的要素与最优货币区标准联系起来，认为最优货币区理论中的通货膨胀、贸易一体化和金融市场发达程度能帮助解释一种货币为什么被用作国际记账单位、交换媒介和价值储藏手段。Dwyer Jr. 和 Lothian（2002）考察了从 5 世纪的拜占庭金币到美元的国际货币的漫长历史，发现国际货币有五个关键特征：单位价值高；长时间相对低的通货膨胀率；由主要的经济、贸易大国发行；发行国有发达的金融市场；国际货币的出现是人类行为选择的结果，而不是人类计划的结果。没有一种国际货币的出现是想象和愿望的产物，而都是随着时间的推移被逐渐接受。

国际贸易中有计价货币和结算货币。对于绝大部分的企业来说，这两者是一致的。计价职能是国际货币的首要职能。国际贸易计价货币或记账货币是指贸易报价、签订贸易合同、开立商业票据时所使用的货币。国际贸易中的计价货币可以分为非交易货币和交易货币。非交易货币指在贸易中使用进口国货币（Local Currency Pricing，LCP）或者出口国货币（Producer Currency Pricing，PCP）计价。交易货币计价（Vehicle Currency Pricing，

VCP）是指采用第三国货币计价，比如美元。总的来看，学界对计价货币的研究多从以下角度展开。

交易成本大小。一种货币的交易成本越低，该货币成为计价货币的可能性就越大。Swoboda 指出，使用单一的计价货币，可以导致整体交易成本下降，进而导致外币持有规模的下降。他发现，一国国际贸易规模越大，一国货币在外汇市场上交易量越大，金融市场越发达，则该国货币成为交易货币的可能性也就越大。Krugman（1980）发现，交易成本最低的货币，即有最大交易量的货币会成为媒介货币。Rey（2001）发现，媒介货币的出现是由各国的商品偏好决定的，而不是由它们的相对规模决定。一国商品被需求得越多，它的出口越高，对该国货币的国际需求就越大，其外汇市场就越具有流动性，相关的交易成本就越小。具有最大开放度的国家的货币，以及与其他国家货币相交换时成本最低的国家货币会成为媒介货币。Swoboda（1968）、Rey（2001）、Wilander（2004）、Ligthart 和 Da Silva（2007）提出，金融市场越发达，就越有可能选择此国货币作为计价货币。这也可以归结为交易成本因素，很明显，金融市场越发达则交易成本越低。

通货膨胀程度。计价货币的通货膨胀率直接影响国际结算时进出口双方的利益，因此，在选择计价货币时，进出口双方会参考不同货币的通货膨胀率。马吉（Magee）和拉奥（Rao）指出，拥有强货币和弱货币（低通货膨胀和高通货膨胀）的两国之间进行贸易时，强货币充当计价货币的比例较高，弱货币充当计价货币的比例较低。如果双方货币都是可兑换货币，而且通货膨胀风险相等，则双方货币充当计价货币的比例相当。

汇率波动程度。汇率波动直接影响出口商的对外报价，也影响进出口双方的经济利益，因此汇率波动对计价货币的选择有重要影响。佩吉（Page）认为，为规避汇率风险，企业有使用本国货币的强烈偏好。唐纳费尔德（Donnenfeld）和滋查（Zilcha）发现，汇率波动性越强，以外国货币度量的出口商品价格的易变性越高，预期的利润就越低。在此情况下，出口企业将选择 LCP 计价。福田（Fukuda）和小野（Ono）认为，计价货币选择不仅取决于对汇率变动的预期，还取决于历史习惯。Devereux 和 Engel（2001）建立了一个包括本币和外部供给不确定性的动态均衡模型。他们发现本国和外国的企业会选择具有最小货币供给变化的国家的货币作为计价货币：当本国货币供给变化较小时，即出口商品以本国货币计算的价格波动性比以进口国家货币计算的价格波动性要低时，本国企业就会选择 PCP 计价，外国企业选择 LCP 计价；而当本国货币供给变化较大时，本国企业会选择 LCP 计价，外国企业则选择 PCP 计价。这意味着，有高可信度的货币政策的国家的货币，将会被外国的出口企业选为计价货币，而对那些货币政策可信度较低的国家，外国的出口企业将会选择 PCP。

市场份额。Bacchetta 和 Van Wincoop（2002）提出，出口国商品在国际市场的比重越大，出口商就越能在国际贸易谈判中选择对自身有利的币种进行结算。他们验证了一国市场份额与其用本币计价结算的比例存在着明显的正相关关系，指出美国和德国的市场份额远大于其他国家，所以美元和德国马克也就成为世界上主要的媒介货币。曹勇（2007）根据相关统计数据引申出两点规律：一国在国际贸易中所占的出口份额越大，该国出口中以本币计价的比重就越高；一国市场份额越大的出口商品，用本币计价的比例越高。

商品特性。出口商品的特性不同，市场竞争状况就不同，计价货币的选择也就不同。约翰逊（Johnson）和匹克（Pick）发现，如果在不完全竞争情况下有其他出口商出现，就会导致 VCP 计价。一个例子是，对于许多初级产品来说，产品本身并不是完全同质，出口国数量很少但进口国众多，这时就将选择 VCP 计价。巴凯塔（Bacchetta）和万库普（Wincoop）指出，对出口商定价策略影响最大的因素是，出口成本的需求弹性和出口商品需求的价格弹性。如果产品存在高度差异性，出口商将采用 PCP 计价；如果产品差异性小，出口商之间希望保持相对价格固定，将采用 VCP 计价。麦金农（Mckinnon，1969）强调，出口商主要在价格不确定和需求不确定之间进行选择。对于同质商品和初级产品，出口商是一个价格接受者，考虑较多的是价格的不确定性，一般不会选择本国货币计价，而倾向于采用交易成本低的货币计价，对这些商品采用同一种货币进行计价，将增加这些商品价格的国际可比性，增加市场的透明度。对于高度异质的商品，因为出口商可以设定市场价格，所以考虑较多的是需求的不确定性，因此人们将会选择本币计价。艾（Oi）等人从预期利润最大化的角度分析了出口商品计价货币的选择，发现产品差异性大的商品，如汽车以日元计价的比例高。商品差异性越大，价格需求弹性越低。出口价格需求弹性越低的国家，其出口以本币计价的比例越高。

Tavlas 提出，在差异性制成品贸易中，结算货币大多采用出口国货币。

贸易对象国特征。Grassman（1973）研究了瑞典和丹麦的贸易中计价货币的运用，发现两国在贸易中都倾向于用生产者货币作为计价货币。在国际贸易中生产者货币被用作计价货币的倾向被称为 Grassman 定律。他指出，发展中国家和工业化国家之间的贸易主要以工业化国家的货币计价。讨价还价能力较强的企业将选择本国货币计价，以避免汇率风险。Tavlas（1991）提出，发达国家和发展中国家间贸易大多使用发达国家货币结算。

多重因素共同决定。唐纳费尔德和豪格利用加拿大的进口数据，发现汇率风险越高，使用 LCP 计价的比例越高，使用 PCP 计价和 VCP 计价的比例就越低。实证研究的结果进一步显示，国家规模的大小对计价货币的选择也会产生影响。来自大国的企业一般采用本国货币计价，而较少采用第三国的货币计价。维兰德发现，进口国家市场规模越大，金融市场越发达，使用 LCP 计价的可能性就越大。高通货膨胀、贸易距离、外汇管制减少了 LCP 计价的可能。双边汇率波动性越高，PCP 计价的可能性就越低，但增加了 VCP 计价的可能。对于不同的商品，计价货币选择也不一样。瑞典纸和纸浆出口中采用瑞典克朗计价的比例大约只有 25%，而在汽车产业，该比例高达60%。里格萨特（Ligthart）和席尔瓦（Silva）发现，如果国外市场的需求下降，那么出口商品的 PCP 计价比例就会下降。贸易伙伴的银行部门越发达，在世界贸易中所占份额越高，出口商品的 LCP 计价比例就越低。贸易伙伴预期通货膨胀率越高，则出口商品的 PCP 计价比例越高。一个国家外汇市场的深度、在世界贸易中的份额、是否是欧盟成员国，这些都是一国货币作为计价货币使用范围的主要决定因素。唐纳费尔德和豪格发现，一国在世界贸易中的份额、国家的相对规模（GNP）对计价货币的选择没有显著的影响。相对于 PCP 计价，汇率风险和贸易伙伴的距离对 LCP 计价比例有正向的显著影响，汇率传递的弹性与 LCP 计价比例有显著的负向关系，以 VCP 计价的可能性与汇率风险明显呈负相关关系，与汇率传递弹性明显呈正相关关系。戈尔德贝格（Goldberg）和蒂耶（Tille）强调，影响计价货币选择的主要因素是产业特征和国际贸易规模，外汇市场买卖价差也起一定的作用。对于同质商品，生产商的目标是保持和竞争者价格的相对稳定，这个时候就会选择与竞争者相同的计价货币。他们发现，相对于其他产品的出口商，产品需求弹性较高的出口商在选择计价货币时呈现出一定的"羊群"行为，产业层面的特征比宏观经济变量对计价货币选择的影响要大。由于商品交易所有组织的贸易占世界贸易的比重在下降，美元作为 VCP 的地位也在下降。冯涛和魏金明（2011）指出，在寡占市场上的同质产品贸易中，如果出口商之间存在非合作博弈，则以进口方货币垄断计价是稳定的纳什均衡结果，只有在极端情况下才可能以出口方货币垄断计价；而交易货币的垄断计价地位需要由该币稳定的汇率水平和出口国较大的市场份额来维持和强化。

综合学者们的研究可以发现，影响计价货币选择的因素很多，包括汇率风险、通货膨胀、国家整体贸易规模、金融市场发达程度、商品的需求价格弹性、占据的目标市场份额、贸易伙伴的距离等。如果一国国际贸易规模越大，货币在外汇市场上的交易量越大，金融市场越发达，通货膨胀率越低，则该国货币成为交易货币的可能性就越大。出口商品在目标市场上所占据的份额越高，出口商品需求价格弹性越低，产品差异性越高，则出口商采用 PCP 计价的比例就越高。如果产品差异性小，出口商之间希望保持相对的价格固定，将采用 VCP 计价。当进出口双方货币汇率的波动大于进口方货币与第三国货币汇率的波动时，出口商会选择 VCP 计价；反之则以 PCP 计价。

（二）能源转换——货币霸权背后最受忽视的"功臣"

首先需要解释的是，这里指的货币霸权具体而言就是美元霸权。国际货币体系霸权或主导权，历来是大国竞争的中心舞台。依据麦金农的理论，作为初级产品重要组成部分的石油，不同产油国的产品质量和等级的确存在一定差异，但这种差异与制成品等其他产品相比，并不算很大，在一定程度上可视为同质性很强的产品。这样，石油贸易采用美元这种最常见的交易货币计价也就顺理成章了。

不仅如此，能源是世界商品贸易中占比最高的单一商品类别。数据显示，早在 1965 年时，石油占世界贸易的比重就接近 9%[①]。1982 年世界石油贸易占世界总贸易额的比重为 20%，1983 年一度达到 23.3%，1987 年由于油价下跌，这一比重下降到 6.1%。1990 年燃料贸易占全球商品贸易的 10.5%，

---

① Clark, John G., *The political economy of world energy: A twentieth-century perspective*, Hertfordshire: Harvester Wheatsheaf, 1991, p.101.

2000 年这一比重为 10.2％，2007 年为 15％。2012 年，全球燃料出口占全球商品贸易出口的比例升至 18.8％，远高于排在第二位的化学品（包括药品在内）10.9％的份额。这里的燃料即能源，主要就是石油。因此，国际能源贸易中计价货币的选择对于其他商品国际贸易计价货币的选择有极强的示范和引领作用，从而在很大程度上影响整体国际贸易的计价货币选择。

更为重要的是，石油出口国数量相对较少，但进口国众多，其中占据决定性地位的石油出口国对于石油标价货币的选择将实质性影响其他出口国的相关选择。美国在 20 世纪 70 年代初与沙特达成协议后，其他石油出口国纷纷在实际上确认了美元作为石油唯一标价结算货币的地位。至此，美元石油最终在与英镑石油的长期斗争中胜出。从美沙协议达成至今，时间虽已过去 40 年，世界经济形势历经风云变幻，全球贸易和金融格局日益重构，美国和沙特的关系也绝非一帆风顺，然而绝大多数石油出口国依然毫不动摇地坚持将美元作为石油的唯一标价结算货币，甚至将讨论这一话题本身视为禁忌。个别国家虽也有用其他货币为石油标价结算的行为，然而其贸易量都不大，不影响美元与石油之间业已确立的牢固纽带。这为美元维持其国际主导货币或霸权货币地位确立了牢固根基。

值得注意的是，上述三个方面的影响对于能源转换中的先发国家和后发国家来说，其程度是存在巨大差异的。率先完成能源转换的国家，事实上获得了其他国家所不具备的先发优势，这种优势是其成为国际体系中领导国家的重要筹码。历史上，英国率先启动并完成了从薪柴经济向煤炭经济的能源转换，美国率先启动并完成了从煤炭经济向石油经济的转换，这两国先后成为国际体系中的霸权国家。就整体而言，虽然发达国家中各国完成能源转换的时间有先后之分，但它们作为一个整体，要远早于发展中国家完成能源转换，这是发达国家"发达"的重要原因。

而且，也只有能源转换中的先发国家才能获得能源转换所赋予的在经济和政治上的先发优势。煤炭资源丰富的美国和德国晚于英国近两个世纪进入煤炭时代。更确切地说，两国开始启动从薪柴到煤炭的转换的时候，英国已经进入煤炭时代达一个半世纪，已经完成第一次工业革命。因此，几乎在衡量国家实力的所有方面，英国都远远走在美国和德国之前。无论是以蒸汽动力、铁路和钢铁为代表的工业实力，以自由贸易为特征的国际贸易体系，还是以金本位为特征的国际金融体系，或者以海上力量为特征的军事和地缘竞争格局，英国都当之无愧地处于遥遥领先的地位。尽管美国和德国在丰富煤炭资源的支撑下工业实力迅速增长并超过英国，但在贸易、金融和军事方面，尤其是当时的国际规则层面上仍不是英国的对手，因此在整体上仍无力取代英国的地位。西欧和日本进入石油时代的时间较美国晚 15 年左右，和美国一起享受了廉价石油带来的经济增长红利，然而在金融、军事和地缘政治层面则完全受制于美国，这与美国更早、更成功地运用石油的力量有关。石油资源丰富的苏联，由于种种原因进入石油时代的世界甚至晚于西欧和日本，在东西方冷战的背景下只能借助石油赚取美元硬通货和维持庞大的军事机器，无力超越美国，最终在包括油价下跌在内的一系列因素的作用下土崩瓦解。继承苏联衣钵的俄罗斯和另一个石油巨擘沙特阿拉伯，只能作为美国借助石油早已确立的国际政治、经济和金融秩序的接受者，而无力作出根本改变。

考虑到能源转换的复杂性，在能源转换上的先发优势究竟最终能否体现为国家在国际体系中的领导优势，要受到诸多前提条件的制约。

第一，要看能源转换的方向是否顺应了人类能源使用的大趋势。煤炭经济取代薪柴经济，进而石油经济取代煤炭经济，并不仅仅是一种国别行为，而是人类能源使用的大势所趋。这里尤其要强调能源自身的品质。煤炭比薪柴有更高的燃烧效率。石油作为液体燃料，与煤炭这种固体燃料相比更为优良，热值效率更高，污染更低，运输更为方便。英、美两国先后顺应了这两次人类能源历史上的重大变迁，引领着各自时代其他各国蔚为壮观的能源转换过程。

从这个逻辑出发，会比较容易解释为何率先从薪柴经济转向泥炭经济的荷兰未能持续辉煌。就能源本身的品质和效率而言，泥炭远不及煤炭。泥炭毕竟只是最原始状态的煤。单位体积的泥炭产生的热量只相当于同样体积煤炭的 1/6。泥炭无法产生冶金需要的高温，因此无法用于钢铁行业。因此，使用泥炭的荷兰人虽"为后来的化石文明铺路，但却无法延续下去"[①]。换句话说，泥炭并非当时人类能源利用的大势所趋，只是在荷兰这样的个别国家得到大规模开发，因此荷兰在泥炭应用上取得的经验、建立的设施和制度都

---

① ［美］阿尔弗雷德·克劳士比：《人类能源史——危机与希望》，王正林、王权译，中国青年出版社 2009 年版，第 91 页。

无法持续成为荷兰在国际舞台上的竞争优势。

石油之后哪种能源能成为未来人类消费的长期稳定的头号能源，目前还是个未知数。不管是天然气、核能等不可再生能源，还是风能和太阳能等可再生能源，与石油相比都有这样或那样的技术、经济、政治或环境上的劣势。

第二，单一和局部的能源转换与整体和全局意义的能源转换意义迥异。单一领域和局部的能源转换虽然也是能源转换的一部分，但仍不足与整体和全局意义的能源转换相提并论。明代后期的中国，在世界上最早使用焦炭作为冶炼燃料。从时间上看，显然要早于英国。但这并未改变中国几乎全部燃料来自薪柴的事实。

第三，大国和小国能源转换的意义也不一样。前文已述，小国的能源转换要比大国容易得多。正因为如此，小国尽管很可能在能源转换中走在前面，但其外溢效应却很小或根本不存在，影响远不能与大国的能源转换相提并论。也就是说，小国在能源转换上的先发优势未必能够体现为国家在国际体系中的领导优势。

第六章　第三次能源大转换的端倪

20 世纪 70 年代两次石油危机发生后，石油的主导地位被不断削弱，煤炭占比下滑的态势逐渐扭转。当前，石油、煤炭和天然气构成的化石能源占据能源结构的 90％，三者在能源结构中的比重虽依次递减，但相差都不是很大。英国石油公司（BP）的统计数据显示，2013 年石油占全球初级能源消费的 32.9％，连续 14 年占比下降，也是该公司自 1965 年发布年度能源统计以来的最低水平。在石油地位"江河日下"的同时，近年来"页岩气革命"在北美如火如荼地展开，欧洲则持续致力于可再生能源的发展，这些端倪在某种程度上预示着能源结构新一轮转换大幕的开启。

具体来说，就中期而言，天然气很可能在能源消费结构中首次登顶，进入以天然气为首的能源多元化时代。就远期而言，当前化石能源占绝对主导地位的全球能源消费结构让位于非化石能源占主导的能源结构也许并不是梦。根据壳牌石油公司的预测，可再生能源到 2050 年将占世界一次能源消费总量的 1/3，而且可满足能源增长的大部分需求。在这方面，可再生能源行业的机构显然更为乐观。根据欧洲可再生能源理事会的统计数据，可再生能源消费量（含水电）占全球一次能源需求的比例将从目前的 13％大增至 2050 年的 50％。当然，还有一种可能是，在新一轮的能源大转换中，并不像过去那样，是一种主要能源取代另一种主要能源，而是进入一种各种能源形式并驾齐驱、各显神通的局面，即能源多元化的局面。

由于经济全球化的深入发展，社会分工和专业化程度的提高，第三次能源大转换涉及的行为主体比前两次要远为广泛和复杂。在民族国家层面上，前两次能源大转换涉及的几乎都是欧美国家，对应着现今的经济合作与发展组织（OECD）成员国和以俄罗斯为首的转轨国家，广大的亚非拉第三世界国家无论从参与国家数量还是参与程度上都远不能和欧美国家相提并论。第三次能源大转换的时代背景与前两次大不相同，参与国家的数量是空前的，不仅欧美等西方国家，而且以中国、印度为代表的新兴市场国家和发展中国家也积极参与其中，正深刻改变着全球能源市场和能源利用的面貌。各种能源形式，不仅是耳熟能详的石油、煤炭、天然气、核能、风能、水力、太阳能和生物质能，还有不太为世人关注的氢能、地热能、海洋能和可燃冰等，在其身后都有或多或少的拥趸为其奔走呼号。越来越多的国际组织参与其中。现代意义上的非政府组织在第一次能源大转换时尚不存在，第二次能源大转换时由于刚刚出现因此发挥的作用极其有限，如今像绿色和平组织、世界自然基金会和地球之友这样的非政府组织正在发挥着日益增强且不可替代的作用。

与前两次能源大转换一样，第三次能源大转换同样受到能源价格、能源供求、技术进步、能源相关的政策和制度变革以及能源本身的特性这五大方面因素的影响。本书无意对未来全球能源供求的具体结构和数量进行模型化的预测，也不重点阐述技术方面的问题，尽管这些问题对于能源转换相当重要，有时甚至是决定性的因素。在抛开具体的数量和技术问题后，本书将对影响第三次能源大转换的有利和不利因素进行整体分析，以求一个大致的认识。

第一节　第三次能源大转换的有利因素

一、石油价格和供应引发能源安全问题

基于历史经验，最有可能促成第三次能源大转换的因素，莫过于石油价格和供应上的问题。石油价格的持续上涨和居高不下，是石油在能源结构中的地位被削弱的首要原因。而石油价格的上涨与其价格形成机制密切相关。能源价格通常不是由市场自由决定的，因为能源行业整体上（尤其是石油行业和核电行业）一直都是政府补贴、税收优惠和特殊管制的最大受惠者。影响石油价格的因素有很多，其价格形成机制在不同背景下表现迥异：首先，作为一种商品，油价要受供求规律的影响，供求关系是石油价格波动的基本原因；其次，石油又是一种政治商品，石油自 20 世纪开始就被高度政治化，油价与国际地缘政治形势紧密相关；最后，石油还是一种被高度金融化的金

融投资工具，随着金融化程度的不断提高，投机资本的炒作使油价远远超出其合理价格，与实体经济的供求态势日渐脱离。

20 世纪 70 年代曾先后爆发了两次石油危机，带来了两次石油价格的暴涨。第一次是在 1973 年的第四次中东战争爆发后，中东产油国对支持以色列的美国等西方国家实行石油禁运，从而造成第一次石油危机。油价从 1972 年的 1.84 美元/桶涨至 1974 年的 10.77 美元/桶。第二次是 1979 年的伊朗伊斯兰革命造成伊朗石油出口中断，引发第二次石油危机。油价从 1979 年年初的 16 美元/桶涨至 1980 年年初的 43 美元/桶。

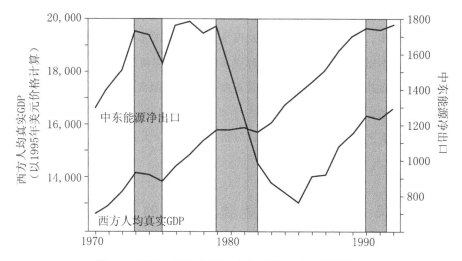

图 6-1　1970—1992 年西方人均 GDP 与中东能源出口

注：阴影部分代表 1973—1975 年和 1979—1982 年这两次石油危机，细线代表能源出口量，对应右侧坐标轴，粗线代表人均 GDP，对应左侧坐标轴。

资料来源：Goldstein, Joshua S., Xiaoming Huang, and Burcu Akan. "Energy in the World Economy, 1950—1992." *International Studies Quarterly* 41.2 (1997), pp. 241—266.

石油危机的爆发宣告了西方国家结束了二战后的经济黄金增长期，并普遍陷入经济停滞和通货膨胀并存的"滞胀"困境。两次石油危机期间，西方人均真实 GDP 出现了罕见的大幅下降（如图 6-1 所示）。危机对于几乎完全依赖进口石油的西欧和日本造成的影响尤为严重。日本经济在 1974 年出现了二战后首次实质性衰退，国际收支出现大幅度赤字，物价涨幅达到 20% 以上。

石油危机爆发前，西方国家无论是官员、企业家还是民众，从来不把石油供应和石油价格当成问题，以为廉价石油源源不断地供应是天经地义的事情。石油危机的发生大大触动了西方社会，人们在节能的同时，开始寻找能够替代石油的能源。发达国家出于能源安全的考虑，纷纷采取措施降低对石油尤其是中东石油的依赖程度，推动改变能源结构。以日本为例，1974年即颁布《新能源开发法》，并实施"阳光计划"，意在加快太阳能、地热能、风能、潮汐能等新能源的开发利用。

价格相对低廉的天然气是替代石油的首要选择。就经合组织中的欧洲国家而言，1973年时，天然气在能源消费结构中的占比为10％，1985年已升至16％。其中，天然气在1974年占英国能源消费的15.6％[①]，之后英国借助北海丰富的天然气资源，在1996年使天然气超过石油，跃居英国能源消费结构的首位。1973年时，天然气在日本的能源消费结构中仅占1％，1979年升至5％，1985年进一步升至10％[②]。

法国的核能开发，也是在当时启动的。法国于1946年开始开发铀矿，1956年第一座核电站投入使用。但直到石油危机爆发前夕，核电的地位并不凸显。第一次石油危机爆发后，法国政府将核电列入国家的重点发展领域，并制订了长达15年的核电发展计划。法国的一个考虑是，世界主要的储铀国家是加拿大、澳大利亚等政治局势稳定的国家，能源进口相比中东和俄国要稳定和安全得多。此外，法国还可以比较便捷地从其前北非殖民地获取廉价铀原料。不仅如此，燃料只占核电生产总成本的一小部分，铀矿价格上涨的影响与石油相比要轻微得多。1992年，核能超过石油成为最主要的一次能源，法国从此进入核能时代。2007年，法国一次能源结构为：核能42.7％、石油32.9％、天然气14.3％、煤炭5％、包括水电在内的可再生能源5％。法国也是全球大国中唯一一个能源结构以核能为首的国家。

不仅如此，石油危机爆发后，发达国家的政府和企业投入研发可再生能源的资金猛增了10倍，并在1980年随着油价的上涨创下第一个高峰。比如，美国政府的课税抵免政策，在美国加州造就了当时世界上最大的风力发电场[③]。

---

① 《国际经济和社会统计资料》编辑组：《国际经济和社会统计资料1950—1982》，中国财政经济出版社1985年版，第132页。

② Clark, John G., *The political economy of world energy：A twentieth-century perspective*, Hertfordshire：Harvester Wheatsheaf, 1991, p. 232.

③ ［美］斯科特 L. 蒙哥马利：《全球能源大趋势》，宋阳、姜文波译，机械工业出版社2012年版，第155页。

21 世纪以来，国际油价开始新一轮上涨，2008 年 7 月一度达到 147 美元/桶的历史最高位。这轮油价上涨虽不像 20 世纪 70 年代那样被冠之以"石油危机"，但仍产生了深远影响。正是在这轮油价上涨的过程中，可再生能源得到了前所未有的重视。

在经济全球化愈发深入的当下，能源完全自给自足，既不进口也不出口的国家几乎难觅踪影。绝大多数的国家都是能源进口国，而且对于能源进口具有刚性依赖。不过，石油的供应面临诸多的问题和严峻的挑战：石油真正的储量一直都是个谜，尽管石油峰值论和耗竭论的预言一次次落空，然而常规石油开采难度的日益增长却是不争的事实；石油资源全球分布极不均衡，全球几乎一半的石油储量和约 1/3 的石油产量位于中东地区，接近 60% 的石油储量分布在伊斯兰国家，这意味着石油供应极易受到地缘政治冲突的影响；石油供应地和需求地往往相距遥远，长距离的海上运输或管道运输都存在较高风险。

全球常规石油供应的下降，日益危及石油在能源消费结构中的首要地位。最近十年来，世界常规石油产量一直维持在 40 亿吨左右的水平。这表明该位置是石油产量的"高峰平台，更是世界常规油田生产老化的重要标志"[①]。国际能源署在其 2010 年的报告中首次承认常规石油产量的衰落问题：全球 1600 个产量经历过最高点的油田产量正以每年平均 6% 的速度下降。

高度依赖石油带来的能源安全威胁，也促使相关国家调整以石油为首的能源结构。欧盟不仅能源进口数量高居世界第一，能源价格也是世界最高水平。欧盟的能源进口依存度在 20 世纪 80 年代时，尚不足 40%。2013 年，欧盟 27 国对进口能源的依存度为 53.2%，其中对石油的进口依存度更是高达 94.1%[②]。欧洲领导人认为，欧盟有可能成为世界上唯一一个能源完全依赖进口的地区[③]。这是欧盟大力发展可再生能源的重要原因。

---

① 徐小杰：《中国参与全球油气竞赛的战略选择》，《第一财经日报》2012 年 5 月 28 日第 8 版。

② Eurostat："Energy trends"，http://ec. europa. eu/eurostat/statistics-explained/index. php/Energy_trends#Energy_dependency，2015 年 10 月 24 日访问。

③ 白晶："高能源成本狙击欧洲工业复兴梦"，http://news. xinhuanet. com/politics/2013—05/30/c_124785286. htm，2013 年 7 月 19 日访问。

二、"页岩气革命"

所谓页岩气，是指从页岩层中开采出来的天然气，属于非常规天然气资源。2006 年以来，水平钻井技术和水力压裂技术的结合在美国获得突破性进展，页岩气产量持续激增，其经济和政治影响日益增加，这一短时间内的巨大变化被称为"页岩气革命"。

事实上，美国页岩气开发的历史相当久远。页岩气革命的发生是建立在之前长时间勘探开发的基础上。美国早在 1821 年就出现了全球第一口商业性页岩气井。不过，受制于开采的技术和成本因素，页岩气在相当长的时间内仍名不见经传。直到 1997 年水力压裂技术的运用和 2002 年水平钻井技术的商业化，页岩气大规模开采的序幕才正式拉开。

需要指出的是，由于页岩气的生产成本略高于常规天然气，目前世界上唯一实现页岩气大规模商业性开采的国家是美国。2006—2012 年，美国页岩气产量的复合增长率高达 48%。2011 年，美国超越俄罗斯，首次成为世界头号天然气生产国。2013 年，美国页岩气产量占天然气总产量的比重自 2010 年的 20% 提高至约 41%[①]。

"页岩气革命"的发生正在迅速重塑美国的能源消费结构。天然气占美国一次能源消费的比例从 2006 年的 22% 增至 2012 年的 27%。按照美国能源信息署的预计，到 2040 年时石油在一次能源消费结构中的比例将从 2013 年的 36% 降至 33%，天然气占比则将增至 29%。相比之下，1990 年时美国的一次能源结构中，石油占 40%，天然气占 23%。[②]。

美国之所以出现页岩气革命，除了页岩气资源的禀赋、适于开采的自然环境和技术上的突破外，独特的制度环境和自由市场发挥了重要作用。

首先是界定油气资源财产权的"获取法则"。考虑到油气资源处于流动状态的特性，1907 年美国根据判例发展出"获取法则"，一块土地上的油井经营者可以开采不属其所有的另一块土地下蕴藏的石油和天然气，而不承担责

---

① 安鹏："透过美国看国内页岩气出路"，http://www.cfi.net.cn/p20140306000534.html，2014 年 3 月 24 日访问。

② EIA:"Annual Energy Outlook 2015", http://www.eia.gov/forecasts/aeo/tables_ref.cfm, 2015 年 6 月 29 日访问。

任。换句话说，谁率先开采到油气资源，谁就拥有所有权。毫无疑问，这种土地制度大大促进了美国非常规油气资源的开发。

其次是页岩气可以获得公平进入市场的渠道。油气管道的使用权和拥有权在美国是独立的，管道使用权可以在二级市场交易，由市场来决定谁能够使用这些管道。负责制定美国在能源领域主要规则的联邦能源监管委员会于1985年颁布法令，要求管道公司分离其销售和运输业务，允许其与用户直接签订独立的运输合同。接着，该委员会又在1992年制定法令，禁止管道公司从事天然气销售业务，要求其为天然气的所有卖方提供同等质量的、开放的运输服务。这些法令使得天然气管道成为公用的运输设施。[①] 这样，页岩气的开采者就能够通过市场的途径获得管道的使用权，而不需看管道所有者的脸色行事。

最后是自由市场的运作。在《1978年天然气政策法》通过之前，美国形成了两个分割的天然气市场——跨州市场和州内市场。前者受政府严格监管，天然气采用历史成本定价；后者不受监管，由市场自由定价。其结果是，跨州市场上天然气短缺，而州内市场天然气生产商开发热情高涨。《1978年天然气政策法》的整体要点是，开始解除价格控制、刺激生产和统一天然气市场价格。与此同时，卡特政府还制订了东部页岩气计划，提供政府资金支持页岩气研究。

中小企业是美国页岩繁荣的首推者和主力军，高达85%的页岩气田由中小企业开采[②]。中小企业可以通过商业交易与土地所有者签订油气租约，获得地表使用权、发生成本费用和获取利润的权利（开发权），以及转让矿产权益的权利[③]。正是在中小公司不竭的创新动力和伟大的企业家精神的引领下，才取得了页岩气开采技术的突破。

美国"页岩气革命"的出现，在全球持续激起页岩气勘探开发的热情，试图复制美国的奇迹。目前，加拿大是第二个实现页岩气商业化开采的国家，

---

① ［美］约瑟夫·P. 托梅因、理查德·D. 卡达希：《美国能源法》，万少廷译，法律出版社2008年版，第41、45、46、81、128、170、172、173、178、179、181页。

② 陈臻、彭亮："页岩气开发美国经验启示与我国监管制度建设的思考"，http://www.china5e.com/thesis/news-254957-1.html，2013年12月28日访问。

③ 张利宾："美国页岩气成功的制度保障：美国法油气租约制度及其对中国的借鉴意义"，http://www.locallaw.gov.cn/dflfw/Desktop.aspx? PATH＝dflfw/sy/xxll&Gid＝3719d466-499c-46b5-8b4f-8ee86879b25e&Tid＝Cms_Info，2013年11月22日访问。

不过其 2012 年的产量仅为美国同期的约 5%[①]。亚洲的页岩气开采以占有世界最大储量的中国为先导。2013 年中国页岩气产量相当于 2012 年加拿大水平的 1% 多一点儿。欧洲国家中，英国和波兰在页岩气开发上走在前列。其中，英国为开发页岩气，采取了取消对水力压裂法的禁止、对页岩生产收入税减半和修改非法侵入条款等诸多措施。总的来看，页岩气开发的"星星之火"已在全球各地出现。

在"页岩气革命"的背后，是天然气整体地位的提升。BP 的统计显示，2013 年天然气占到全球初级能源消费的 23.7%。知名能源专家海夫纳三世认为，能源大转型的特征是固体能源过渡到液体能源，最终过渡到气体能源。页岩气革命的开展，已经激起世界各地的人们对于天然气的热情和兴趣。未来，全球页岩气开发的热潮很可能会带动煤层气（即瓦斯）等其他非常规天然气的开发和常规天然气的开发，天然气整体上在世界能源结构中的地位将因此得到提高。

三、环保和气候问题的倒逼

碳元素是温室气体的主要成分。如果只考虑碳元素，含碳量越低的能源释放的温室气体越少，也就越清洁。回顾历史上的能源转换，方向之一就是更清洁的能源替代相对更"肮脏"的能源。不同能源形式的分子结构清晰地表明了这一趋势。薪柴中每个分子含有 10 个碳原子和 1 个氢原子；煤炭中每个分子含有 2 个碳原子和 1 个氢原子；石油中每个分子含有 1 个碳原子和 2 个氢原子。历史上的每一次能源大转换都是降低碳的比例，增加氢的比例。天然气中每个分子中含有 1 个碳原子和 4 个氢原子[②]。因此，天然气这种最为清洁的化石能源被认为是新一轮能源转换的方向之一。

事实上，能源燃烧利用释放的不仅是碳，还包括大量的硫、氮等元素。也就是说，能源利用不仅会带来二氧化碳排放量的增加，还会带来大量的颗粒物（主要包括直径小于或等于 2.5 微米的 PM2.5 和直径小于或等于 10 微

---

① 安鹏："透过美国看国内页岩气出路"，http://www.cfi.net.cn/p20140306000534.html，2014 年 3 月 24 日访问。

② ［美］罗伯特·海夫纳三世：《能源大转型》，马圆春、李博抒译，中信出版社 2013 年版，第 23 页。

米的 PM10)、氮氧化物和硫化物等。这样，煤炭与薪柴相比，并不能认为是更清洁的能源。

如果说在第一次和第二次能源大转换中环境可持续因素的影响可以忽略不计，那么在眼下的新一轮能源大转换中，环保和气候因素的权重将会越来越大，相关利益主体的博弈将在很大程度上塑造全球能源利用和生态环境的未来。

通常谈论最多的是全球变暖。正如联合国政府间气候变化专门委员会发布的题为《气候变化2014：影响、适应和脆弱性》的报告所言，人类对化石能源，主要是石油和煤炭的依赖正是碳排放的主要动因，而碳排放是全球变暖的驱动力。报告预测，21世纪全球气温将升高0.3～4.8℃，而自工业革命以来，气温的升高也不过在0.7℃左右。出于对全球变暖的担忧，各国政府、国际组织、企业和公民社会早已行动起来，其中一个方向就是调整能源结构，减少对大量产生温室气体的化石能源的使用。

实际上，全球变暖仅仅是气候变化的一个方面，并不是其全部。比全球变暖更为准确的说法是，异常和极端天气的增多，包括极寒天气、洪涝、干旱和海啸等。21世纪以来，气候变化已成为涉及各国核心利益的重大全球性问题，发达国家与发展中国家围绕排放权和发展权的谈判博弈日趋激烈，碳关税、"环境标准"等贸易壁垒层出不穷，倒逼能源结构的升级。

与此同时，对于全球变暖的过分强调，在一定程度上掩盖了全球生态环境在整体上的持续恶化。环境恶化包括大气污染、水污染和土壤污染等，目前表现最明显的是大气污染。要想从根本上扭转环境持续恶化的趋势，只有在能源结构上进行调整，减少化石能源的用量，才能真正奏效，舍此别无捷径。

环境恶化与气候变化相比，一个差异是，前者更容易促成能源结构的转换。原因很简单：环境恶化更容易集中于特定国家和区域，其成本或副作用更容易被一国政府和民众感知，而气候变化这种超长周期的现象在短期内则无法觉察，而且气候变化的影响是全球性的，并不局限于某个国家或地区；不仅如此，环境恶化与气候变化相比，更容易寻找原因，或者说，与化石能源使用的关联更为直接。

正因为如此，自利的各国往往出于保护本国环境的目的，而引导和干预本国的能源结构。这方面的例子不胜枚举。1990年，美国国会通过《清洁空气法修正案》，对于不同污染程度的地区强制要求使用比例不同的乙醇混合汽油。2007 年，德国宣布在 2018 年前关闭全部境内煤矿。丹麦掷出豪言，到 2050 年完全摆脱对化石能源的依赖。在 2011 年日本福岛核事故后，德国政府提出脱离核电与化石燃料、转向可再生能源的计划。德国总理默克尔保证 2022 年永久关闭该国的 17 台核反应堆，占德国电力需求的 18%。

为促进对更清洁的能源的利用，国际金融机构和部分国家对煤炭等能源的融资施加限制。2013 年年中，作为全世界能源项目最重要出资者的世界银行宣布，除非一国没有任何可以替代煤炭的能源以供发电，且没有其他任何融资途径，世界银行从此将不再为燃煤发电厂项目提供贷款。这是世界银行的一项重大战略转变。华盛顿著名智库——美国进步中心（CAP）的研究显示，此前世界银行给予化石能源项目的贷款是给予可再生能源项目贷款金额的 2 倍。环保组织称，世界银行 2012 年对煤炭项目的放贷额高达 5 年前的 40 倍[①]。美国也作出了与世界银行类似的决定，不再为海外煤炭项目融资。

在国家和国际组织层面之外，非政府组织可以说是促成能源转换的最重要力量。世界自然基金会（WWF）2013 年 11 月 13 日向联合国气候变化秘书处提交文件，建议发达国家应确立额外的可再生能源发展目标，发展中国家引入可再生能源行动计划，并具体阐述对清洁能源的承诺。

第二节　第三次能源大转换的不利因素

尽管存在不少有利因素，第三次能源大转换的进行仍难一帆风顺，因为同时尚存在诸多不利于能源转换的因素。不仅表现为替代现有主要能源的潜在能源的缺陷，也包括现有能源的抵制、国家政策的多变、民众的怀疑和恐惧，以及技术的不成熟等诸多方面。

一、非化石能源的劣势

尽管经过多年发展，非化石能源在能源消费结构中的地位目前依然相对

---

① 谢丹：《世行停贷燃煤电厂，国际反"煤"甚嚣尘上》，《南方周末》2013 年 7 月 20 日。

薄弱。目前绝大部分可再生能源来自水力和传统的薪柴，风能和太阳能的贡献几乎可以忽略不计。据国际能源署（IEA）的数据，在首次发布报告的1971年，世界能源需求的13.12%来自包括水力和薪柴在内的可再生能源，2011年这一比例为12.99%[①]。1990年，风能占世界一次能源的比例为0.0038%，现在达到0.29%；太阳能从几乎为零增长至0.04%。BP的统计显示，2013年不包括水力和薪柴在内的可再生能源占全球初级能源消费的2.7%，10年前该比例为0.8%。尽管过去10年可以说是可再生能源获得最大发展的10年，但在能源结构中的提高仍然是微不足道的。

第三次能源大转换面临的最大障碍，是非化石能源在供应和价格上的劣势。这个劣势如果不能有效和全面克服，实质意义上的能源转换就不会发生。而要克服这个障碍，需要技术上的突破性进展，需要政府有力、清晰、持续的政策支持，需要民众摒弃偏见和改变消费习惯。这一切都需要相当长的时间。

（一）价格劣势

的确，在不少地方，新能源发电已经比煤炭和天然气发电更便宜。美国投行Lazard发表于2014年9月的研究显示，美国2009年年末补经助的风力发电成本最低为101美元/百万瓦时，而现今每最低为37美元/百万瓦时。大型太阳能发电厂最低成本由2009年的323美元/百万瓦时，陡降至目前的72美元/百万瓦时。相比之下，天然气发电厂的发电成本估计在每百万瓦时61～87美元之间[②]。在美国得克萨斯州州府奥斯汀市，每千瓦时的发电成本中风力最低，平均仅为煤炭的四成，光伏其次，最贵的是核能和煤炭[③]。

然而，在全球多数地方，情况显然没有奥斯汀等地乐观。中国、印度和印尼的燃煤发电度电成本不到40美元/兆瓦时。相比之下，中国光伏平均发电度电成本目前与天然气发电度电成本持平，均为100美元/兆瓦时。欧洲风电场的成本至少是传统燃煤电厂的13倍，近海风电效能、成本和可用性稍

---

① 比约恩·隆伯格：《可再生能源的衰落》，《南风窗》2013年第19期，第84页。

② 江金泽："美国再生能源成本直逼天然气"，http://wallstreetcn.com/node/208437，2014年10月20日访问。

③ 山口公雄："可再生能源发电成本已与火电比肩"，http://china.nikkeibp.com.cn/news/eco/70120—201404081724.html，2014年4月13日访问。

好，但仍为常规电厂的成本的 6 倍[①]。在法国，风电电价约为核电电价的 2 倍[②]。除非政府对可再生能源进行补贴，或者将高污染、高排放的化石能源造成的外部成本内部化，否则在可预见的未来前者仍难与后者竞争。

（二）技术瓶颈

可再生能源的瓶颈不仅是供应不足，就自身效率而言，非化石能源也存在很大劣势。像风能和太阳能这样的可再生能源，存在间歇性和分布式的特征，难以稳定地大规模集中利用。在发电这一可再生能源应用的主要领域，可再生能源难以担当基底负荷能源，不能全天稳定持续发电。易变性可再生能源发电要实现高比例的并网仍面临较大困难。由于并网问题未得到解决，可再生能源电力甚至被视为影响电网安全与稳定的"垃圾电"。在交通领域，石油仍处于决定垄断的地位，超过 90% 的交通燃料都要依靠石油。英国石油公司预计，到 2030 年石油占据全球交通燃料市场的份额将下降到 89%，声势浩大的天然气所占比例也不过仅升至 5%[③]。这充分说明非油能源在交通领域动摇石油绝对垄断地位的困难。

（三）社会接受度不够

尽管可再生能源拥有众多优势，各国政府也在不遗余力地推广鼓励，但其在民众中的受认可程度仍然不够。以交通运输行业为例，公众的主流观念还是汽车应该使用石油，对于纯电动汽车接受度较低。这一方面有心理和习惯层面的原因，另一方面与可再生能源运用的不便有关。

（四）安全和政治问题

某些可再生能源的开发利用还面临安全和政治问题，这里主要指的是核电和水电。

水电建设项目很容易引发国际争端，因为很多水电项目都建在国际河流上，而流经不止一个国家的国际河流水资源量，约占全球河流径流总量的

---

① Oliver Joy："After Fukushima：Could Germany's nuclear gamble backfire?"，http://edition.cnn.com/2013/09/27/business/german-offshore-wind-farms/index.html，2013 年 11 月 21 日访问。

② 颜会津编译："可再生能源补贴持续威胁欧洲经济"，http://news.xinhuanet.com/energy/2013-11/03/c_125623203.htm，2013 年 12 月 3 日访问。

③ 安德鲁·凯乐斯：《交通运输领域天然气占比上升》，王海霞编译，《中国能源报》2013 年 2 月 4 日第 8 版，原载加拿大《金融邮报》。

60%。一国对国际河流水资源的开发利用会对流域内其他国家产生外部性，而这种外部性又不能像一国内河开发引起的地方纠纷那样，可以通过中央政府协调解决，在河流沿岸国国家主权之上不存在一个更高的主权权威。其结果是，大多数的国际河流开发并未形成成熟的合作框架，甚至缺乏基本的互谅，成为流域内不同国家间关系紧张的根源。不仅如此，水电站尤其是环境脆弱地区的大型水电项目的建设，还面临巨大的环境争议。与 20 世纪 70 年代之前不同的是，在环保意识日益深入的今天，在全球相当一部分国家建设大型水电站面临激烈的反对，甚至会有政治风险。水力开发在一国内外所受的重重阻力，意味着水力在一次能源结构中所能达到的高度是有限的。

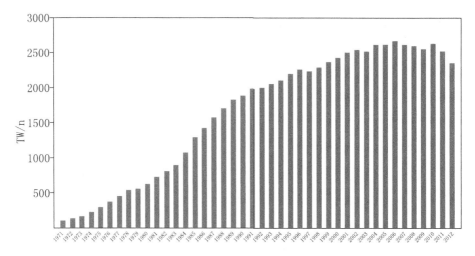

图 6-2　全球核能产量（单位：10 亿千瓦时）

资料来源：世界核能协会。

　　核能的应用虽然在商业上可行，但大大受制于安全困境。全球核能发电能力自 20 世纪 70 年代初开始快速增长，一直持续到 1986 年。但 1986 年 4 月 26 日发生的苏联切尔诺贝利核电站事故，将全球核电的发展带入"慢车道"。正当核电憧憬新一轮大发展之际，2011 年 3 月 11 日的日本福岛核泄漏事故，再次打乱了世界核电发展的进程，这次的影响更加深远。全球多国随即开启了"零核电"进程。2011 年全球核能产量出现了 4.3% 的、有史以来最大的降幅，日本核能消费同比下降 44.3%。2012 年，全球核能产量进一步降低 6.9%（如图 6-2 所示），日本的核能消费则大降 89%。与在能源结构中占比升至 1970 年以来最高的煤炭形成鲜明对比的是，核能占比降至 1984 年以来的最低，2013 年核能仅占全球初级能源消费的 4.4％。核能的发展短期内仍很难走出尴尬局面。

不仅如此，究竟哪种能源能够取代石油跃居能源消费结构首位本身不确定。天然气虽有望取石油而代之，但并不清楚之后哪种非化石能源会取代化石能源的主导地位。核能、风能、太阳能、氢能甚至热核聚变能都位于备选名单之中。方向的不明使得政府、企业和公众难以形成一致的预期，政策和舆论支持容易出现分散化，而且不同的能源形式之间会在争取政策和资金时出现激烈斗争，很可能出现两败俱伤的情况。

对于各国政府来说，在制订能源转型目标时必须从全局审视和斟酌，充分考虑到能源供应的稳定接续和成本问题，否则任何政策都将成为无源之水、无本之木，从而沦为空谈。就短期而言，非化石能源显然还不具备取代化石能源的实力。

二、化石能源的"反扑"

依照历史经验，第三次能源大转换的顺利展开要建立在石油和煤炭这样的、目前居于能源结构前列的能源供应趋紧甚至出现供应危机的情况下。而实际上，就目前而言，全球范围内的石油和煤炭整体上还远未到供应紧张的地步。与此相反，煤炭在能源结构中的地位正在复兴，页岩油则紧随页岩气的步伐异军突起，石油的地位因此得以加强。

（一）煤炭复兴

煤炭地位的复兴可以从煤炭在初级能源消费结构中的占比得到最直观的反映。可以获得的英国石油公司（BP）最新统计数据显示，2013 年煤炭占全球初级能源消费的 30.1％，为 1970 年以来的最高水平。再来看主要能源的消费增长幅度。2002—2012 年期间，全球石油消费增长 14.4％，天然气增长 31.4％，而煤炭消费增长高达 54.7％。

从全球煤炭消费的地区结构来看，煤炭在发达经济体和新兴经济体中的市场地位呈现出鲜明对比。在此姑且以经合组织代表发达经济体。2013 年经合组织 34 个成员国消费了全球 27.9％的煤炭[①]。可得的最新数据显示，煤炭

---

① 英国石油公司（BP）2014 能源统计。

在美国的一次能源消费结构中仅占 18％，在欧盟占 17％[①]。新兴市场则完全是另一番景象。2013 年非经合组织成员消耗了全球 72.1％的煤炭，其中仅中国一国就消耗了全球超过一半的煤炭。中国和印度都是煤炭在能源消费结构中占比超过 50％的国家，其他新兴市场经济体也多是煤炭居首的能源结构。这就意味着，随着新兴市场在全球经济版图中的地位提升，煤炭在全球能源结构中的比例同步提升。

煤炭最主要的运用领域是发电，是世界范围内占比最高的发电燃料。一直以来，在南非、中国和印度等新兴市场国家，所需多数电力来自煤炭（如图 6-3 所示）。而目前全球有 12 亿贫困人口用不上电[②]，仅印度就有约 3 亿人口未能取得电力供应，占印度总人口的约 25％。[③]煤炭依旧是这部分人群能支付得起，同时也能得到的最现实的能源选择。

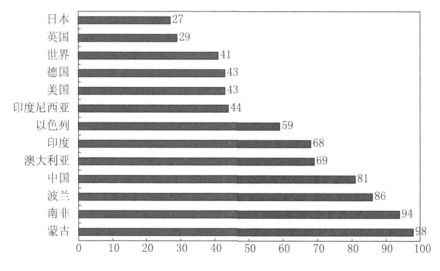

图 6-3 2012 年煤电在各国电力生产中的占比情况

资料来源：根据世界煤炭协会数据整理。

在欧洲，近年来煤炭"逆流而上"。其中，2013 年德国的煤炭发电量达

① The European Commission："Energy challenges and policy"，http://ec. europa. eu/europe2020/pdf/energy2_en. pdf，2013 年 11 月 12 日访问。

② The world bank："Getting electricity：Measuring reliability，prices and transparency"，http://www. doingbusiness. org/reports/case-studies/2015/ge，2015 年 8 月 23 日访问。

③ Rakteem Katakey Rajesh Kuman Singh："印度 3 亿人的无电生活"，http://finance. sina. com. cn/zl/management/20140715/121419709049. shtml，2014 年 8 月 13 日访问。

到 1990 年以来的峰值①。这主要是由于：其一，近年来欧洲受债务危机的影响经济疲软，能源需求下降，从而压低煤炭价格；其二，美国页岩繁荣使得国内煤炭需求下降，大量煤炭到欧洲寻求出路，欧洲煤炭供应增加；其三，德国 2011 年的"弃核"决定导致能源短缺，为弥补电力缺口，德国不得不在短期内加大燃煤发电站的建设和生产。对于燃煤电厂而言，煤电仅次于核电的低成本和碳排放价格的低廉，使其毫不顾忌煤炭用量的增加。

正是考虑到过去数十年煤炭在全球复兴的态势，多项研究预计，煤炭即将超越石油成为全球消费量最大的能源。对于煤炭在能源消费结构中登顶的时间，《经济学人》预计是 2017 年；世界能源理事会认为在 2020 年左右；国际能源署 2011 年认为是 2035 年，2013 年又改称会发生在 10 年内②。

尽管煤炭本身并不清洁，但贸然放弃煤炭的后果可能是灾难性的。这一点不管对于发达经济体还是新兴市场经济体来说都是一样的。美国电力公司首席执行官迈克尔·莫里斯表示："煤炭如今仍是世界首屈一指的燃料能源，2020 年、2030 年、2040 年、2050 年亦不例外。"美国参议员曼齐恩说："煤炭不仅打造了美国，还建造了纽约的摩天大楼。没有煤炭，这个城市的灯光将暗淡下来，经济也将崩溃。"美国核工程教授詹姆斯·拉斯特也指责说，"放弃煤炭会让美国经济沉没"，关闭所有燃煤电厂的决定"将使美国经济和民众的生活水平降低到 20 世纪初的水平"③。

展望未来，发达经济体由于普遍的老龄化、人口增长率下降、经济的缓慢增长、人均能耗的稳定、能源效率的提高，在全球经济总量和能源消费中的占比仍将稳步下降。新兴市场和发展中经济体在全球人口和经济总量中占比仍将不断提高，人均能耗仍在迅速上升，其能源消费、能源结构和能源政策将在越来越大的程度上塑造全球能源的未来。中国等新兴市场经济体煤炭占能源结构主体的情况持续时间越长，则全球完成新一轮能源结构大转换耗费的时间也就越长。如果煤炭重回全球能源结构的首位，能源结构意义上的第三次能源大转换显然将需要更长时间。

---

① 黄霜红："德能源转折致煤炭使用量重新上升 影响空气质量"，http://www.chinanews.com/cj/2014/01−07/5708934.shtml，2014 年 1 月 22 日访问。

② 王丽丽：《从全球视野看煤炭机会》，《中国煤炭报》2013 年 11 月 11 日第 3 版。

③ 荪九晨、霍文、陆好等："'煤炭战争'怪论缠上中国"，http://world.huanqiu.com/roll/2012−04/2635939.html，2013 年 12 月 2 日访问。

（二）石油地位因页岩油而巩固

美国在"页岩气革命"兴起的同时，也兴起了"页岩油革命"，后者比前者出现的时间稍晚。二者合称"页岩革命"。"页岩油革命"的势头也十分强劲。受益于页岩油产量的增加，2011年美国实现自1949年以来石油产品出口首次超过进口。自2006年以来，美国致密油日产量增长将近150万桶，改变了美国近25年来原油产量下降的窘境。主要由非常规石油带来的整体石油产量增长加上美国国内石油需求的下降，带来美国能源对外依存度大幅降低。2006年，进口石油尚占美国能源消费总量的30％。截至2012年年底，这一比重下降到14％[①]。美国官方预计2016年美国原油日产量将接近1970年创下的历史最高纪录，几乎达到2008年的2倍。进口石油减少大大改善了美国贸易逆差。有机构预计，2020年美国原油进口额将从最高点下滑超过一半。到2030年左右，北美将变成石油净出口地区。

页岩油的勃兴对于美国实现能源独立和改善贸易逆差的作用不容否认，但却只是强化而不是弱化美国以石油为首的能源结构，不利于第三次能源结构大转换的发生。与煤炭热一样，"页岩油革命"的持续时间，将对能源结构版图变革的早晚产生较大影响。目前，美国官方预计2020年后美国国内原油产量会逐渐减少。实际情况如何，仍需进一步观察。

（三）化石能源行业的抵制

新一轮能源大转换面临化石能源行业的强大反对和阻挠。这正是前文所说的既有能源体系对于新兴能源的抵制。这种抵制的力量十分强大，原因在于社会经济系统围绕着既有能源体系已经形成强大的"分利联盟"，它们已经进行了长期、巨额的投资，建立起完善的基础设施体系，与政府部门、行业、数以亿计的企业和消费者存在根深蒂固的联系，因此自然极力抵制自身可能被取代的前景和命运。抵制的手段多种多样，包括设置进入壁垒、通过游说影响政府决策等。

既有能源对于新兴能源的抵制在英国接受电力的过程中表现得十分明显。按前文定义，电力的出现是一次重要的中型能源转换。从19世纪70年代起，世界进入电力时代。这时的英国因为法律的羁绊和地方政府的冷淡或敌对态

---

① 特雷弗·豪泽：《美国向亚洲的能源出口前瞻》，《21世纪经济报道》2013年8月19日第24版。

度，在电力运用上被美国和德国甩在身后。1886—1888 年，英国的电气公司十分罕见，而美国则几乎每个人口超过两万的城市都有一个中央发电站①。到 1888 年，英国只有一家供电公司，而同期爱迪生已在美国建立了 149 个中央发电站。到 1913 年，英国电力产出的 2/3 由西屋电气（又称威斯汀豪斯）、通用电气和西门子三家公司的英国分支机构生产②。业内人士当时甚至认为法律是唯一的阻碍因素。这方面的法律具体是 1882 年英国议会通过的电力照明法案和 1888 年通过的对 1882 年法案的修正案。早在 1878 年，英国议会收到 34 项私人法案的立法申请，请求在英国的街道供应公共电力。1882 年英国议会通过的法案，允许英国贸易部向相关公司颁发为期 7 年的许可，但前提是得到相关市政部门的同意。法案规定提供照明的行为与地方政府密切相关，地方政府在届满 21 年后要强制收购电力公司。如果地方政府不同意，电力公司需要得到经议会确认的贸易部指令。1884 年，即法案公布两年后，贸易部授予了 73 个指令，但是没有一个地方开始电力供应。这种状况一直持续到 1888 年，英国议会通过的修正案将政府强制收购的期限延长至 42 年，之后资本才开始流入电力行业。20 世纪伦敦的 12 家重要电力公司中的大多数，都是在 1889—1890 年才从贸易部申请到临时指令。缓慢进展的背后，是来自地方政府的阻力。举例而言，地方被鼓励建立许多小型电站。这显然不符合规模经济的要求，也不利于降低电价。地方的不配合，与其利益密切相关。1850—1870 年是欧美使用煤气灯照明的黄金时代。当时英国城市照明普遍使用的是煤气灯，这种灯使用本土便宜煤炭，制成气体后点燃进行照明。英国市政一般都控制着数家互相竞争的煤气工厂，因此维护煤气工厂的收益符合地方的利益。③ 显然，市政的权力机关不一定是生产电力的合适单位。先后两个照明法案给予地方政府以抵制任何电力计划的便利和对挖掘街道和铺设电线等电力基础设施建设的完全控制权，而这种控制在美国比较松弛④。

能源结构的第三次大转换，对于化石能源行业而言，短期内面临的是既

① ［英］克拉潘：《现代英国经济史》（下卷），姚曾廙译，商务印书馆 1986 年版，第 164—165 页。

② Dormois, J., and Michael Dintenfass, eds. *The British industrial decline*. 1999, pp. 129—130.

③ Dormois, J., and Michael Dintenfass, eds. *The British industrial decline*. London and New York: Routledge, 1999, pp. 129—130.

④ ［英］克拉潘：《现代英国经济史》（下卷），姚曾廙译，商务印书馆 1986 年版，第 166 页。

得利益被非化石能源行业的逐步蚕食，长期而言则是整个行业被抛弃的"灭顶之灾"。这里的化石能源行业，也可以换为石油行业和（或）煤炭行业。当然，在全球对于气候变化、碳排放和环境破坏的关注日益深入和普遍的大环境下，化石能源行业的企业也会强化对节能环保的关注和投入，或者对可再生能源领域进行相关的投资和布局，但这并不会从根本上改变其对被取代的前景和对可再生能源领域的强烈而内在的抵制。2013 年 9 月至 10 月，供应欧洲近半发电量的欧洲十大能源公司连续两次向欧盟施压，要求停止对可再生能源的补贴，便是化石能源行业抵制能源转换的明显例子。

三、政策上的不确定性

在过往的能源转换尤其是从煤炭向石油转换的过程中，本国或第三国的能源政策发挥了不可替代的作用。如今，能源政策对于第三轮能源大转换的前景依然起着重要作用。

最坏的情形是，一国的能源政策从整体上拒斥能源转换，或者颁布禁令阻碍某种具体能源、某个具体项目的运用或实施。比如对于页岩气开发，法国、保加利亚和西班牙坎塔布里亚自治区先后发布勘探和开采禁令。

其实，在能源供应压力持续增加、能源安全问题日益严峻和环境变化等因素的共同影响下，国家能源政策在更多情形下是支持能源转换的，只不过这种支持并不稳定，经常发生摇摆和反复。举例而言，在政府对《可再生能源目标》审核的情况下，2014 年澳大利亚清洁能源投资下降了 35%；由于主要鼓励政策《生产税抵减法案》前景未卜，2014 年美国风电投资下滑过半；受削减光伏电站上网电价政策的影响，2014 年意大利清洁能源投资下滑了 60%。能源政策的变化对清洁能源或者可再生能源投资的影响之大可见一斑，而相关投资的不稳定将直接影响能源转换的过程。

能源政策的不确定性，将对第三轮能源大转换起到阻碍作用。能源政策的不确定性，主要是由以下几个方面的原因造成的。

（一）政策随经济环境摇摆

在经济增速较快、政府财政收入充足和企业盈利状况良好时，对于非油能源的投入一般也较可观；但在出现经济、金融危机，政府财政捉襟见肘甚至面临债务违约风险，企业盈利下滑甚至出现破产威胁时，对于非油能源的投入和承诺将大大缩水。

从世界范围来看，全球清洁能源投资在 2011 年达到历史最高记录——3023 亿美元后，2012 年下降 11％，其原因主要就是投资者对于美欧在经济低迷状态下能否继续坚定支持清洁能源产生疑虑和动摇。全球金融危机和欧债危机的先后发生使得欧盟经济深受打击，目前欧盟的实际人均国内生产总值仍然低于 2007 年的水平，而且多数成员国的财政状况拮据。不仅如此，随着美国"页岩革命"如火如荼地进行，欧美能源成本的差距以及由此带来的经济竞争力差距越来越大，使得欧盟在可再生能源发展上不得不变得现实。对于欧盟而言，经济的复苏和增长才是第一要务。在欧盟委员会 2014 年 1 月公布的《2030 气候能源政策框架》中，不再为成员国设定具有约束力的可再生能源目标，而是要求可再生能源在欧盟能源消费结构中所占的比例到 2030 年不低于 27％。这个目标看似高于之前设定的 2020 年达到 20％的具有法律约束力的目标，但其实是个退步：它不仅大大低于欧洲可再生能源业界过去几年一直呼吁的，在 2030 年之前将可再生能源的份额提升至 40％～45％的具有法律约束力的目标，也低于欧盟委员会和欧盟各国直到 2013 年一直积极考虑的 30％的目标。正如环保团体"地球之友"所言，原本在欧洲不受经济因素干扰的气候变化辩论，前所未有地把经济问题摆上了谈判桌[1]。不仅如此，欧盟正考虑最早在 2018 年关闭欧洲联合环（JET）这一目前世界上规模最大的核聚变反应堆，除非有欧盟外部的投资者加入[2]。在成员国层面上，削减甚至结束可再生能源补贴的做法不断涌现。自 2012 年来，已有包括意大利、保加利亚、捷克、波兰和罗马尼亚等在内的多国宣布削减或终止可再生能源补贴。

（二）政策随能源价格摇摆

政府和社会对非油能源的资金投入和关注度与石油价格的走向呈正相关关系。油价越高，各国政府、企业和公众对于非油能源资金投入和关注度越高；相反，油价越低，对于非油能源的资金投入和关注度也越低。油价下跌是其他能源赶超并取代石油地位的大敌。油价下跌持续时间越长，对于新一轮能源大转换的阻碍就越大。20 世纪 80 年代开始，国际油价大幅回落，跌

---

① 张梦嘉："欧盟为照顾经济发展拟放宽环保规定遭指责"，http：//world. huanqiu. com/exclusive/2014—01/4786425. html？from＝mobile，2014 年 2 月 25 日访问。

② 段歆涔：《欧洲联合环现"钱途危机"》，《中国科学报》2013 年 7 月 18 日第 3 版。

势一直维持到 20 世纪末。发达国家对于可再生能源研发资金的支持随之骤降。1978—2005 年，美国政府对能源部的拨款骤减超过 85%。美国政府在 1985 年取消了对风力发电的课税抵免。在 1990—2003 年间，欧洲对能源领域的资助下降了 34%①，期间油价从未超过 40 美元/桶，多数时间在 25 美元/桶以下。彭博新能源财经的数据显示，受 2014 年下半年国际油价暴跌的影响，与汽油和柴油具有直接竞争关系的生物燃料，2014 年只占全球清洁能源投资总额的 1.9%，同比 2006 年的 25% 出现明显下滑。

（三）政策随政府更迭摇摆

在实行民主选举的国家，不同的政党、同一政党内不同的派系以及不同的政治领导人，所持的立场和观点千差万别。这样，随着政府的更迭，有关能源转换的政策也很容易出现变化和摇摆。

德国一直是全球可再生能源发展的标杆。其政策核心是对固定上网电价进行补贴，民众要承担部分可再生能源分摊费。由于大力扶持以风能为主的可再生能源的发展，德国成为欧盟能源支出最高的国家之一，电力零售价格在 2000—2013 年间翻了一番。2013 年德国大选组成新一届政府，社民党取代自民党成为总理默克尔所在的联盟党的执政伙伴。作为答应入阁的条件，德国的能源转型战略转而由社民党主导。社民党主席、德国副总理兼经济部部长和能源部部长的加布里埃尔表示，德国对于能源转换的经济承受力已经到了极限。能源转换有可能会取得经济上的成功，但是这也会导致德国显著地"去工业化"。在社民党提出的"德国可再生能源改革计划"中，削减补贴、人为限制陆上风电和光伏发电规模成为重要内容。尽管德国坚持到 2050 年将可再生能源发电比例提至 80% 的目标不变，但能源政策调整后能否实现这一目标要打上个大大的问号。

（四）政策随社会舆论和公众情绪摇摆

能源价格如汽油价格、天然气价格和电价在多数国家都是价格指数篮子里最重要的组成部分之一。能源价格的上升将引发通胀水平的提高和公众的不满。在实行民主选举的国家，政府如果对能源价格上涨应对不力，轻则支

---

① ［美］斯科特 L. 蒙哥马利：《全球能源大趋势》，宋阳、姜文波译，机械工业出版社 2012 年版，第 254 页。

持率下滑，重则面临下台。

不仅是能源价格，可再生能源尤其是核能在安全上始终存在重大风险，核事故的发生，会轻易改变经过长时间才在民众心目中逐步树立起来的核能是一种安全能源的看法，这使得国家的核能发展政策容易产生大幅摇摆，从而对核能的发展产生严重冲击。比如，德国默克尔政府原打算将国内核电站使用寿命延长至 2036 年，受 2011 年 3 月的日本福岛核事故的冲击，德国政府立即改弦更张，决定在 2020 年之前彻底告别核电。

有很多事件受到多个因素的共同影响。以美国对热核聚变能的资助为例，油价的波动、政府财政状况和公众情绪的变化，使得美国的参与过程一波三折。考虑到热核聚变能具有从根本上解决人类能源困境的潜力，1985 年美国作为创始成员国，发起了国际热核聚变实验反应堆（ITER）的建设计划。但在 1998 年，美国完全退出了该计划，原因主要是 ITER 工程设计预计建设投资近 100 亿美元，而当时国际油价已跌至每桶 20 美元以下。2003 年 1 月，美国总统布什宣布美国重新加入 ITER 计划，当时在欧洲、俄罗斯和日本等其他参与方重新设计后，工程造价已降至约 46 亿美元。不过，2007 年年底美国国会作出决定，拒绝支付早已承诺的在 2008 年为 ITER 提供的 1.49 亿美元的资助，此时 ITER 的预算已高达 120 亿美元。2009 年奥巴马政府才重启了对该计划的资助。

正如美国埃克森美孚石油公司董事长兼首席执行官雷克斯·蒂尔森在谈到能源转换时所说，不确定性不利于从长远考虑问题，影响投资决策，并削弱互利的伙伴关系，而这些要素正是能源转换所必需的。

最后需要强调的是，分析第三次能源大转换，不能离开的一个背景是迄今为止涵盖最大规模人口的新一轮工业化进程。在大约 1850—1970 年间，世界范围内的工业化进程涵盖的人口最多时尚不超过 12 亿。当今的新一轮工业化进程，覆盖的人口约为 40 亿～50 亿，而且这还未考虑未来全球人口规模的进一步增长。其中，仅金砖国家的人口就接近 30 亿。

不仅如此，世界人口仍处于快速增长的阶段。从增长的历史和前景来看，世界人口从 10 亿增长到 20 亿用了一个多世纪，从 1987 年开始，每增长 10 亿仅用 12 年。2013 年年中时，世界人口约为 72 亿。联合国预计 2025 年时世界人口将比 2013 年年中增加 9 亿，2050 年将比 2013 年年中增加 24 亿，

2100 年将比 2013 年年中增加 37 亿。从 2013 年到 2100 年，除中国外的发展中国家人口将增加接近 40 亿或接近翻一番，撒哈拉以南的非洲人口将增加约 29 亿或翻两番还多，49 个最不发达国家的人口增加超过 20 亿或两倍多，而发达国家的人口仅微增 3000 万，基本保持不变[①]。这意味着，世界能源结构的未来将越来越多地由拥有巨大人口增长潜力和正在经历工业化进程的发展中国家界定和塑造。这些国家的人们所选择的能源种类，以及利用能源的方式，将日益突出地决定第三次能源大转换的面貌。

第三节　第三次能源大转换端倪的影响

第三次能源大转换最终影响如何，目前还远不到作出最终结论的时候。就当下而言，只能观察刚刚出现的第三次能源大转换的端倪，主要是"页岩气革命"和可再生能源热潮带来的影响。

一、"页岩气革命"的影响

（一）"页岩气革命"重塑美国经济优势

迄今为止，"页岩气革命"已给美国经济带来了如下好处。

其一，增加美国天然气产量，压低天然气价格。数据显示，到 2016 年，美国的天然气供应量预计将超过国内需求[②]。美国官方预计，美国页岩气产量到 2040 年将比 2012 年增加一半还多。而美国天然气产量的大幅增加，导致每百万英制热量单位的天然气价格从 2005 年的 9 美元大幅降至 2012 年的 2 美元，该价格仅相当于英国的 1/3 和亚洲的 1/5[③]。《世界能源展望 2012》更称，2012 年美国天然气交易价格的最低点仅为欧洲进口价格的 1/5 和日本进口价格的 1/8。

---

① United Nations："World Population 2012"，http://www.un.org/en/development/desa/population/publications/pdf/trends/WPP2012_Wallchart.pdf，2014 年 2 月 5 日访问。

② 李慧：《美国天然气出口正当时》，《中国能源报》2013 年 1 月 21 日第 9 版。

③ 顾成全、王娜：《低能源价格与美国制造业回归》，《科技日报》2013 年 8 月 5 日第 1 版。

其二，改善美国的能源贸易逆差。本土页岩气的大量生产有助于美国改善长期贸易逆差的顽疾。国际能源署称，2008 年以来美国的能源进口账单已经减少了 40%，相比之下欧盟则是轻微增加①。数据显示，美国的整体贸易逆差 2013 年降至 2009 年以来的最低水平，比 2012 年减少 630 亿美元，其中的 94% 是美国石油和天然气自给率大幅提高的结果②。

其三，压低美国电力价格。天然气价格的降低带来天然气在发电燃料中比重的增加，并带动美国电价降低。2005 年，美国发电量的 49.6% 来自煤炭，18.8% 来自天然气。随着页岩气革命如火如荼地展开，煤炭和天然气在发电量中所占比例出现明显的此消彼长态势。预计 2015 年，煤炭占美国发电量的比例将降至 34.1%，而天然气的比例则升至 32.4%。③ 而按照世界煤炭协会的数据，煤炭占美国发电量的比例从 2009 年的 49% 降至 2012 年的 43%。国际能源署对工业用电真实价格指数的统计显示（如图 6-4 所示），在 2005—2012 年间经合组织欧洲国家这一指数上涨了 37%，同期美国下降了 4%；在居民用电真实价格指数上，欧洲上涨了 22%，而美国仅上涨 8%。国际能源署预计，美国

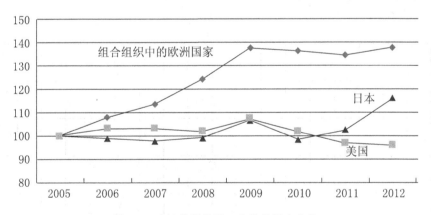

图 6-4　未计算税收的工业终端用户电价

资料来源：国际能源署。

①　International Energy Agency："WORLD ENERGY OUTLOOK 2013 FACTSHEET"，http://www.worldenergyoutlook.org/media/weowebsite/factsheets/WEO2013_Factsheets.pdf，2014 年 1 月 26 日访问。

②　王强："美国 12 月贸易逆差规模超预期 贸易自由化论战升级"，http://finance.huanqiu.com/view/2014-02/4811357.html，2014 年 2 月 11 日访问。

③　U.S. Energy Information Administration："Short-Term Energy Outlook December 2015"，http://www.eia.gov/forecasts/steo/pdf/steo_full.pdf，2015 年 12 月 20 日访问。

和其他地区能源价格的差异将持续到 2035 年（如图 6-5 所示）。届时，日本和欧洲工业用户所付电价是美国同行的两倍多，中国也接近美国的两倍。由于能源价格高昂，欧盟和日本能源密集产品的全球出口份额到 2035 年将比目前下降 1/3 左右，其中欧盟的比重从 36% 降至 26%，日本从 7% 降至 4%[①]。

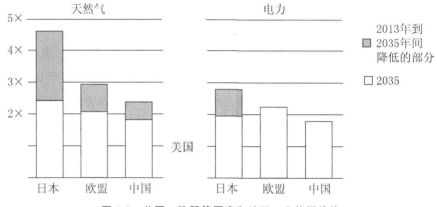

图 6-5　美国、欧盟等国家和地区工业能源价格

资料来源：http://www.worldenergyoutlook.org/media/weowebsite/2013/London November12.pdf

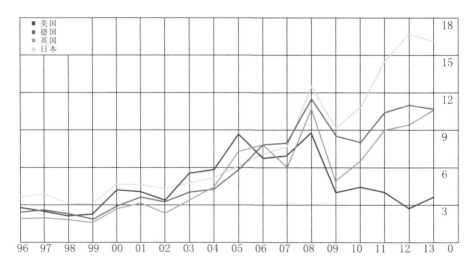

图 6-6　发达国家天然气价格对比（单位：美元/百万英热单位）

资料来源：BP 能源统计 2014。

①　International Energy Agency：“WORLD ENERGY OUTLOOK 2013”，http://www.worldenergyout-look.org/pressmedia/recentpresentations/londonnovember12.pdf，2013 年 12 月 21 日访问。

其四，增强美国产业竞争力。由于低廉的天然气和电力价格，美国制造业已经在一定程度上扭转了在全球竞争中的劣势，不仅美国的跨国公司开始回到国内投资，其他国家的投资者也纷纷到美国投资兴业。美国的基础化工行业在"页岩气革命"中受益最为明显：2008 年与 2009 年其竞争力还在全球垫底，2011 年时盈利水平已经超过中东的初级能源加工业[①]。

不过，"页岩气革命"的影响也不能被过分夸大。正所谓"物极必反"。如果美国页岩气产量增速放缓，或者页岩气对外大量出口导致国内市场上供应减少，国内天然气价格都会上升。如果这种情况成为现实，前述的正面效应都将大打折扣。届时美国国内的廉价页岩气用户势必向政府抗议，游说政府减少审批天然气出口项目，结果是美国在天然气出口市场上的份额下降和影响萎缩。图 6-6 为主要发达国家天然气价格对比。总之，"页岩气革命"带来的正面效应能否持续仍有待观察。

（二）"页岩气革命"的政治影响

受益于页岩气的发展，美国已经成为最大的天然气产出国，天然气的进口量已经降到 20 年来最低。"页岩气革命"有助于美国降低对于中东的依赖，增强美国的战略自由度，强化美国与其他国家之间非对称性相互依赖的关系。随着时间的推进，页岩气产生的地缘政治冲击会愈加明显。

"页岩气革命"对于全球地缘政治的影响主要体现在两个层面：一是美国自身天然气进口减少的影响；二是美国天然气出口带来的影响。

在"页岩气革命"的背景下，美国已经大大减少了天然气进口，这部分减少的进口量因此可以转向供应其他市场。这一方面降低了美国对进口天然气的敏感性和脆弱性，或者说避免了美国对像卡塔尔这样的天然气出口国的非对称性相互依赖；另一方面通过一连串的连锁反应间接改善了其他众多天然气进口国的处境。

由于历史和法律的原因，目前美国尚未实际出口天然气。根据美国的天然气法，打算出口天然气的美国公司都需要向美国能源部提出申请，获得许可后才能出口。能源部审查的标准是该项出口是否违反公共利益。出口对象

---

① 李杰："美国'页岩气革命'的影响及启示"，http://news.hexun.com/2013-06-18/155243051.html，2013 年 10 月 11 日访问。

国如果与美国签订有自由贸易协定（FTA），且在相关 FTA 中含有天然气贸易国民待遇条款，则相关出口计划即被视为符合公共利益，能源部不得修改或延迟。也就是说，与美国签订贸易协定的国家可以自动获得许可，进口美国的天然气，所需的只是美国出口商相关出口设施的完善。这部分国家目前尚不足 20 个。如未同时满足上述两项条件，则需按照一般程序审查。两种情况下所需的时间和成本差异是显著的。

在全球整体上仍处于能源相对紧缺且美国天然气价格极为低廉的情况下，美国的页岩气在全球成为"抢手货"，美国可以通过对页岩气出口对象国的选择，达到其国家战略或政策目的。不仅如此，由于 FTA 签约国与非签约国在获得进口资格上的极大差异，天然气出口的相关规定也将影响到 FTA 的谈判和订立进程。

目前，美国批准了数个面向非自贸协定缔约国的液化天然气出口项目，包括印度、英国、西班牙和日本等国在内。按照计划，世界头号天然气进口国日本将于 2017 年获得来自美国的出口天然气，为日本提供了进口天然气的新选择。这一结果背后，是美日双方的角力。2011 年 3 月的核电事故后，能源紧缺到一度在全国限电的日本就开始进行紧锣密鼓的外交活动，以获得从美国进口页岩气的资格。然而，美国却迟迟不批准对日出口天然气。美方的考虑之一便是，将出口天然气作为拉拢日本加入美国倡导的"泛太平洋战略经济伙伴关系协定"（TPP）的筹码，巩固美日同盟。而在 2013 年 3 月日本正式宣布加入 TPP 谈判后不久，美国面向非自贸协定缔约国的液化天然气出口项目就接连获得批准。

美国页岩气出口的地缘政治效应到此还未结束。日本获得进口美国天然气的资格，还提高了日本与俄罗斯等常规天然气供应国谈判时的自由度[1]。而这一效应并不只局限于日本，所有未来可以从美国进口天然气的国家在与其他天然气卖家谈判时都获得了更大的筹码，即使美国天然气由于需要建设完善基础设施的原因，最早要到 2015 年才能实际交付。

事实上，"页岩气革命"不仅局限于美国。继美国之后，加拿大也在积极准备出口液化天然气。可以想象，未来全球天然气贸易的格局将发生巨

---

① 余木宝：《美国页岩气成日本天然气供应新选择》，《中国石化》2013 年第 7 期。

大变化，俄罗斯、卡塔尔和伊朗等常规天然气出口国与美国和加拿大等非常规天然气出口国之间将发生激烈竞争，常规天然气出口国之间、非常规天然气出口国之间也将进行激烈竞争，竞争的过程和结果无疑将影响全球每一个角落。

举例来讲，在2014年乌克兰危机持续升级的背景下，美国意欲联合欧洲对俄罗斯进行制裁。然而，由于所需三成天然气都来自俄罗斯，欧洲国家不愿响应美国的制裁提议。在此情况下，美国开始讨论对欧输出天然气，以取代俄罗斯气源，其底气来自美国近来逐步超越俄罗斯成为全球头号天然气生产国。而一旦美国天然气真的输往欧洲，像2006年、2008年和2009年连续上演的俄罗斯中断对欧洲和乌克兰天然气供应的"斗气"事件发生的概率应该会有所降低。假设"页岩气革命"能够长时间持续下去，美国的天然气能够长时间、大规模、稳定地对外供应，比如供应高度依赖进口俄罗斯油气的乌克兰和欧盟，毫无疑问俄罗斯的战略影响和生存空间将大大收缩，整个欧洲的地缘政治格局将发生重构。

从总体和长远来看，页岩气出口的影响有多大，目前尚不能明确，因为首先页岩气出口量就无法预知。而出口量又和页岩气的资源储量、生产能力、投资水平、基础设施完善程度、出口国国内天然气价格和对出口的态度变化及进口国的需求数量等诸多因素相关。

在地缘政治的影响之外，"页岩气革命"也会在经济和金融层面对全球造成影响。日本学者谷口智彦指出，由于"页岩气革命"，美国会逐渐降低针对中东地区的重视度，世界秩序将因此趋于动荡。作为美国降低对中东重视程度的例证，谷口智彦谈到两个事实：一是美国在推翻利比亚领导人卡扎菲的行动中，将空袭作战的任务交给英、法两国负责。这是美国在1956—1957年的苏伊士运河危机发生55年后首次选择退居幕后，而正是借助那次危机，美国得以排除英、法两国在中东的影响力，并确立自身在中东的统治地位。二是美国在"阿拉伯之春"运动中放弃支持埃及穆巴拉克政权，这相当于美国主动对战后在中东经营起来的无形资产进行贬值处理和止损抛售。在动荡的国际环境中，人们将越来越难以对未来作出预测，从而带来全球利率水平的逐渐上升，低利率时代将会终结，全球化趋势将面临逆转。利率上升将会首先冲击对其最为敏感和脆弱的国家，比如日本。他认为日本国债市场可能因此而面临"希腊式的崩盘"①。

总的来说，由于"页岩气革命"刚刚开展不到 10 年，它已经产生的任何影响都只是早期和局部的，真正有长远和全局意义的影响尚未显现。一切都有待时间去进一步检验和沉淀。

二、可再生能源热潮的影响

观察第三次能源大转换的另一个视角是可再生能源。总的来看，全球范围内可再生能源的发展虽然相当夺人眼球，但在能源结构份额中的进展仍相当缓慢，其所带来的好处尚未充分凸显。相反，可再生能源热的负面效应在某些领域和地方已经显现。

（一）可再生能源发展尚未产生明显的现实收益

1. 欧洲

一般来说，可再生能源发展到一定程度可以降低能源对外依存度，提升能源安全。但就欧洲而言，可再生能源的发展尚未起到降低能源对外依存度的作用。欧盟委员会的报告显示，过去 30 年，欧盟的能源进口依存度是提高而不是降低。20 世纪 80 年代，欧盟的能源进口依存度尚不足 40%，2000 年达到 47.8%，2011 年升至 54%②。2005 年，欧盟的原油进口依存度略高于 80%，天然气进口依存度接近 60%。欧盟委员会预计，到 2030 年前者为 95% 左右，后者超过 80%③。

不仅如此，对可再生能源的大量补贴正在持续推高欧洲的能源价格，致使欧洲工业竞争力下降。出于成本考虑，像德国巴斯夫这样的化工巨头已经将部分投资和生产转向美国。能源的高成本也加重了民众的生活成本。比如，德国的民用电价高达美国的 3 倍④。在一定条件下，能源成本提高还会对政

---

① 谷口智彦："页岩革命带来的地缘政治学影响"，http://www.21ccom.net/articles/qqsw/qqjj/article_20140224101112.html，2014 年 3 月 1 日访问。

② Eurostat："Energy dependency rate，EU-28，2003－13"，http://ec.europa.eu/eurostat/statistics-explained/index.php/File:Energy_dependency_rate,_EU-28,_2003%E2%80%9313_(%25_of_net_imports_in_gross_inland_consumption_and_bunkers,_based_on_tonnes_of_oil_equivalent)_YB15.png，2015 年 7 月 3 日访问。

③ The European Commission： "Energy challenges and policy"，http://ec.europa.eu/europe2020/pdf/energy2_en.pdf，2013 年 11 月 12 日访问。

④ 于宏建、牟宗琮、牛瑞飞等：《能源转型有喜有忧 "智能制造"步伐加快》，《人民日报》2013 年 12 月 28 日第 3 版。

府的稳定性产生影响。2013 年年初，受过高电价的冲击，保加利亚总理博伊科鲍里索夫被迫宣布政府集体辞职。

如前所述，近来欧洲已经开始对可再生能源发展战略进行调整。其原因是复杂的，其中不可忽视的一方面就是能源成本高昂给政府财政、企业和居民账单带来的沉重压力。这无疑是能源转型阵痛的体现。不过，欧洲并未放弃能源结构调整的目标。欧洲的坚持肯定是有道理的，是深思熟虑、着眼长远的理性选择。正所谓"老骥伏枥，志在千里"。眼下欧洲遭遇的转型阵痛，很可能在未来获得大得多的回报。

2. 美国

美国在可再生能源发展上的成就往往被人们忽视，这一方面可能是由于被作为可再生能源发展标杆的欧洲抢去风头，另一方面可能是被美国轰轰烈烈的"页岩革命"的光环所笼罩。花旗银行称美国已进入"可再生能源时代"，其中太阳能和风能最具竞争力[①]。如同第二次能源大转换一样，站在技术变革最前沿的军方或军事领域再次成为能源转换的先驱。2014 年 4 月，美国海军研究人员宣布成功地从海水中提取出二氧化碳和氢气，转化为一种碳氢化合物液体燃料。不过，要真正实现靠海水生产燃料至少还需 10 年时间[②]。即使如此，如果这种前景成为现实，美国海军届时将能真正摆脱对燃油等传统能源的依赖，其行动能力和战略思维都将发生颠覆性的改变，并进一步巩固美国遥遥领先的军事优势。

（二）生物燃料热潮的后果

BP 能源统计显示，在 2013 年全球生物燃料的生产上，美国以占全球 43.5% 的份额遥遥领先，巴西以 24.2% 稳居第二；欧盟作为一个整体占 16.4%。

2008 年全球金融危机爆发之前，在可再生能源发展上最夺人眼球的是美国和巴西等国的燃料乙醇。前者主要用玉米，后者主要用甘蔗。生物燃料的发展是把"双刃剑"：好的一面是降低了能源的对外依存度，维护能源安全，

---

① 花旗："美国进入'可再生能源时代'"，http://www.ne21.com/news/show-53326.html，2014 年 4 月 11 日访问。

② 程艳："美军宣称已成功将'海水变燃油'"，http://newspaper.jfdaily.com/xwcb/html/2014-04/09/content_1157162.htm，2014 年 4 月 15 日访问。

而且提高了农民和农业经营者的收入；坏的一面是造成燃料与人争粮、燃料作物与人畜食用作物争水、争地的现象，全球粮食和农产品的供求和价格平衡格局遭到破坏，由此造成的农产品价格上涨成为全球通胀的重要助推力量。

生物燃料发展的正面效应在巴西得到了较好体现。巴西历史上一直是缺油少气，80％的石油依赖进口。石油危机以后，巴西投入巨资积极发展甘蔗乙醇和水力发电。甘蔗乙醇在巴西能源消费总量中的占比自 1975 年的 4.6％升至目前的 18％①。与此同时，巴西成为世界上唯一在全国范围内不供应纯汽油的国家，大多数汽车使用的燃料是混入了 18％～25％乙醇的汽油。随着乙醇行业的飞速发展和石油产量的提高，巴西能源进口依存度从 2000 年的22.2％降至 2009 年的 3.8％②。不仅如此，甘蔗乙醇的低碳清洁特性，帮助身为全球第七大经济体的巴西在实现绿色低碳增长上走在世界前列。目前巴西的温室气体排放量已降至 20 年来最低，能源领域排放的温室气体占全部温室气体排放的 9％，远低于世界平均水平的 49％和中国的 65％③。

由于巴西对于可再生能源发展的高度重视，其能源结构的演化进程走出了一条独特的道路：尽管在实现工业化的过程中能源消费总量迅速提高，但不可再生能源在能源结构中的比重始终不超过 60％，可再生能源地位虽相对衰落，但仍占有重要地位。巴西矿产能源部的数据显示，1970 年，巴西可替代能源约占本国能源总产量的 58.4％。2008 年，可替代能源在巴西能源消费中的占比高达 45.4％，远远超出经合组织当年 6.7％的平均水平，也高出全世界 12.9％的平均水平④。不过，这依托的是巴西极为优越的自然条件。换句话说，巴西的经验在全球尚不具备普及的基础。

在生物燃料发展的过程中，对能源安全具有最高敏感度的军队也深度参与。2013 年年底，美国海军部部长宣布了一项与美国农业部的联合项目，即利用谷物、藻类提取物和烹饪油脂（俗称"地沟油"）混合制作生物燃料项

---

① 周志伟："巴西重画世界能源版图"，http://acs. mofcom. gov. cn/sites/aqzn/nyaqnr. jsp? contentId=2521478865309，2013 年 12 月 28 日访问。

② 商务部驻巴西使馆经商处："巴西能源发展近况与投资机会"，http://ccn. mofcom. cn/SPBG/show. php? id=11521&ids=％C4％DC％D4％B4％D2％B1％BD％F0，2014 年 3 月 18 日访问。

③ Afonso H. M. Santos："Brazilian Energy Overview"，https://lucian. uchicago. edu/blogs/bric/files/2011/05/Afonso-H. M. -Santos-Brazilian-Energy-Overview1. pdf，2013 年 11 月 19 日访问。

④ 周志伟："巴西重画世界能源版图"，http://acs. mofcom. gov. cn/sites/aqzn/nyaqnr. jsp? contentId=2521478865309，2013 年 12 月 28 日访问。

目。海军部与农业部预计，在补贴资金支持下，未来 3 年使用的生物燃料价格将从 15 美元/加仑降至不足 4 美元/加仑。通过该项目，美国海军希望在 2015 年以前将生物燃料正式列入美军常规采购物资清单，成为军用制式燃料①。上述名为"从农场到舰队"的计划，让人马上想到一战前英国海军大臣丘吉尔所力主的英国海军舰队从烧煤改为烧油的惊人举动。彼时的英国身为世界"煤库"却要舍近求远改用波斯石油，今日的美国在页岩繁荣的推动下，石油产量正在迅速逼近 1970 年的最高记录，如此大费周折发展高成本的军用生物燃料，反映出的同样都是对于战略领先优势的孜孜追求。而如果美国海军的"从农场到舰队"计划取得成功，其对石油的依赖度将大大降低，从而进一步巩固其强大的战略威慑力，提高美国外交政策的灵活度。

　　与此同时，生物燃料的发展也存在不可忽视的副作用。这里仅以农产品价格为例说明。2011 年，美国玉米产量的四成被用于生产燃料乙醇。从供应人畜的玉米中拿出如此大的比重来当汽车燃料，造成农产品市场上玉米供应减少，自然推高玉米价格。从 1997 年到 2006 年，美国玉米期货的价格在绝大多数时间都在每蒲式耳 3 美元以下。2006 年年底开始，玉米价格进入牛市，2008 年、2011 年和 2012 年三次涨到 7.5 美元。玉米价格的上涨造成主要农作物种植比例失调，于是小麦和大豆价格也跟着上涨，而且由于玉米是重要的动物饲料，玉米涨价又带动肉、蛋价格上涨。而作为全球领先的农产品生产国和出口国的美国和巴西，深谙生物燃料发展带来的价格连锁反应，目前都把生物燃料的发展作为调控农产品价格的重要手段。这种自利的政策往往导致国际市场粮食价格飞涨，从而推高全球通胀。此外，美国玉米乙醇的生产还给环境带来危害，造成土壤贫瘠和水污染，甚至危及美国农业安全②。

　　对于生物燃料来说，其前景有赖于第二代生物燃料开发上具有经济意义的技术进步。除了玉米和甘蔗，其他可被用于制造生物燃料的包括大豆、油棕榈、花生、蓖麻、向日葵等油料作物和甜高粱、甘薯、木薯等纤维原料。不过，用于制造生物燃料的农作物产量受制于天气，"靠天吃饭"和严重依赖

① 赵宇哲："美海军将大量购买生物燃料 价格与传统燃料相当"，http://news. qq. com/a/20131216/002230. htm，2014 年 1 月 9 日访问。

② Christopher Helman："玉米乙醇燃料才是真正的环境杀手"，http://www. forbeschina. com/review/201311/0029400. shtml，2014 年 1 月 4 日访问。

价格补贴使生物燃料这种混合燃料中的配角处境尴尬。有鉴于使用玉米等粮食作物生产燃料乙醇的副作用，研究人员目前正在开发第二代生物燃料，使用一种酶将植物的茎、木屑、废硬纸板或昆虫与甲壳类动物壳等废料发酵成生物乙醇。这种技术如能实现生物燃料的低成本量产，有望大大缓解玉米等农作物制成的第一代生物燃料发展所带来的诸多负面影响。

必须强调的是，第三次能源大转换只是刚刚开始露出端倪，全球范围内真正普遍关注这一问题的时间尚不足十年，这一时长在能源转换的时间维度下是非常短暂的。正是由于时间很短，因此已经显现的影响可能是非常局限的、难以持续的，长远和全方位影响仍待观察和揭晓。其中一个值得关注的话题是未来学家里夫金在《第三次工业革命》中提出的能源民主化。他认为，在以可再生能源为基础的第三次工业革命中，人人开发、享有和控制的分散式的可再生能源将成为全人类共享的公共物品，因此在前两次工业革命中屡屡出现的国家为争夺分布严重不平衡、需要高额投资和集中管理的化石能源而上演的激烈竞争将日益让位给全球合作，国家内部的治理模式将逐渐让位给洲际治理模式。果真如此，则很大程度上由能源分布、供求和运输等决定的全球地缘政治格局将被根本颠覆，世界经济格局也将发生巨变。这种理想化的预言能否成为现实，当然需要时间去验证，而不宜早下定论。

第四节　中国面对第三次能源大转换的选择

一、中国的能源供求情况和能源转换历程

（一）中国能源转换的历程

长期的内战和外部侵略，大大拉长了中国由薪柴主导的能源结构向煤炭主导的能源结构过渡花费的时间。自鸦片战争至中华人民共和国成立的一个多世纪里，中国屡遭外敌入侵和国内战争之苦。尤其是清朝灭亡后，中国的政府像走马灯一样更替，连年战争，根本不存在长时间集中发展经济的条件和环境。正是在这种动荡不安的环境下，中国从传统的薪柴经济向煤炭经济

的过渡被大大延缓：1900 年时，以煤炭为主的化石能源和水电仅占中国一次能源供应的 1%。1903 年，中国煤炭产量为 100 万吨，近半个世纪后的 1949 年才 3200 万吨左右。而且，需要注意的是，这些煤炭中的大部分都被外国势力掠夺，用于满足其自身的需要，并未用于中国的消费。

从能源的视角来看，1840 年鸦片战争开启的中国屈辱的近代史，是以薪柴为代表的传统能源体系不敌以煤炭为代表的现代能源体系（石油在后来加入）的结果，是有机能源体系被无机能源体系取代的结果。

1949 年中华人民共和国成立后，中国才加快了摆脱薪柴等传统生物质能的步伐。不过，由于数据的缺失，目前尚不明确中国过渡到薪柴主导的能源结构的确切年份。到 1965 年，以煤炭为主的化石能源和水电加在一起在一次能源供应中的比重上升至 50%，剩下 50% 为薪柴占据①。可以推测煤炭应是在这之后不久超越薪柴。而在同期，西方一些国家相继完成从煤炭时代向石油时代的跨越。也就是说，在能源结构上，中国与西方整整相差了一个"时代"。

这里需要注意的是，薪柴绝大部分是不在市场交易的，而是大量供应农村家庭自用。在扣除薪柴后的可交易的一次能源中，煤炭在 20 世纪 50 年代初所占比例就已超过 95%，1957 年的"一五计划"结束时仍在 90% 以上。在大庆油田投产后，1965 年煤炭占比降到 86% 左右，1970 年为 80%，1975 年 72%。改革开放后的 1980 年煤炭占比为 73%，1985 年超过 74%，2002 年降到 65% 以上，2008 年仍超过 70%。

自 1978 年年底中国开启改革开放进程以来，中国的能源结构变化并不明显。"富煤、贫油、少气"的能源禀赋，决定了中国煤炭主导的能源结构。2007 年年底公布的能源白皮书显示，1980 年煤炭在一次能源消费中的比重为 72.2%②。2014 年，这一比例仍高达 64.2%③。与煤炭相比，石油的地位要卑微得多。2002 年，石油占中国一次能源供应的约 24%，也是历史最高水

---

① Smil，V. Energy Transitions：History，Requirements，Prospects，California：ABC-CLIO，LLC，2010，pp. 95—96.

② 中华人民共和国国务院新闻办公室："中国的能源状况与政策"，http://www.gov.cn/zwgk/2007−12/26/content_844159.htm，2013 年 12 月 11 日访问。

③ 彭源长："我国煤炭消费总量首现下降"，http://www.cpnn.com.cn/zdzgtt/201501/t20150121_778878.html，2015 年 3 月 14 日访问。

平，2008 年这一比例降至不足 19％。① 国家统计局的统计显示，非化石能源
占中国一次能源消费比重由 2002 年的 7.3％提高到 2011 年的 8.0％。"十二
五规划"确定了一个约束性指标，到 2015 年该比重提升至 11.4％。

中国一次能源消费结构见表 6-1。

表 6-1 中国一次能源消费结构

	原 油	天然气	煤	核 能	水力发电	再生能源	能源消费总量
2003 年	22.1	2.4	69.3	0.8	5.3	—	1204.2
2004 年	22.4	2.5	68.7	0.8	5.6	—	1423.5
2005 年	20.9	2.6	69.9	0.8	5.7	—	1566.7
2006 年	20.4	2.9	70.2	0.7	5.7	—	1729.8
2007 年	19.5	3.4	70.5	0.8	5.9	—	1863.8
2008 年	18.8	3.6	70.5	0.8	6.6	—	2002.5
2009 年	17.7	3.7	71.2	0.7	6.4	0.3	2187.7
2010 年	17.6	4.0	70.5	0.7	6.7	0.5	2432.2
2011 年	17.7	4.5	70.4	0.7	6.0	0.7	2612.2
2012 年	17.7	4.7	68.5	0.8	7.1	1.2	2735.2

注：由 BP 历年世界能源统计计算得出，最后一列能源消费总量单位为百万吨油
当量。

（二）中国的能源供求情

1. 整体能源

改革开放以来中国经济的高增长建立在能源高消费的基础上。国家统计
局的数据显示，2012 年，中国的 GDP（现价折美元）为 82269 亿美元，为
2000 年 11985 亿美元的 6.86 倍；中国的能源消费总量为 25.32 亿吨标准油
当量，为 2000 年 10.19 亿吨标准油当量的 2.48 倍；中国人均能源消费量为

---

① Smil，V. *Energy Transitions*：*History*，*Requirements*，*Prospects*，California：ABC-CLIO，
LLC，2010，pp.95—98.

1.877 吨标准油当量，为 2000 年 0.807 吨的 2.33 倍。2012 年能源消费总量为 36.2 亿吨标准煤。

作为世界第一大能源生产国和消费国，由于自身能源禀赋不足、经济增长仍处于相对较快的阶段、人均能耗远未进入稳定期，中国能源供应的巨大压力仍将在未来相当长的一段时期内持续存在。目前，中国和印度两国占全球每年新增能源消费的近 90%。能源的持续高消费使得中国的能源对外依存度持续提高，能源安全形势严峻。能源净进口量占能源消费总量的比重从 2006 年的 2.8% 升至 2012 年的 15.5%。

2. 煤炭

BP 能源统计显示，2013 年中国煤炭产量占世界的 47.4%，在煤炭生产上地位让人不由得联想起 19 世纪中期的英国。消费方面，2013 年中国消费的煤炭首次超过世界煤炭消费总量的一半，达到 50.3%，远远超出排名第二的美国 (11.9%) 和排名第三的印度 (8.5%)。EIA 的数据显示，全球煤炭需求量 2000—2011 年增长约 26 亿吨，其中 82% 来自中国。2012 年我国煤炭消费总量为 35.2 亿吨，人均煤炭占有量为世界平均水平的 50%。中国煤炭工业协会预测，到 2020 年全国煤炭消费量将达到 48 亿吨左右[1]。

2009 年中国从传统的煤炭出口国第一次成为煤炭净进口国。2011 年中国煤炭净进口量首次跃居世界首位。2013 年中国煤炭净进口量升至 3.3 亿吨，连续第三年居世界首位，相比 2009 年增长了 162%[2]。煤炭对外依存度由 21 世纪初的 7% 上升到 2011 年的 14%。

3. 石油和天然气

我国油气人均剩余可采储量仅为世界平均水平的 6%，石油年产量仅能维持在 2 亿吨左右，常规天然气新增产量仅能满足新增需求的 30% 左右。与此同时，我国油气进口来源相对集中，进口通道受制于人，能源安全保障压力巨大。

国际社会一般将 50% 这一比例视为石油对外依存度的"安全警戒线"。

---

[1] 陈炜伟："中煤协预测：到 2020 年全国煤炭消费量将达约 48 亿吨"，http://news.xinhuanet.com/energy/2013-11/25/c_125755427.htm，2014 年 1 月 3 日访问。

[2] 郑跃声："2013 年我国进口煤炭 3.3 亿吨，增长 13.4%"，http://www.coalchina.org.cn/detail/14/01/10/00000060/content.html，2014 年 1 月 17 日访问。

1993 年，中国的石油消费结束了自给自足的年代，成为原油净进口国。之后，中国的石油进口依存度迅速提高，从 21 世纪初的 26％上升到 58％左右。自 2009 年以来，中国原油进口依存度已连续 5 年超过警戒线，并呈持续上升态势。天然气对外依存度 2013 年飙升 6 个百分点，首次突破 30％。与此同时，我国油气进口来源相对集中，进口通道受制于人，能源安全保障压力巨大。

近年来，中国石油年产量连续 4 年保持 2 亿吨以上，显示出 2 亿吨这一水平已经形成严重瓶颈。能源"十二五"规划对于 2015 年产量的预期仍是 2 亿吨，也就是零增长。与此同时，石油需求和进口水平却居高不下。BP 能源统计显示，2013 年中国消费的石油占世界的 12.1％，排名第二，石油生产占世界 5％。2013 年石油进口维持在 2.8 亿吨，与 2012 年持平。英国能源研究和咨询公司伍德·麦肯兹集团的报告预计，2017 年中国将超越美国成为全球最大的原油进口国[①]。国际能源署在 2013 年度世界能源展望报告中预计，中国大约会在 2030 年时超越美国，成为世界最大的石油消费国[②]。而英国石油公司早前发布的《2030 世界能源展望》预计，中国将在 2027 年取代美国，成为世界头号石油消费国[③]。国际能源署预计，到 2035 年中国能源消耗总量将比当前水平增长 50％；人均能源需求增长 40％，达到与欧洲相同的水平[④]。原工业和信息化部部长李毅中预计 2020 年中国进口原油依存度将达 69％。

BP 能源统计显示，2013 年中国消费的天然气占世界的 4.8％，与伊朗持平，距美国的 22.2％和俄罗斯的 12.3％有较大差距。不过，美国和俄罗斯本身就是生产大国，前者产量占世界的 20.6％，后者占 17.9％，而中国仅占 3.5％。中国常规天然气新增产量仅能满足新增需求的 30％左右。天然气对外依存度在 32％左右[⑤]。

---

① 宋扬："研究机构认为中国将成为全球最大原油进口国"，http://china.huanqiu.com/News/mofcom/2013-08/4283022.html，2014 年 1 月 5 日访问。

② International Energy Agency："WORLD ENERGY OUTLOOK 2013"，http://www.worldenergyoutlook.org/pressmedia/recentpresentations/londonnovember12.pdf，2013 年 12 月 21 日访问。

③ 路透社："中国 2027 年成头号石油消费国"，http://finance.cankaoxiaoxi.com/2012/0120/11397.shtml，2013 年 11 月 27 日访问。

④ 费磊："国际能源署：中国将成世界最大能源消费和石油进口国"，http://finance.sina.com.cn/china/20131127/104517451100.shtml，2013 年 12 月 15 日访问。

⑤ 刘展超："我国 2014 年天然气对外依存度 32.2％"，http://www.yicai.com/news/2015/01/4065535.html，2015 年 3 月 12 日访问。

4. 核能

中国核能行业协会的数据显示，2015 年一季度中国核电累计发电量约占同期全国累计发电量的 2.68%。而据世界核能协会的数据，截至 2014 年年底各国核电占本国总发电量的比例为：法国 76.9%、韩国 30.4%、美国 19.5%、俄罗斯 18.6%、德国 15.8%、中国大陆 2.4%。BP 能源统计显示，2013 年中国消费的核能占世界的 4.4%，远远落后于美国（33.4%）和法国（17%），也不及俄罗斯（6.9%）和韩国（5.6%）。

5. 可再生能源

BP 能源统计显示，2013 年中国消费的水电占世界的 24.1%，排名世界第一；水电以外的可再生能源消费占世界的 15.4%，不及排名第一的美国（21%），第三为德国（10.6%）。国际能源署预计，到 2035 年中国将是可生能源发电绝对量增幅最大的国家，增量超过欧盟、美国和日本增长的总和[①]。

二、中国进行能源转换的必要性之争

在论及中国的能源大转换之前，有必要提及"能源三角"。世界经济论坛（WEF）和著名管理咨询公司埃森哲联合提出了"能源三角"（如图 6-7 所示）的概念，表示一个能源体系提供安全、低廉且具有环境可持续性的能源供应的能力。换句话说，即以环境可持续发展的方式实现经济增长和发展，同时为人类提供可用能源并保障能源安全。"能源三角"既反映人们对于能源或能源体系所应达到的一种理想状态的期望，也代表着能源转换的实际影响。

在"能源三角"中，能源与经济增长和发展的关系是相互的。一方面，能源的使用是经济增长和发展的基础和保证，能源供应数量和价格上的优势有助于促进经济增长。另一方面，经济增长和发展带动能源消费增加。能源安全与一国在国际权力结构中的位置和地缘政治影响力，在国际能源市场中的位置和话语权，自身能源生产和进出口战略，进口来源地和出口目的地，能源价格的波动，能源的标价结算货币，能源运输的方式、路线和距离等因素密切相关。"能源三角"通常易被忽略的是环境可持续发展。

---

① 费磊："国际能源署：中国将成世界最大能源消费和石油进口国"，http://finance.sina.com.cn/china/20131127/104517451100.shtml，2013 年 12 月 15 日访问。

事实上，能源勘探、开采、加工、运输和消费的全过程都会对环境产生巨大影响，是环境破坏和恶化的主要源头之一。20 世纪 70 年代以来，世界对于环境保护和气候变化的重视程度和应对力度空前加强，越来越多的人认识到能源的大量、低效消费和能源结构的不合理是环境恶化和气候异常的主要元凶。

在实际中，"能源三角"往往不是图形中表现的等边三角形的样子。各国通常首先关注的是三角形最上边的一个角，即经济增长与发展，然后才去关注左下角的能源安全的问题。而三角形右下角的环境可持续问题处于关注的末端，只是在近几十年才受到越来越大的关注。

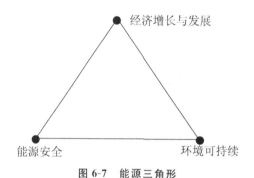

图 6-7　能源三角形

资料来源：参照世界经济论坛全球能源架构绩效指数报告自己制作。

中国是否有必要进行能源结构的转换，是一个有巨大争议的问题。从现实来看，煤炭主导的能源结构在推动中国经济持续快速增长、经济总量跃升至世界第二的同时，也在日益显现愈加突出的副作用。

支持能源转换最主要的理由正是大量使用煤炭正带来濒于失控的环境危机。煤炭和石油的大量使用是中国目前愈加严重的大气污染的元凶。在目前主要大气污染物中，50% 以上的总悬浮颗粒物、二氧化硫、二氧化碳、氮氧化物均来自煤炭燃烧[1]。披露并讨论中国环境问题的独立网站"中外对话"的编辑伊莎贝尔·希尔顿说，煤炭是中国大气污染的主要原因[2]。用国家发改委副主任解振华的话说，"雾霾天气主要是发展方式粗放、产业结构和能源

---

① 史立山："推动可再生能源发展 提高可再生能源消费比重"，http://news. bjx. com. cn/html/20131211/479248. shtml，2013 年 12 月 15 日访问。

② 英国《卫报》："研究称烧煤致 26 万中国人早亡"，http://china. cankaoxiaoxi. com/2013/1213/316547. shtml，2013 年 12 月 21 日访问。

结构不尽合理造成的，根源还在化石能源，一个是烧煤，一个是燃油，另外发展方式比较粗放造成大量排污"①。中国社会科学院发布的《气候变化绿皮书：应对气候变化报告（2013）》也指出，社会化石能源消费增多造成的大气污染物排放逐年增加，是我国近年雾霾天气增多的最主要原因。在中国社会科学院发布的《全球环境竞争力报告（2013）》绿皮书中，中国环境竞争力在报告覆盖的 133 个国家中排名第 87 位。其中，生态环境竞争力排倒数第十，空气质量排倒数第二。从反映空气污染程度的三项关键指标来看，细颗粒物（PM2.5）、氮氧化物和二氧化硫排放量，中国的位置分别为全球第四差、第二差和第三差。

京津冀地区是中国大气污染的重灾区，在环保部每月公布的空气质量最差的 10 个城市中，京津冀地区的城市所占席位很少低于 7 个。这与该地区冬季供暖和钢铁等重工业严重依赖煤炭的能源消费结构是密不可分的。除了燃煤外，汽车尾气是另一个主要污染源。目前京津冀及周边地区机动车保有量为 6000 万辆左右。②。中科院对于 2013 年 1 月京津冀区域 PM2.5 的来源解析显示，燃煤占 34%，机动车占 16%。2013 年 12 月的空气污染波及全国 25 个省份，100 多个大中城市，全国平均雾霾天数创 52 年来之最。严重的空气污染已经扩展到包括江浙在内的东部广大地区，而东部占全国煤炭消费量的近60%。除了空气污染，煤炭和石油的过度使用还导致大量水资源被消耗或污染，煤矸石大量堆积，占用和污染土地，酸雨影响面积达 120 万平方千米。酸雨严重降低农作物产量，危害人畜健康。我国每年因采煤破坏地下水资源超过 20 亿立方米，每开采 1 万吨煤炭造成的土地塌陷面积达 0.267 公顷③。

大气污染和其他的环境破坏正在对国人的生命和健康造成触目惊心的威胁。世界卫生组织 2013 年 10 月 17 日首次指出空气污染能够导致罹患癌症，并将"室外空气污染"列为一类致癌物。美国《国家科学院学报》刊登的一项研究结果显示，根据 1980—2000 年间搜集的数据，燃烧煤炭造成的污染使

①　张彬、杨烨："雾霾污染物来源仍成谜 官方频出招应对收效甚微"，http://news. dichan. si-na. com. cn/2013/12/10/977745. html，2013 年 12 月 29 日访问。

②　尹力："京津冀等七地联防共治机动车排放迈出实质性步伐"，http://finance. ifeng. com/a/20150604/13755432_0. shtml，2015 年 6 月 6 日访问。

③　武晓娟："煤炭适度开采提上日程"，http://news. bjx. com. cn/html/20131113/472351. sht-ml，2013 年 12 月 29 日访问。

中国北方的人口平均寿命减少了约 5 年。英国《柳叶刀》周刊 2012 年 12 月刊登的一项研究则称，中国每年因空气污染死亡的人数达 100 万人[①]。绿色和平组织委托美国一位研究空气污染的专家进行的研究估计，2011 年中国有26 万人因煤炭燃烧而寿命缩短，煤炭燃烧还引发了 32 万名儿童和 6.1 万名成年人哮喘、3.6 万名新生儿体重偏轻，而且还是 34 万人次就诊和 1.4 亿个病假的原因[②]。这种因大量使用煤炭而对生命和健康造成的损失，损害的是劳动力这个经济增长的原动力，将对中国经济的长期前景蒙上严重阴影。中国社科院副院长李扬曾公开表示，"如果在 GDP 中扣除生态退化与环境污染造成的经济损失，我国的真实经济增长速度仅有 5% 左右"[③]。

不仅如此，煤炭占绝对主导的能源结构使中国碳排放量居高不下，所承受的国际舆论和外交压力十分沉重。从 2002 年到 2012 年，中国占全球碳排放增量的近 4/5。作为世界头号碳排放国，中国占了 2012 年全球新增碳排放量的 70%[④]。与中国形成鲜明对比的是，美国这个碳排放第一大国在"页岩气革命"等措施影响下减排量跃居世界之首。

除了大量使用煤炭造成的环境和碳排放问题外，石油进口依存度的提高日益威胁中国的能源安全，也是促使中国能源结构调整的原因。

《第三次工业革命》的作者杰里米·里夫金指出，中国目前陷入两个截然不同的发展方向的角力之中。如果选择了第三次工业革命这条道路，那么中国极有可能引领亚洲和世界其他国家进入下一个伟大的经济时代[⑤]。

认为中国没有必要参与或推进能源转换的人，首先着眼于能源利用带来的经济增长和发展，往往忽视大气污染问题。他们指出，1978 年中国改革开放以来经济飞速发展，期间中国的能源结构变化极其轻微，这表明 1978 年来的经济发展和国力提升与能源结构和能源转换并无关联，或者即使有关联也很微弱。

---

① 彭博新闻社："页岩气如何拯救中国"，http://column.cankaoxiaoxi.com/2013/0712/238641.shtml，2013 年 12 月 10 日访问。

② 英国《卫报》："研究称烧煤致 26 万中国人早亡"，http://china.cankaoxiaoxi.com/2013/1213/316547.shtml，2013 年 12 月 21 日访问。

③ 章轲："社科院李扬：中国真实 GDP 增速仅 5% 左右"，http://finance.ifeng.com/news/macro/20121217/7440401.shtml，2013 年 11 月 23 日访问。

④ 李增伟、刘军国、青木等："西方减排大倒退引全球指责 没办法又拿中国说事"，http://news.sina.com.cn/w/2013-11-20/023528757102.shtml，2013 年 11 月 23 日访问。

⑤ 于涛、陈璐：《35 年后，中国或将脱离碳基能源》，《中国矿业报》2014 年 2 月 11 日 B01 版。

在条件不成熟的情况下推行能源转换，具体说就是降低煤炭在能源结构中的比重，会带来一系列中国难以承受的后果，包括：提高中国制造成本，降低产品国际竞争力，伤害出口；在国内非煤能源供应不能保证的情况下，大量依赖能源进口将降低中国的能源安全。

不过，上述说法经不起仔细推敲。出口产品的核心竞争力在于其附加值。依靠劳动力、原材料和能源的廉价获得的出口优势终不能长久。以加工贸易为例，处于加工贸易链条上最后一个环节的中国，表面上从中获得了大量贸易盈余，但实际上是让加工贸易货物的进口国享受了中国的廉价能源，而且中国从中获得的净利润远少于处于加工贸易链条上游的向中国出口零部件的国家，这些国家的能源成本往往高于中国。中国经济的转型包括出口的转型，而转型就意味着构建新的比较优势。在这方面，能源成本高昂的德国是中国的学习榜样。

三、中国能源转换的时机目前尚不成熟

对中国而言，能源结构上的政策和制度变革必须同时考虑"能源三角"涉及的三个方面的问题：其一，能源转换是否有利于促进中国的经济发展；其二，是否有利于维护中国的能源安全；其三，是否有利于环境可持续。从"能源三角"来看，中国目前煤炭绝对主导的能源结构对于保障能源安全的意义不容置疑，对于保障经济增长的作用也已得到充分证实，而在环境保护上则是严重的"短板"。大量使用煤炭造成的环境污染问题已经到了必须采取实质行动解决的时候。

最具争议的恰恰是上面提到的"能源三角"涉及的前两个方面的问题：改变煤炭主导的能源结构是否有利于促进中国的经济发展？是否有利于维护中国的能源安全？对这两个问题的回答要考虑时间因素。在煤炭的替代能源有效供给不足的情况下，盲目强行推进能源转换，显然是经济和政治上的"自杀"行为，将使中国经济立即陷入停顿和倒退，也无能源安全可言。但就长期而言，如果能够确保替代能源的有效供给，情况就会大不一样。

能源转换并非是纯粹主观意愿的结果，中国现阶段是否具备能源转换条件的问题必须结合历史上的能源转换来寻找答案。具体说，要从价格、供求、政策与制度、技术和能源特性这五个方面去分析。

　　首当其冲的是有关替代能源在技术上的缺陷。煤炭的高污染虽广受诟病，但风能、太阳能等可再生能源的间歇性使其只能居于配角地位。以发电为例，承担电力基础负荷的只能是煤电，而水电、天然气发电、风电和其他形式的电力只能用于调峰。从技术上看，不只是中国，整个世界都尚未出现能让可再生能源全方位、大规模取代不可再生能源的革命性技术进步。因此目前就大谈以可再生能源代替煤炭，在中国无异于痴人说梦。

　　就供应规模而言，不仅可再生能源与化石能源相比根本不可同日而语，化石能源中的油气资源与煤炭相比亦是如此。中国尚未完成工业化，目前较普遍的看法是中国正处于工业化的中后期。乐观的看法认为中国将在2015—2018年完成工业化，部分认为将在2020年完成工业化进程，还有的认为将在未来30年完成。由于中国能源消费体量巨大，几乎可以肯定即使现在就大刀阔斧地进行"去煤炭化"，也难以在30年内改变煤炭主导的能源结构，何况在没有与煤炭体量匹配的替代能源的情况下匆匆"去煤炭化"，只会意味着经济的"自杀"。在条件不成熟尤其是替代能源的供应量不能保证时，大幅弱化煤炭地位会立即造成国民经济各个行业出现"无米下锅"的窘境，工业化进程有功亏一篑的风险；不仅如此，作为全球第一大能源消费国的中国在能源上将完全受制于人，国家能源安全环境将大大恶化。

　　对中国这个全球能源消费第一大国而言，不用说以可再生能源取代化石能源，要想转换到西方国家当前油气主导的能源结构的前景相当渺茫。目前中国煤炭消耗数量超过世界煤炭消费总量的一半，其他能源在存量上根本不具备替代煤炭的实力。2013年9月国务院发布的《大气污染防治行动计划》提出，到2017年，煤炭占能源消费总量的比重降到65%以下[①]。按照国际能源署（IEA）的预测，到2035年，煤炭占中国一次能源消费的比例将从2011年的68%降至53%，天然气的份额从4%上升至12%。同期石油份额微弱增长，从16%增至18%，核能和可再生能源所占比例将大幅提升，从12%升至19%[②]。

---

　　① 国务院办公厅："国务院发布《大气污染防治行动计划》十条措施"，http：//www. gov. cn/jrzg/2013—09/12/content＿2486918. htm，2013年10月27日访问。

　　② 张旭东：《专访国际能源署署长范德胡芬：未来油价会高位运行》，《第一财经日报》2013年12月27日T34版。

由于中国石油产量有限，天然气革命尚与中国无缘，如若减少煤炭使用，留下的能源缺口在当今的市场环境中只能由进口石油和天然气来弥补。这意味着在世界油气产量和出口量未有大幅提高的情况下，石油和天然气价格在需求冲击下将出现狂飙突进式的猛烈上涨，从而对世界经济构成致命打击。正是在这个意义上，世界煤炭协会原主席弗雷德·帕尔默表示，中国的经济奇迹证明经济增长将不再是"零和博弈"，一个国家的崛起也不必以牺牲另一个国家的利益为代价[①]。这也从侧面显示出，中国能源结构依靠境外资源配置大规模转向油气在当前环境下是国际社会所不愿看到的，这与20世纪五六十年代全球石油开发热潮下西欧和日本转向石油的环境截然不同。这意味着主要依靠进口油气不应是中国能源转换的方向。

历史上，一些国家的煤炭主导地位被取代与煤炭供应的不稳定和下降有很大关系。煤炭供应的不稳定主要与煤矿工人的频繁罢工有关。进入20世纪后英美煤矿工人罢工次数和规模明显增加。日本的煤矿罢工在二战之前尚不明显，二战结束后则日益突出。煤炭供应的下降，这里指的不是短期和暂时的下降，而是长期的趋势性下降，战争的直接和间接影响造成这种下降的重要原因。煤炭在英国的地位受到了两次世界大战的严重冲击，在德国和日本则主要是受到二战的破坏。中国的情况与上述国家有很大不同。由于制度和体制的原因，中国不存在困扰煤炭行业的煤矿工人罢工的问题。在可预见的未来，在中国领土上发生战争的可能性也可以忽略不计。除非政府有目的地主动调控，否则中国的煤炭生产的稳定环境是可以保证的。

不过，也有乐观的看法。《第三次工业革命》的作者杰里米·里夫金就认为，中国在可再生能源方面的地位就像沙特在石油中的地位一样，中国每平方米的可再生能源潜力要远高于世界上其他大多数国家。他指出，中国页岩气资源潜在总量约是美国的两倍，而且中国拥有世界上最丰富的风力资源，其中海上风能资源占全球的3/4，预计到2030年风力发电能够满足中国全部的电力需求。此外，中国还是世界上太阳能资源最为丰富的国家之一，生物能与地热能的总量也相当可观[②]。

---

① 王琼杰：《煤炭工业发展前景看好——访世界煤炭协会原主席弗雷德·帕尔默》，《中国矿业报》2013年11月26日B01版。

② 于涛、陈璐：《35年后，中国或将脱离碳基能源》，《中国矿业报》2014年2月11日B01版。

再来看价格。由于能源价格并不包含其外部性的影响，可再生能源与不可再生能源相比存在巨大的价格劣势。以上网电价为例，煤电的平均标杆电价为 0.3 元/度，风电约为 0.5～0.6 元/度，天然气发电为 0.82 元/度[①]。通用电气（GE）在《中国的天然气时代：能源发展的创新与变革》白皮书中指出，中国目前煤炭的批发价格大约比天然气低 60%～70%。这使得煤炭在发电领域占有绝对的统治地位。事实上，如果煤炭价格计入其巨大的负的外部性，价格实际上将大大提高；而可再生能源的价格在计入其巨大的正的外部性，价格应该更低。中国主要能源价格对比如图 6-8 所示。

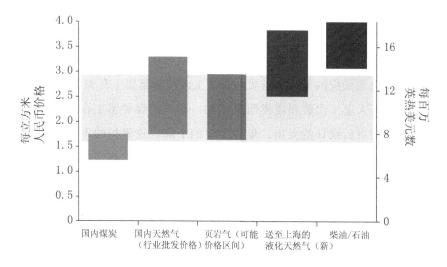

图 6-8 中国主要能源价格对比

资料来源：GE，《中国的天然气时代：能源发展的创新与变革》，2013 年 10 月 22 日。

最后是政策层面的问题。中国在能源结构上的政策和制度变革的主要压力来自前述"能源三角"中右下角的点，也就是环境可持续问题。具体来说，当前的大气污染能否倒逼中国能源结构转换，这要看大气污染的原因、严重程度和其在中国整体发展战略中的位置。总的来看，环保和气候问题开始具备影响能源政策的条件，但倒逼能源转换的力量还远未足够强大。

---

① 李毅、施智梁：《天然气发电知易行难》，《财经》2013 年第 36 期，第 138 页。

大气重污染被官方和媒体称为"雾霾"①。对于污染的来源，各界尚争论不休：环保部门有意淡化大气污染问题的严重性，甚至将污染直接归咎于天气，相当于完全推掉人为污染的后果，而且是本末倒置；煤炭企业着力强调自身开采过程中的绿色环保，将责任推到煤炭下游用户的粗放利用上，并以过去没有大气污染或污染程度低来否定煤炭是主要的污染源；石化行业将主要责任推到煤炭身上；汽车企业和汽车工业协会也将罪魁祸首归于煤炭，同时抱怨油品质量低劣；看似中立的科研机构得出的结论有偏袒个别行业如汽车行业之嫌，未能得到公众的普遍认可②；更有甚者，北京某官员称厨房油烟贡献不小；包括私家车主在内的社会大众只是在表达对空气污染的不满，却从不反思和主动改变自己高污染、高耗能的出行习惯和生活方式。既然大气污染原因都没有一个统一说法，社会各界远未形成共识，遑论倒逼能源结构转换？

再来看大气污染的严重程度。所谓"中国每年因空气污染死亡的人数达100万人"这样的说法含糊不清，实际上并没有明确煤烟的致死人数。中国卫生部2012年就已公布中国每年超过100万人因吸烟死亡。假如吸烟也可算作空气污染，那么煤炭和石油的"罪责"就可以大大减轻。2013年卸任中国卫生部部长的陈竺在与环保部相关人士合写并发表于2013年12月《柳叶刀》的文章中指出，中国每年有35万~50万人因户外空气污染过早死亡③。这一数字低于《柳叶刀》之前的一份报告。该报告估计，PM2.5仅在2010年一年内就致使120万中国人过早死亡。尽管外媒称陈竺是声称雾霾天气能致人死亡的最高级别政府官员，但他毕竟已经卸任，不能与现任官员言论的影响相比。

就发展阶段而言，中国尚未最终完成工业化，正处在为实现全面建成小康社会而奋斗的征程中，还只是一个具有中等收入水平的发展中国家。对当前的中国而言，发展仍是硬道理。空气的大面积严重污染虽然为中国调整能

---

① "雾霾"一词用于形容空气污染并不恰当，其他提法如"灰霾"也是如此。"雾"是由空气中的水汽凝结或凝华形成，《尔雅》上说："风而雨土曰霾"。如今雾霾出现时恰恰无风，且其中的颗粒物远不是土那么简单。

② 2013年12月30日中国科学院公布的一份研究报告称，汽车尾气污染仅占北京市大气污染源的4％。新华社发表文章援引一些专家的话对这一报告予以驳斥。譬如，北京市环保局提供的未注明日期的资料显示，汽车尾气对北京PM2.5的贡献度事实上为22.2％。

③ 陈竺："中国每年35万至50万人因空气污染过早死亡"，http：//china. cankaoxiaoxi.com/ 2014/0109/328740. shtml＃g313734＝1，2014年1月15日访问。

源结构提供了一个契机，但治理空气污染并不是问题的全部。现阶段的中国还不会为治污而给经济增长按下"暂停键"，大刀阔斧地规划调整能源结构。

不仅如此，改革开放以来中国并未真正经历过可与 20 世纪 70 年代影响西方的两次石油危机相比的能源供应危机，而且由于能源价格形成机制的特殊，中国也未真正经受过能源高价之苦，这造成从社会大众到决策者对于能源危机和能源转换的认识相对模糊和有限。就短期而言，经济增长和能源供应的安全而不是能源结构本身将依然是最大多数人关注的首要问题。最重要的因素可能是，中国并没有出现像 1952 年伦敦"烟雾事件"那样因明确原因造成短时间大量人员死亡的极端事件，因此政府并没有真正痛下决心改变能源结构，企业和民众更是缺乏反思。

即使中央政府有意压缩煤炭生产和消费，政策在地方政府手上能否得到有效执行也是问题。煤炭产地的地方政府对于推进以替代煤炭为核心的能源转换持抵制态度，建立在煤炭基础上的整个经济产业链条需要进行重组再造，其中阻力和困难极大。在中国的全部煤矿中，地方国有煤矿和乡镇煤矿数量占比高达约 85%，产量约占 47%，从业人员约占 39%[①]。尤其是乡镇煤矿，可以视为"小煤矿"的代名词，其数量众多，产量超过中央企业所属煤矿、国有重点煤矿和地方国有煤矿这三类中的任何一类。地方政府尤其是煤炭主产区政府出于自身利益考虑，恐怕很难在生产和环保等方面对地方煤矿严加调控。

四、第三次能源大转换时代的中国能源选择

中国是目前世界上能源消费量最多的国家，同时也是能源结构最落后的能源大国，一次能源结构中煤炭比重过高使中国成为温室气体排放增量最大的国家，同时也成为绝对排放量最大的国家。而在"页岩气革命"和其他减排措施的作用下，仅 2012 年美国就减少二氧化碳排放 7.6 亿吨，减排量居世界之首，美国温室气体排放总量一下降到 1995 年的水平。

遍观当今发达国家，没有一个完成工业化的过程不伴随着能源结构的转换。作为世界工业化先驱的英国，甚至在工业化开始之前就已经完成了从薪柴到煤炭的能源转换，而英国之所以率先完成工业革命正是得益于此。作为后来

---

① 聂瑞涵：《煤炭大军大起底》，《中国煤炭报》2013 年 8 月 26 日第 3 版。

者的日本，在其工业化的百年里，先后经历了从薪柴到煤炭和从煤炭到石油两次能源转换的过程。当然，这只是一个观察到的现象，并不代表必然的规律。

中国的情况较为特殊。考虑到中国已进入工业化的后期阶段，不出意外，中国将在煤炭依旧占据能源消费结构主导地位的情况下最终完成工业化。也就是说，中国的工业化进程并不伴随能源结构的转换。

但毫无疑问，工业化并不是中国发展的最终归宿。在第三次能源大转换的端倪已在全球显现，世界范围内天然气革命、可再生能源革命渐成燎原之势的情况下，中国需要审视自身能源结构的问题，通过长期而周密的规划和不懈的努力抢占国际竞争的战略制高点。

考虑到经济发展的阶段差异，中国应该制订短期和长期的应对策略。这里的短期和长期没有绝对、明确的划分界限，要根据国内外客观环境的条件的变化而定。一个简单的处理方式是，短期至少是在实现第一个一百年全面建成小康社会这个时间之前。

就短期而言，经济增长和能源供应的安全而不是能源结构本身将依然是最大多数人关注的首要问题。这一阶段应在如下方面采取行动，为日后的能源结构调整打好基础，包括：破除能源领域一切垄断并使市场发挥决定性作用；环保、能效和节能三管齐下；大力发展洁净煤技术。需要注意的是，市场的决定性作用并不是政府完全放手不管。政府应该做的是：提高环保标准，更关键的是真正落实环保方面的法律法规；提高能源利用效率，降低国民经济各个环节的能耗强度；节约能源，最大限度地遏制能源浪费。

近年来，中国实施积极的煤炭进口政策，屡次降低煤炭进口门槛。2005年将炼焦煤进口关税暂定税率下调为零；2008年将所有煤炭进口关税暂定税率下调为零；2012年又将煤化程度最低的褐煤的进口关税也进一步取消。关税取消的结果是中国煤炭进口数量激增，其中包括主要来自印尼和越南的大量低热值、高灰分、高硫分的劣质煤炭。据估计劣质煤进口占煤炭总进口的至少三成。这些煤炭主要用来发电。进口的劣质煤由于价格低廉而受到电厂的欢迎，但却严重挤压了国内煤企的利润空间，加剧了国内空气污染程度[①]。对于是否应该在政策层面上限制劣质煤进口，国内各界的意见并不统一。就

---

① 许一力：《大量劣质煤为何涌入中国》，《中国矿业报》2013年6月6日A06版。

政府而言，与其落个干预企业自主采购煤炭和阻碍自由市场运作之嫌，倒不如在环保上加强监管。电厂等企业可以继续进口廉价的劣质煤炭，但在各项污染物排放上必须达标。不仅如此，作为治理空气污染的长期行动的一部分，环保标准必须不断提高。企业使用劣质煤如果能够持续达到环保等监管标准，政府就无干预的必要；如果达不到标准，则企业会自动放弃进口劣质煤。

一直以来，环保部门都被视为"清水衙门"。中国的环保部部长甚至自嘲说，所领导的环保部是世界上四大尴尬部门之一。这种尴尬反映出环保在国家发展战略和民众意识中的地位靠后，以致环保的法律法规和政策目标往往流于形式，得不到有效贯彻执行。以用煤大户钢铁行业为例，国内 2/3 的钢铁烧结机没有安装脱硫设备，已经安装的其脱硫平均综合效率值远低于设计值和国家减排要求。好多企业迫于环保部门的压力安装了环保设备，但实际上却从不或极少开机运转，还有很多中小钢厂干脆就没有环保设备[1]。这种环保规定不能落实的局面亟待扭转。

长期而言，能源转换作为国家战略必须提上议事日程。要适时调整发展与环保在国家整体战略中的优先次序，并适时明确能源结构调整的长期目标。

令人欣慰的是，近年来中国在清洁能源投资方面一直位居全球前列。2009 年，中国首次超过美国，成为全球向清洁能源投资额最高的国家。之后，这一桂冠除了在 2011 年被美国短暂夺回以外，一直为中国所有。据彭博新能源财经的数据，2014 年中国的清洁能源投资总额达 895 亿美元，创历史新高，占全球的 29%，比排名第二的美国高出 70% 还多。不仅如此，中国还是世界上最大的风能和太阳能设备制造基地及对这些设备需求最大的市场。假以时日，中国煤炭占绝对主导地位的能源结构应该会逐步转向煤炭与非煤能源更为均衡的结构，进而转向化石能源与非化石能源更为均衡的能源结构。届时，中国的国家竞争力和国际地位与今日相比将不可同日而语。

---

[1] 冯庆艳：《钢企曝环保账作弊》，《华夏时报》2013 年 7 月 8 日 018 版。

结　语

一、总结

在古希腊神话中，巨人安泰俄斯是大地女神盖亚和海神波塞冬的儿子，他力大无穷，而且只要他保持与大地的接触，他就是不可战胜的，因为这样他就可以从他的母亲那里持续获取无限的力量。大力神赫拉克勒斯在与安泰俄斯决斗时发现了这一点，于是就将安泰俄斯举到空中使其无法从大地那里获取力量，最后置其于死地。这个故事中安泰俄斯与盖亚的关系，用来形容国家、社会乃至文明本身与能源的关系，可能是再贴切不过了。古今中外，下至个人，上至国家和整个文明体系，都须臾不能离开能源。只有借助能源，照明、加热（包括取暖）和机动这些人类基本的需求才能被满足。

能源的类别多种多样。人类社会的某个发展阶段使用哪些能源以及使用这些能源的方式、规模和效率，既由该阶段的发展水平所决定，也决定了发展阶段本身的性质。原始社会极其低下的社会生产力发展水平，决定了当时茹毛饮血的生产方式。而极低的能源消费，也决定了人们共同占有生产资料和劳动产品的原始公有制。其后的奴隶社会和封建社会，社会生产力发展水平大大提高，能源消费数量随之增加，但由薪柴、水力和风帆构成的能源体系决定了社会经济发展的"天花板"位置很低。能源结构由薪柴主导向煤炭主导的转换，是人类社会历史上的第一次能源大转换。能源结构从煤炭居首向石油居首的转换，是人类社会历史上的第二次能源大转换。随着天然气和可再生能源的发展，第三次能源大转换已经初现端倪。

从历史和整体的角度来讲，使用哪种能源，从来都不是随心所欲的。换句话说，从使用一种能源转换到使用另一种能源，也并非完全是主观意志的产物。恩格斯曾经指出："历史是这样创造的：最终的结果总是从许多单个的意志的相互冲突中产生出来的，而其中每一个意志，又是由于许多特殊的生活条件，才成为它所成为的那样。这样就有无数互相交错的力量，有无数个力的平行四边形，由此就产生出一个合力，即历史结果。"这个论断在解释能源转换时完全适用。

能源结构的转换并非单一因素导致的结果，而是"无数互相交错的力量"作用的结果。价格的变化无疑是能源转换的重要推动力量。在第一次能源大转换的过程中，英国出现了严重的薪柴危机，薪柴价格相对于煤炭价格的大幅上涨，是薪柴被煤炭取代的重要原因。不过，价格因素绝不是唯一和绝对的。即使新兴能源的价格高于旧有能源，新兴能源照样能够取代旧有能源。也就是说，新兴能源价格低于旧有能源价格是新兴能源取代旧有能源的充分而非必要条件。这一点从二战后石油在美国超过煤炭跃居能源结构首位的历史中可以得到验证。这也意味着，在未来的第三次能源大转换的过程中，新兴能源的绝对价格水平不一定非要低于石油和煤炭等传统能源的价格，只要两者的价格水平缩小到一定范围，能源转换照样可以大规模出现。

具体来说，能源转换的成因大致包括五个方面：新旧能源的相对价格变化；新旧能源的供求态势变化；技术进步；政策变革；新旧能源相比在品质上的变化。这五个因素，既相对独立，又相互关联。就其相互关联而言，商品的价格取决于其供求情况，或者反过来说供求决定价格；价格变化会刺激技术进步，技术进步又带来价格变化；价格变化诱发政策变革，而价格补贴和调控等政策手段又直接影响最终价格；技术进步和政策的变革都会带来供应的提高。正是在上述因素的共同作用下，能源转换才得以顺利发生并完成。

政治因素在能源转换中发挥着重要作用，能源转换的过程也是利益集团博弈的过程。这里的利益集团博弈既包括既有能源相关的利益集团和新兴能源相关的利益集团的博弈，也包括国内利益集团与国外利益集团的博弈。

政治因素主要体现为政策变革。政策因素在能源转换中所起的作用，是与政府对能源领域和行业的干预密不可分的。纵观世界各国，能源领域和行业都是政府介入程度最深、干预力度最大的行业之一。这与能源自身的基础地位息息相关：能源是长期经济增长不可替代的根基；能源事关国家安全，塑造国际权力和地缘政治格局。因此，国家出于维护自身安全和促进经济发展的需要，会对生产和使用一种能源而不是另一种能源作出整体上的安排。

随着全球化的发展、国际关系的演进和大国竞争的加剧，一国的能源结构不再完全由该国自身决定，而是越来越多地受到其他国家、国际组织和跨国公司等国际行为体的影响。最为明显的是，一国政府会为了达到影响甚至控制特定对象国的战略目的，而有意通过相关政策影响对象国的能源结构及其变迁。

而且，在新兴能源价格低于旧有能源的情况下，价格所起的作用也并非"纯净"和"彻底"，而是掺进了政治的元素。能源作为一种特殊的战略商品，比其他商品更容易受到操纵和管制。如二战后美国对西欧市场石油价格的刻意压低，在很大程度上加速了西欧转向石油为首的能源结构。价格在这里确实起了作用，但这种价格是被操纵的价格，不是在市场自发的出清机制下形成的结果。

率先完成能源转换的国家，能够获得其他国家所不具备的先发优势，这种优势是其成为国际体系中领导国家的重要筹码。

能源转换，即能源结构和体系的转换，意味着文明体系的转换或升级。伴随着第一次能源大转换的发生，人类社会由农业社会进入工业社会，由农耕文明进入工业文明。伴随着第二次能源大转换的发生，主要发达国家完成了持续百年的工业化，越来越多的国家和地区被纳入到工业化和现代文明的进程。

正所谓"江山代有才人出，各领风骚数百年"。历史上已完成的仅有的两次能源大转换，由两个不同的国家引领，各自开创了自己的霸权时代。

引领第一次能源大转换的是英国。在其能源转换启动之时，薪柴危机使这个当时的欧洲三流国家的发展遭遇严重瓶颈。17世纪末18世纪初率先完成的能源转换，和1688年的"光荣革命"一起，为英国的发展奠定了他国无法比拟、在当时也未充分认识的"双轮驱动"优势。此后的一个多世纪，英国迅速成为世界的中心，"日不落帝国"的荣光照耀全球。

引领第二次能源大转换的是美国。在其完成能源转换之时，美国经历两次世界大战的洗礼，已成为世界上最强大的国家，昔日霸主英国则奄奄一息。美国依靠其无与伦比的军事实力、对中东石油的控制和建立在石油基础上的美元霸权，塑造了影响至今的西方主导的国际秩序。

这里所说的先发优势主要体现在两个方面：一是通过降低能源的价格、促进产业结构嬗变，以及推动基础设施体系升级来刺激长期经济增长；二是通过提升军事优势和出口优势来塑造国际权力和地缘政治格局。

当然，考虑到能源转换的复杂性，在能源转换上的先发优势究竟最终能否体现为国家在国际体系中的领导优势，要受到诸多前提条件的制约。第一，要看能源转换的方向是否顺应了人类能源使用的大趋势。第二，单一和局部的能源转换与整体和全局意义的能源转换意义迥异。

新一轮能源大转换也即第三次能源大转换尽管拥有一系列有力条件和环境，但阻力和困难也同样很大。在前述能源转换的五大成因中，前三个因素，即价格、供求和技术都不利于新一轮转换的发生。后两个因素，即政策和能源品质的影响属于中性：就能源政策而言，既有因担心能源安全和气候环境问题而支持能源转换的有利一面，也有能源政策反复无常的不利一面；就能源品质而言，可再生能源既有环境友好的一面，也有分散和间歇的另一面。总的来看，新一轮能源大转换虽初现端倪，但持续稳步推进和最终顺利完成则远未胜券在握，很可能要经历极其漫长的过程。

就已经显露的部分而言，不难看出天然气革命似乎比可再生能源革命有着更快和更明显的影响。这显示出能源转换的未来路径很可能不会出现跳跃式变化，而是可能循着固体能源→液体能源→气体能源→可再生能源的路径演化。第三次能源大转换最终影响如何，目前还未有定论。历史给我们的启示是，其影响会很大，关系到经济实力对比的变化以及国际权力和地缘政治格局的再造。

二、本书可能的新意

正所谓"阳光底下无罕事"，创新本身非常困难。以下几点是前人很少尝试的地方，也算是本书可能的新意。

第一，对能源转换的长周期和系统分析本身填补了国内相关领域的研究空白。就能源转换问题而言，国内的研究多由能源领域的研究者和从业者进行，其局限有二：一是通常更多关注的是技术性的问题；二是往往局限于国内改革开放以来的能源问题，关注的时长和对象都过于狭窄。本书运用政治经济学的方法和理论，关注世界范围内长周期的能源转换历史，正是打破上述局限的一种尝试。

第二，从能源及能源转换的角度去分析英美霸权的形成。前人对于英美霸权的研究可谓汗牛充栋，研究角度五花八门，几乎无所不包，涵盖经济实力、贸易、产业演进、创新、金融、产权制度、国家模式、海权、军事、地缘位置、文化和宗教等方方面面。不过，单独从能源及能源转换的角度进行的详细分析和阐述仍十分罕见。

三、本书的不足之处

本书的不足之处包含以下几点。

第一，除了少数几处借鉴前人的定量分析的结果外，全文基本上采用的是定性分析的方法，未建立定量研究模型进行科学的计量分析。比如，在能源转换的成因部分，未能运用计量的手段对五大成因的重要程度给出明确的数字比例；再比如，在能源转换的影响部分，未能明确能源在拉动长期经济增长中所占的具体权重。

第二，文章由于采用长周期的视角，因此只能对一些国家的能源转换展开有关成因和影响的研究，在此过程中会遗漏掉许多其他国家的分析样本。这些国家的能源转换同样值得深入探究，未能将其全面纳入实乃憾事。

四、需要进一步讨论的问题

本书回顾了人类历史上的两次能源大转换，对一些国家能源转换的特征、成因和影响进行了分析，并在此基础上分析了初露端倪的第三次能源大转换。由于种种限制，有些问题并未在文中提及或做进一步深入探讨，需留待日后进一步研究。

需要进一步研究能源这个器物层面的要素与制度层面的关联渠道。

法国历史学家布罗代尔将文明划分为三个层面，即器物层面、制度层面和观念层面。按此分法，本书讨论的能源问题无疑将被划入器物层面。这样，本书可能会给人留下所谓的物质决定论（具体在这里就是能源决定论）的印象，尽管这并非本书的初衷，笔者也并不认同能源决定论。

其实，笔者认为能源这个器物层面的因素是与制度密切相关的。这在文中已经有所反映。在谈到能源转换的影响时，除了长期经济增长和权力与地缘政治格局这两个方面或渠道外，本书还对能源转换促进货币霸权主要是美元霸权展开了分析。实际上，货币本身正是一种制度安排。

就制度变迁而言，其出现主要是由于以下几个方面的原因，包括：制度选择集合的变化、技术的变化、要素和产品相对价格的长期变化，以及其他制度的变迁[①]。诺斯将相对价格的根本性变化视为制度变迁的最重要来源。相对价格的变化，包括要素价格比率的变化、信息成本的改变和技术的变化等。当然，他还提到制度变迁仅有的另一来源，即偏好的改变或者说观念的变化[②]。这样，能源转换与制度变迁便由于相对价格的变化而联结在一起。更明确地说，能源转换促成了制度变迁。由于能源的基础地位，能源方面的相对价格变化可以说是制度变迁最重要的来源之一。而且，能源与人口、土地这些生产要素之间存在着紧密联系，这在第一次能源大转换期间表现得尤为明显。

本书除了阐述第二次能源大转换与美元霸权确立之间的关联外，并未对能源转换与制度变迁的更为广泛的关联渠道进行深入梳理。而这些内容是值得进一步深入探究的。

[①] 张宇燕、李增刚：《国际经济政治学》，上海人民出版社 2008 年版，第 145 页。

[②] ［美］道格拉斯·C. 诺思：《制度、制度变迁与经济绩效》，上海人民出版社 2008 年版，第 115—117 页。

参 考 文 献

英文参考文献

（一）英文专著

［1］ Wrigley, E. A. Energy and the English industrial revolution. Cambridge University Press, 2010.

［2］ Smil, V. Energy transitions: history, requirements, prospects. Santa Barbara, California: ABC-CLIO, 2010.

［3］ Podobnik, B. Global energy shifts. New Delhi: TERI Press, 2006.

［4］ Sovacool, Benjamin, and Scott Victor Victor Valentine. The national politics of nuclear power. Routledge, 2012.

［5］ Eden, R. J. Energy economics: growth, resources, and policies. Cambridge: Cambridge University Press, 1981.

［6］ Schurr, Sam H. , et al. Energy in the American economy, 1850—1975. Baltimore: The Johns Hopkins Press, 1960.

［7］ Mitchell, B. R. Economic development of the British coal industry, 1800—1914. Cambridge: Cambridge University Press, 1984.

［8］ Broadberry, S. , & O'Rourke, K. H. The Cambridge Economic History of Modern Europe. Volume 1: 1700—1870. Cambridge: Cambridge University Press, 2010.

［9］ Stearns, P. N. The industrial revolution in world history. Boulder, Colorado: Westview Press, 1993.

［10］ Dormois, J. , and Michael Dintenfass, eds. The British industrial decline. London and New York: Routledge, 1999.

［11］ Clark, John G. , The political economy of world energy: A twentieth-century perspective, Hertfordshire: Harvester Wheatsheaf, 1991.

［12］ Wrigley E. A. Poverty, progress, and population, Cambridge: Cambridge University Press, 2004.

［13］ Duckham B F. Canals and river navigations. Transport in the Industrial Revolution. Manchester,

Manchester University Press,1983.

［14］Jiusto, S. "Energy transformations and geographic research". In Castree, Noel, et al. eds, A companion to environmental geography, West Sussex: Blackwell Publishing Ltd. ,2009.

［15］Melosi, M. Energy transitions in historical perspective. In The Energy Reader, L. Nader, ed. West Sussex:John Wiley & Sons,2010.

［16］Hein,Laura Elizabeth. Fueling growth:the energy revolution and economic policy in postwar Japan. No. 147. Harvard Univ Asia Center,1990.

［17］Robelius,Fredrik. Giant oil fields-the highway to oil:GIant oil fields and their importance for future oil production. Uppsala,Sweden:Uppsala University,2007.

［18］Shaffer,E. The United States and the control of world oil. London and Canberra:Croom Helm,1983.

［19］Milward,A. S. The Reconstruction of Western Europe,1945—1951. Routledge,2004.

［20］Considine,Jennifer I. ,and William A. Kerr. The Russian oil economy. Cheltenham & Northampton,MA:Edward Elgar,2002.

［21］Grubler, A. Energy transitions. In Cleveland, C. J. Encyclopedia of Earth, Washington etc ：NCSE etc,2008.

［22］De Vries,Jan,and Ad Van der Woude. The first modern economy:success,failure,and perseverance of the Dutch economy,1500—1815. Cambridge University Press,1997.

［23］Issawi, C. , & Yeganeh, M. The Economics of Middle Eastern Oil. New York: Frederick A. Praeger,1962.

［24］McKinnon,Ronald I. Money in International Exchange:The Convertible Currency System. Oxford University Press,1979.

(二)英文论文

［1］Marchetti,C. Primary energy substitution models:on the interaction between energy and society. Technological Forecasting and Social Change,10(4),1977.

［2］Smil,V. "Perils of long-range energy forecasting:reflections on looking far ahead". Technological Forecasting and Social Change,65(3),2000.

［3］Pindyck,R. S. "Interfuel substitution and the industrial demand for energy:an international comparison". The Review of Economics and Statistics,61(2),1979.

［4］Renou-Maissant,P. "Interfuel competition in the industrial sector of seven OECD countries". Energy policy,27(2),1999.

［5］ Söderholm,P. "Fuel flexibility in the West European power sector". Resources Policy,26 (3),2000.

［6］ Cho,W. G. ,Nam,K. ,& Pagan,J. A. "Economic growth and interfactor/interfuel substitution in Korea". Energy Economics,26(1),2004.

［7］ Leach,G. ,"The energy transition". Energy policy,20(2),1992.

［8］ Kern,F. ,& Smith,A. ,"Restructuring energy systems for sustainability? Energy transition policy in the Netherlands". Energy Policy,36(11),2008.

［9］ Fouquet,R. "The slow search for solutions:Lessons from historical energy transitions by sector and service". Energy Policy,38(11),2010.

［10］ Nef,J. U. Prices and Industrial Capitalism in France and England,1540—1640. The Economic History Review,7(2),1937.

［11］ Fouquet, R. ,& Pearson,P. J. A thousand years of energy use in the United Kingdom. Energy Journal,19(4),1998.

［12］ Nef,J. U. The Progress of Technology and the Growth of Large-Scale Industry inGreat Britain,1540—1640. Economic History Review,5(1),1934.

［13］ Nef, J. U. A Comparison of Industrial Growth in France and England from 1540 to 1640. The Journal of Political Economy,44(3),1936.

［14］ Siegfried, A. "The Passing of England's Economic Hegemony". Foreign Affairs, 6 (4),1928.

Painter,D. S. Oil and the Marshall plan. Business history review,58(3),1984.

［15］ Asafu, A. J. The Relationship between Energy Consumption,Energy Prices,and Economic Growth: Time Series Evidence from Asian Developing Countries, Journal of Energy Economics,2000(6):615—625.

［16］ Mehrara, M. Energy Consumption and Economic Growth: The Case of Oil Exporting 17. Countries,Energy Policy,2007,22(2):77—106.

［17］ Soytas, U. and Sari, R. Energy Consumption and GDP: Causality Relationship in G7 Countries and Emerging Market,Journal of Energy Economics,2003,25:33—37.

［18］ Stern,D. I. A Multivariate Cointegration Analysis of the Role of Energy in the US Macroeconomy,Journal of Energy Economics,2000(2):267—283.

［19］ Mundell, R. A. ,The International Financial System and Outlook for Asian Currency Collaboration. The Journal of Finance,Vol. 58,2003.

［20］ Tavlas ,G. ,"The International Use of the US Dollar",World Economy,Vol. 20,1997.

［21］ Tavlas ,G. ,On the International Use of Currencies:the Case of the Deutsche Mark,

IMF Working Paper,1990,No. 90/3.

［22］ Hayek," Denationalization of MoneyLondon", London: Institute of Economic Affairs,1978.

［23］ Bergsten,C. Fred. ,The Dilemmas of the Dollar: the Economics and Politics of United States International Monetary Policy. Published for the Council on Foreign Relations by NewYork University Press,1975.

［24］ Swoboda A. K. ,Vehicle Currencies in the Foreign Exchange Market: The Case of the Dollar. In: Aliber R. Z,Ed. The InternationalMarket forForeign Exchange,Praeger,New York,1969.

［25］ Swoboda, A. and Mundell, R. A. , Monetary Problems of the International Economy. University of Chicago Press,1969.

［26］ Krugman,Paul,"Vehicle Currencies and the Structure of International Exchange",Journal of Money,Credit and Banking,1980.

［27］ Rey, H. , " International Trade and Currency Exchange ", Review of Economic Studies,2001.

［28］ Devereux,Michael B. and Engel,Charles,"Monetary Policy in the Open Economy Revisited: Price Setting and Exchange Rate Flexibility. "NBER Working Paper,National Bureau of Economic Research,2000.

［29］ Wilander, F. , An Empirical Analysisof the Currency Denomination in International Trade. Stockholm School of Economics. 2006. http://www. snee. org/filer/papers/262. pdf

［30］ Donnenfeld S. , Zilcha I. , Pricing of Exports and Exchange Rate Uncertainty. International Economic Review,1991,32:1009—1022.

［31］ Donnenfeld S. ,Haug Alfred. ,Currency Invoicing of US Imports,International Journal of Finance and Economics,2008,13:184—198.

［32］ Goldberg Linda S. ,Tille Cédric. Vehicle Currency Use in International Trade. Journal of International Economics,2008,76:177—192.

［33］ Oi Hiroyukj,Otani Akira,Shirota Toyoichiro,The Choice of Invoice Currency in International Trade: Implications for the Internationalization of the Yen,Monetary and Economic Studies,2004(March). 27—63.

［34］ Bacchetta Philippe,van Wincoop Eric. ,Does Exchange Rate Stability Increase Trade and Welfare? , American Economic Review,2000,90:1093—1109.

［35］ Bacchetta Philippe,van W incoop Eric. A Theory of the Currency Denomination of International Trade,Journal of InternationalEconomics,2005,67(2):295—319.

［36］ Fukuda Shin-ichj，Ono Masanori，On the Determinants of Exporters'Currency Pricing：History vs Expectations ，Journal of the Japanese and International Economics，2006，20：548—568.

［37］ Mckinnon，R. I. ，"Portfolio Balance and International Payments Adjustment,"in Monetary Problems of the International Economy，Chicago：Chicago University Press，pp. 199—234，1969.

［38］ Bilgin，M. "Energy Supply Security Problems and Alternative Solutions". Working Paper，Turkey's Strategic Vision in 2023 Project，Istanbul，TASAM，2008.

［39］ Markusen，R. ，First Mover Advantages，Blockaded Entry，and the Economics of Uneven Development. National Bureau of Economic Research. NBER working paper，No. 3284，1990.

［40］ Rutter，P. &. Keirstead，J. A brief history and the possible future of urban energy systems. Energy Policy，50，2012.

［41］ Zeeuw J W. "Peat and the dutch golden Age：The historical meaning of energy attainability"，AAG Bijdragen，vol. 21，1978.

（三）英文网络资料

［1］ Arnulf Grubler. Energy transitions［EB/OL］. http：//www. eoearth. org/view/article/152561/，2013-3-12.

［2］ Eurostat. Energy production，2003 and 2013［EB/OL］. http：//ec. europa. eu/eurostat/statistics-explained/index. php/File：Energy_production，_2003_and_2013_（million_tonnes_of_oil_equivalent）_YB15. png＃filehistory，2015-10-24.

［3］ The European Commission. Energy challenges and policy［EB/OL］. http：//ec. europa. eu/europe2020/pdf/energy2_en. pdf，2013-11-12.

［4］ Eurostat. Main origin of primary energy imports，EU-28，2003—13［EB/OL］. http：//ec. europa. eu/eurostat/statistics-explained/index. php/File：Main_origin_of_primary_energy_imports，_EU-28，_2003％E2％80％9313_（％25_of_extra_EU-28_imports）_YB15. png，2015-10-24.

［5］ Jeroen C. J. M. van den Bergh &. Frans H. Oosterhuis. An Evolutionary Economic Analysis of Energy Transitions［EB/OL］. http：//www-sre. wu. ac. at/ersa/ersaconfs/ersa05/papers/823. pdf，2013-5-23.

［6］ Peter A. O'Connor. Energy Transitions［EB/OL］. http：//www. bu. edu/pardee/files/2010/11/12-PP-Nov2010. pdf，2013-4-3.

［7］Rebecca J. Elias & David G. Victor. Energy Transitions in Developing Countries：a Review of Concepts and Literature ［EB/OL］. http：//www. trunity. net/files/158401_158500/158492/elias-and-victor-2005. pdf，2013-4-7.

［8］Eurostat. Energy trends［EB/OL］. http：//ec. europa. eu/eurostat/statistics-explained/index. php/Energy_trends♯Energy_dependency，2015-10-24.

［9］EIA. Annual Energy Outlook 2015［EB/OL］. http：//www. eia. gov/forecasts/aeo/tables_ref. cfm，2015-6-29.

［10］Oliver Joy. After Fukushima：Could Germany's nuclear gamble backfire? ［EB/OL］. http：//edition. cnn. com/2013/09/27/business/german-offshore-wind-farms/index. html，2013-11-21.

［11］The European Commission. Energy challenges and policy［EB/OL］. http：//ec. europa. eu/europe2020/pdf/energy2_en. pdf，2013-11-12.

［12］The world bank. Getting electricity：Measuring reliability，prices and transparency［EB/OL］. http：//www. doingbusiness. org/reports/case-studies/2015/ge，2015-8-23.

［13］United Nations. World Population 2012［EB/OL］. http：//www. un. org/en/development/desa/population/publications/pdf/trends/WPP2012_Wallchart. pdf，2014-2-5.

［14］International Energy Agency. WORLD ENERGY OUTLOOK 2013 FACTSHEET ［EB/OL］. http：//www. worldenergyoutlook. org/media/weowebsite/factsheets/WEO2013_Factsheets. pdf，2014-1-26.

［15］U. S. Energy Information Administration. Short-Term Energy Outlook December 2015 ［EB/OL］. http：//www. eia. gov/forecasts/steo/pdf/steo_full. pdf，2015-12-20.

［16］International Energy Agency. WORLD ENERGY OUTLOOK 2013 ［EB/OL］. http：//www. worldenergyoutlook. org/pressmedia/recentpresentations/londonnovember12. pdf，2013-12-21.

［17］Eurostat. Energy dependency rate，EU-28，2003—13［EB/OL］. http：//ec. europa. eu/eurostat/statistics-explained/index. php/File：Energy_dependency_rate，_EU-28，_2003％E2％80％9313_（％25_of_net_imports_in_gross_inland_consumption_and_bunkers，_based_on_tonnes_of_oil_equivalent）_YB15. png，2015-7-3.

［18］Afonso H. M. Santos. Brazilian Energy Overview ［EB/OL］. https：//lucian. uchicago. edu/blogs/bric/files/2011/05/Afonso-H. M. -Santos-Brazilian-Energy-Overview1. pdf，2013 -11-19.

中文参考文献

（一）中文著作

[1] 马克思,恩格斯.马克思恩格斯选集(第 1 卷)[M].北京:人民出版社,1995.

[2] [英]B.R. 米切尔编.帕尔格雷夫世界历史统计(欧洲卷 1750—1993 年)[M].贺力平译.北京:经济科学出版社,2002.

[3] [英]B.R. 米切尔编.帕尔格雷夫世界历史统计(美洲卷 1750—1993 年)[M].贺力平译.北京:经济科学出版社,2002.

[4] [美]杰里米·里夫金.第三次工业革命[M].张体伟,孙豫宁译.北京:中信出版社,2012.

[5] [美]查尔斯·P. 金德尔伯格.西欧金融史[M].徐子健,何建雄,朱忠译.北京:中国金融出版社,2007.

[6] [美]丹尼尔·耶金.石油风云[M].东方编译所,上海市政协翻译组编译.上海:上海译文出版社,1997.

[7] 吴敬琏主编.比较(第 19 辑)[M].北京:中信出版社,2005.

[8] [美]斯科特 L. 蒙哥马利.全球能源大趋势[M].宋阳,姜文波译.北京:机械工业出版社,2012.

[9] [美]阿莫斯·萨尔瓦多.能源:历史回顾与 21 世纪展望[M].赵政璋等译.北京:石油工业出版社,2007.

[10] [美]罗伯特·海夫纳三世.能源大转型[M].马圆春,李博抒译.北京:中信出版社,2013.

[11] [英]苏珊·斯特兰奇.国家与市场[M].杨宇光等译.上海:上海人民出版社,2006.

[12] [美]道格拉斯·C. 诺思.经济史上的结构和变革[M].厉以平译.北京:商务印书馆,2009.

[13] [美]曼瑟·奥尔森.权力与繁荣[M].苏长和,嵇飞译.上海:上海人民出版社,2005.

[14] [美]罗伯特·吉尔平.世界政治中的战争与变革[M].宋新宁,杜建平译.上海:上海人民出版社,2007.

[15] [美]罗伯特·吉尔平.国际关系政治经济学[M].杨宇光译.北京:经济科学出版社,1989.

[16] [美]曼瑟·奥尔森.国家的兴衰——经济增长、滞涨和社会僵化[M].李增刚译.上海:上海人民出版社,2007.

[17] [巴西]特奥托尼奥·多斯桑托斯.帝国主义与依附[M].杨衍永等译.北京:社会科学文献出版社,1999.

[18] [美]伊曼纽尔·沃勒斯坦.现代世界体系(第1卷)[M].罗荣渠等译.北京:高等教育出版社,1998.

[19] [美]保罗·肯尼迪.大国的兴衰[M].北京:求实出版社,1998.

[20] [美]兹比格纽·布热津斯基.大棋局:美国的首要地位及其地缘战略[M].中国国际问题研究所译.上海:上海人民出版社,2007.

[21] [美]诺斯、托马斯.西方世界的兴起[M].厉以平,蔡磊译.北京:华夏出版社,2009.

[22] [美]德隆·阿西莫格鲁,詹姆斯A.罗宾逊.国家为什么会失败:权力、贫困和繁荣的根源[M].李增刚译.长沙:湖南科技出版社,2015.

[23] [美]罗伯特·基欧汉,约瑟夫·奈.权力与相互依赖:转变中的世界政治[M].门洪华译.北京:北京大学出版社,2002.

[24] [美]约翰·塔巴克.煤炭和石油——廉价能源与环境的博弈[M].张军,侯俊琳,张凡译.北京:商务印书馆,2011.

[25] [英]罗伯特·艾伦.近代英国工业革命揭秘——放眼全球的深度透视[M].毛立坤译.杭州:浙江大学出版社,2012.

[26] [美]巴巴拉·弗里兹.煤的历史[M].时娜译.北京:中信出版社,2005.

[27] [日]梅村又次,山本有造.日本经济史3:开港与维新[M].李星,杨耀录译.北京:生活·读书·新知三联书店,1998.

[28] [美]阿尔弗雷德·克劳士比.人类能源史——危机与希望[M].王正林,王权译.北京:中国青年出版社,2009.

[29] [美]彭慕兰.大分流:欧洲、中国及现代世界经济的发展[M].史建云译.南京:江苏人民出版社,2004.

[30] [英]里格利.延续、偶然与变迁:英国工业革命的特质[M].侯琳琳译.杭州:浙江大学出版社,2013.

[31] [美]斯塔夫里阿诺斯.全球通史:1500年以来的世界[M].吴象婴,梁赤民译.上海:上海社会科学院出版社,1992.

[32] [英]彼得·马什.新工业革命[M].赛迪研究院专家组译.北京:中信出版社,2013.

[33] [美]威廉·伯恩斯坦.繁荣的背后:解读现代世界的经济大增长[M].符云玲译.北京:机械工业出版社,2011.

[34] [英]克拉潘.现代英国经济史(上卷)[M].姚曾廙译.北京:商务印书馆,1964.

[35] [英]克拉潘.现代英国经济史(下卷)[M].姚曾廙译.北京:商务印书馆,1986.

[36] [英]阿萨·勃里格斯.英国社会史[M].陈叔平,刘城,周俊文等译.北京:中国人民大学出版社,1991.

[37] [英]W.H.B.考特.简明英国经济史(1750—1939年)[M].方廷钰译.北京:商务印书

馆,1992.

[38] [美]E. B. 波特.世界海军史[M].李杰等译.北京:解放军出版社,1992.

[39] [日]中村隆英编.日本经济史 7:"计划化"和"民主化"[M].胡企林等译.北京:生活·读书·新知三联书店,1997.

[40] [日]安场保吉,猪木武德编.日本经济史 8:高速增长[M].连湘译.北京:生活·读书·新知三联书店,1997.

[41] [苏]勃·弗·拉奇科夫.石油与世界政治[M].上海:上海人民出版社,1977.

[42] [意]莱昂纳尔多·毛杰里.石油!石油!——探寻世界上最富争议资源的神话、历史和未来[M].夏俊,徐文琴译.上海:上海人民出版社,2008.

[43] [英]布雷恩·威廉·克拉普.工业革命以来的英国环境史[M].王黎译.北京:中国环境科学出版社,2011.

[44] [英]麦迪森.世界经济千年史[M].伍晓鹰等译.北京:北京大学出版社,2003.

[45] [美]约瑟夫·P. 托梅因、理查德·D. 卡达希.美国能源法[M].万少廷译.北京:法律出版社,2008.

[46] 高春翔编.新军事革命论[M].北京:军事科学出版社,1996.

[47] 王安建,王高尚等.能源与国家经济发展[M].北京:地质出版社,2008.

[48] 宋则行,樊亢主编.世界经济史(上卷)[M].北京:经济科学出版社,1998.

[49] 宋则行,樊亢主编.世界经济史(下卷)[M].北京:经济科学出版社,1998.

[50] 赖建诚.西洋经济史的趣味[M].杭州:浙江大学出版社,2009.

[51] 王才良、周珊编.世界石油大事记[M].北京:石油工业出版社,2008.

[52] 何永秀,韩金山,李莹.电力与经济关系的计量分析[M].北京:中国电力出版社,2008.

[53] 史丹,朱彤主编.能源经济学理论与政策研究评述[M].北京:经济管理出版社,2013.

[54] 张宇燕,高程.美洲金银和西方世界的兴起[M].北京:中信出版社,2004.

[55] 刘景华.外来因素与英国的崛起——转型时期英国的外国人和外国资本[M].北京:人民出版社,2010.

[56] 管清友.石油的逻辑——国际油价波动机制与中国能源安全[M].北京:清华大学出版社,2010.

[57] 于民编.英国、法国石油政策和石油工业的发展(1859—1990)[M].北京:石油工业出版社,1992.

[58] 赵文林,谢淑君.中国人口史[M].北京:人民出版社,1988.

[59] 俞天任.浩瀚大洋是赌场——大日本帝国海军兴亡史[M].北京:语文出版社,2010.

[60] 丁建弘.德国通史[M].上海:上海社会科学院出版社,2002.

[61] 尹晓亮.战后日本能源政策[M].北京:社会科学文献出版社,2011.

[62] 李若晶.失衡的依赖——美国对中东石油外交的国际政治经济学解读[M].北京:中国社会科学出版社,2012.

[63]《国际经济和社会统计资料》编辑组.国际经济和社会统计资料1950—1982[M].北京:中国财政经济出版社,1985.

(二)中文论文

[1] [日]宫崎市定.宋代的煤与铁[A].中国科学院历史研究所编译.宫崎市定论文选集(上卷)[C].北京:商务印书馆,1963.

[2] [丹]比约恩·隆伯格.可再生能源的衰落[J].南风窗,2013(19).

[3] 童伟.抵御经济危机的国家安全气囊——俄罗斯财政预算稳定机制分析[J].俄罗斯中亚东欧研究,2010(4).

[4] 尹成国,冯连勇,王建良.美国军事用油现状分析[J].国际石油经济,2011(8).

[5] 张玉卓.共存市场中的能源替代博弈研究[J].煤炭学报,2008(2).

[6] 杨敏英,吴滨.我国石油替代的战略选择[J].经济研究参考,2010(51).

[7] 刘戒骄.从战略视角把握中国的能源结构调整[J].中国能源,2003(6).

[8] 王顺庆.我国能源结构的不合理性及对策研究[J].生态经济,2006(11).

[9] 刘清志,王臻.低碳背景下中国能源结构调整思考[J].中国石油大学学报(社会科学版),2012(1).

[10] 王建.能源结构转换困难与未来环境挑战[J].煤炭企业管理,2005(11).

[11] 卫建林.能源与国际格局[J].红旗文稿,2008(2).

[12] 林伯强.能源经济学视角的科学发展观的理论探索[J].经济研究,2012(3).

[13] 曹亮.先发优势和后发优势——简论中国在东亚区域经济一体化进程中的战略定位和选择[J].财贸经济,2007(3).

[14] 金挥.苏联经济结构的特点和变化趋势[J].世界经济,1981(3).

[15] 黎云昆.橡树杂谈[J].绿色中国,2008(13).

[16] 曹英,赵士国.论德意志关税同盟在德国工业化中的作用[J].湖南师范大学社会科学学报,2001(2).

[17] 廖建林.岩仓使节团的欧美之行与日本的近代化[J].武汉大学学报(人文科学版),2005(3).

[18] 杜君立.大宋帝国的煤炭革命[J].企业观察家,2013(10).

[19] 程遂营.北宋东京的木材和燃料供应——兼谈中国古代都城的木材和燃料供应[J].社会科学战线,2004(5).

[20] 许惠民.南宋时期煤炭的开发利用——兼对两宋煤炭开采的总结[J].云南社会科学,

1994(6).

[21] 周聪贤.论英国伊丽莎白时代的重商主义政策[J].粮食流通技术,2005(2).

[22] 刘金源.议会改革与英国的政治现代化历程[J].人民论坛·学术前沿,2014(2).

[23] 邢来顺.德国第一次工业革命述略[J].华中师范大学学报(人文社会科学版),1999(6).

[24] 崔成,牛建国.日本煤炭及电煤贸易与价格管理[J].中国能源,2012(1).

[25] 管清友,张明.国际石油交易的计价货币为什么是美元[J].国际经济评论,2006(7/8).

[26] 李昀.经济合作署与战后初期西欧重建(1947—1951年)[D].南开大学博士学位论文,2009.

[27] 李树果.苏联80年代的能源问题[J].苏联东欧问题,1984(1).

[28] 李艳红.经济增长与煤炭能源消费的依赖关系分析[J].经济论坛,2009(10).

[29] 梁森,聂锐.我国能源消费与经济增长关系的计量分析[J].煤炭经济研究,2008(1).

[30] 王火根,沈利生.中国经济增长与能源消费关系研究——基于中国30省市面板数据的实证检验[J].统计与决策,2008(3).

[31] 吴永平,温国锋,宋华岭.世界主要煤炭消费国与其国家经济增长GDP关系分析[J].中国矿业,2008(2).

[32] 于励民.我国能源消费与经济增长关系的实证研究[J].煤炭经济研究,2008(8).

[33] 张兴平,赵旭,顾蕊.我国能源消费与经济增长关系的多变量协整分析[J].煤炭学,2008(6).

[34] 张文木.制海权与大国兴衰的启示[J].学习月刊,2005(3).

[35] Jeffrey Sachs,胡永泰,杨小凯.经济改革与宪政转轨[J].经济学季刊,2003(3).

[36] 刘江永.国家模式决定大国兴衰——苏美日兴衰规律探讨及启示[J].学术前沿,2012(3).

[37] 王逸舟.任何大国的崛起都绝非易事[J].人民论坛,2009(14).

[38] 邵峰.信心百倍不能代替冷静思考[J].人民论坛,2009(14).

[39] 周先平.国际贸易计价货币研究述评——兼论跨境贸易人民币计价结算[J].国外社会科学,2010(4).

[40] 冯涛,魏金明.国际贸易中计价货币选择的决定因素研究——基于微观视角的局部均衡分析[J].世界经济研究,2011(2).

[41] 余木宝.美国页岩气成日本天然气供应新选择[J].中国石化,2013(7).

[42] 钱群超.甘蔗乙醇的领军国家——巴西[J].新财经,2012(6).

(三)中文报纸

[1] 杨志伟.推进信息化 提升保障力[N].解放军报,2005-1-25.

[2] 徐小杰.中国参与全球油气竞赛的战略选择[N].第一财经日报,2012-5-28.

[3] 马建胜."让煤炭成为贵能源是治本之道"——专访中国社科院世界经济与政治研究所能源研究室主任徐小杰[N].中国电力报,2014-3-20.

[4] 张旭东.专访国际能源署署长范德胡芬:未来油价会高位运行[N].第一财经日报,2013-12-27.

[5] 黎云昆.英国人的橡树情结[N].中国绿色时报,2008-12-4.

[6] 郇公弟.德国渐成新能源公司"创业天堂"[N].中国证券报,2009-8-13.

[7] 陈贝尔,李楚琪.全球主要地区期货交易量对比[N].期货日报,2013-2-5.

[8] 李蕾.气候变暖拉响"最严重警告"[N].解放日报,2014-4-3.

[9] 谢丹.世行停贷燃煤电厂,国际反"煤"甚嚣尘上[N].南方周末,2013-7-20.

[10] 王丽丽.从全球视野看煤炭机会[N].中国煤炭报,2013-11-11.

[11] 莽九晨,霍文,陆好等."煤炭战争"怪论缠上中国[N].环球时报,2012-4-19.

[12] 特雷弗·豪泽.美国向亚洲的能源出口前瞻[N].21世纪经济报道,2013-8-19.

[13] 王海霞编译.交通运输领域天然气占比上升[N].中国能源报,2013-2-4.

[14] 郝栢棠.寻找欧洲页岩气开发领袖[N].中国石化报,2014-3-21.

[15] 段歆涔.欧洲联合环现"钱途危机"[N].中国科学报,2013-7-18.

[16] 李慧.美国天然气出口正当时[N].中国能源报,2013-1-21.

[17] 顾成奎,王娜.低能源价格与美国制造业回归[N].科技日报,2013-8-5.

[18] 李慧.坚持能源多元化　向世界敞开大门[N].中国能源报,2013-6-24.

[19] 严恒元.欧盟过去10年可再生能源比重翻番[N].经济日报,2011-4-19.

[20] 于宏建,牟宗琮,牛瑞飞等.能源转型有喜有忧 "智能制造"步伐加快[N].人民日报,2013-12-28.

[21] 于欢.能源转型阵痛考验欧洲[N].中国能源报,2013-11-18.

[22] 王尔德.2013年非化石能源占比提高至9.8%[N].21世纪经济报道,2014-1-14.

[23] 于涛,陈璐.35年后,中国或将脱离碳基能源[N].中国矿业报,2014-2-11.

[24] 王琼杰.煤炭工业发展前景看好——访世界煤炭协会原主席弗雷德·帕尔默[N].中国矿业报,2013-11-26.

（四）中文网络资料

[1] 李贝卡·格林斯潘:美国打伊拉克为的就是石油[EB/OL].http://news.sina.com.cn/w/2007-09-21/190313944563.shtml,2013-2-21.

[2] 白晶.高能源成本狙击欧洲工业复兴梦[EB/OL].http://news.xinhuanet.com/politics/2013-05-30/c_124785286.htm,2013-7-19.

[3] 安鹏.透过美国看国内页岩气出路[EB/OL].http://www.cfi.net.cn/

p20140306000534. html,2014-3-24.

[4] 陈臻、彭亮．页岩气开发美国经验启示与我国监管制度建设的思考[EB/OL]. http://www. china5e. com/thesis/news-254957-1. html,2013-12-28.

[5] 张利宾．美国页岩气成功的制度保障:美国法油气租约制度及其对中国的借鉴意义[EB/OL]. http://www. locallaw. gov. cn/dflfw/Desktop. aspx? PATH = dflfw/sy/xxll&Gid=3719d466-499c-46b5-8b4f-8ee86879b25e&Tid=Cms_Info,2013-11-22.

[6] 江金泽．美国再生能源成本直逼天然气[EB/OL]. http://wallstreetcn. com/node/208437,2014-10-20.

[7] 山口公雄．可再生能源发电成本已与火电比肩![EB/OL]. http://china. nikkeibp. com. cn/news/eco/70120-201404081724. html,2014-4-13.

[8] 颜会津编译．可再生能源补贴持续威胁欧洲经济[EB/OL]. http://news. xinhuanet. com/energy/2013-11/03/c_125623203. htm,2013-12-3.

[9] Rakteem Katakey Rajesh Kuman Singh. 印度3亿人的无电生活[EB/OL]. http://finance. sina. com. cn/zl/management/20140715/121419709049. shtml,2014-8-13.

[10] 黄霜红．德能源转折致煤炭使用量重新上升 影响空气质量[EB/OL]. http://www. chinanews. com/cj/2014-01/07/5708934. shtml,2014-1-22.

[11] 莽九晨,霍文,陆好等．"煤炭战争"怪论缠上中国[EB/OL]. http://world. huanqiu. com/roll/2012-04/2635939. html,2013-12-2.

[12] 张梦嘉．欧盟为照顾经济发展拟放宽环保规定遭指责[EB/OL]. http://world. huanqiu. com/exclusive/2014-01/4786425. html? from=mobile,2014-2-25.

[13] 王强．美国12月贸易逆差规模超预期 贸易自由化论战升级[EB/OL]. http://finance. huanqiu. com/view/2014-02/4811357. html,2014-2-11.

[14] 李杰．美国"页岩气革命"的影响及启示[EB/OL]. http://news. hexun. com/2013-06-18/155243051. html,2013-10-11.

[15] 谷口智彦．页岩革命带来的地缘政治学影响[EB/OL]. http://www. 21ccom. net/articles/qqsw/qqjj/article_20140224101112. html,2014-3-1.

[16] 花旗．美国进入"可再生能源时代"[EB/OL]. http://www. ne21. com/news/show-53326. html,2014-4-11.

[17] 程艳．美军宣称已成功将"海水变燃油"[EB/OL]. http://newspaper. jfdaily. com/xwcb/html/2014-04/09/content_1157162. htm,2014-4-15.

[18] 周志伟．巴西重画世界能源版图[EB/OL]. http://acs. mofcom. gov. cn/sites/aqzn/nyaqnr. jsp? contentId=2521478865309,2013-12-28.

[19] 商务部驻巴西使馆经商处．巴西能源发展近况与投资机会[EB/OL]. http://

ccn. mofcom. gov. cn/SPBG/show. php? id＝11521&ids＝%C4%DC%D4%B4%D2%B1%BD%F0,2014-3-18.

[20] 赵宇哲. 美海军将大量购买生物燃料 价格与传统燃料相当[EB/OL]. http://news. qq. com/a/20131216/002230. htm,2014-1-9.

[21] Christopher Helman. 玉米乙醇燃料才是真正的环境杀手[EB/OL]. http://www. forbeschina. com/review/201311/0029400. shtml,2014-1-4.

[22] 中华人民共和国国务院新闻办公室. 中国的能源状况与政策[EB/OL]. http://www. gov. cn/zwgk/2007-12/26/content_844159. htm,2013-12-11.

[23] 彭源长. 我国煤炭消费总量首现下降[EB/OL]. http://www. cpnn. com. cn/zdzgtt/201501/t20150121_778878. html,2015-3-14.

[24] 陈炜伟. 中煤协预测:到 2020 年全国煤炭消费量将达约 48 亿吨[EB/OL]. http://news. xinhuanet. com/energy/2013-11/25/c_125755427. htm,2014-1-3.

[25] 郑跃声. 2013 年我国进口煤炭 3.3 亿吨,增长 13.4%[EB/OL]. http://www. coalchina. org. cn/detail/14/01/10/00000060/content. html,2014-1-17.

[26] 宋扬. 研究机构认为中国将成为全球最大原油进口国[EB/OL]. http://china. huanqiu. com/News/mofcom/2013-08/4283022. html,2014-1-5.

[27] 路透社. 中国 2027 年成头号石油消费国[EB/OL]. http://finance. cankaoxiaoxi. com/2012/0120/11397. shtml,2013-11-27.

[28] 费磊. 国际能源署:中国将成世界最大能源消费和石油进口国[EB/OL]. http://finance. sina. com. cn/china/20131127/104517451100. shtml,2013-12-15.

[29] 刘展超. 我国 2014 年天然气对外依存度 32.2%[EB/OL]. http://www. yicai. com/news/2015/01/4065535. html,2015-3-12.

[30] 史立山. 推动可再生能源发展 提高可再生能源消费比重[EB/OL]. http://news. bjx. com. cn/html/20131211/479248. shtml,2013-12-15.

[31] 英国《卫报》. 研究称烧煤致 26 万中国人早亡[EB/OL]. http://china. cankaoxiaoxi. com/2013/1213/316547. shtml,2013-12-21.

[32] 张彬,杨烨. 雾霾污染物来源仍成谜 官方频出招应对收效甚微[EB/OL]. http://news. dichan. sina. com. cn/2013/12/10/977745. html,2013-12-29.

[33] 尹力. 京津冀等七地联防共治机动车排放迈出实质性步伐[EB/OL]. http://finance. ifeng. com/a/20150604/13755432_0. shtml,2015-6-6.

[34] 武晓娟. 煤炭适度开采提上日程[EB/OL]. http://news. bjx. com. cn/html/20131113/472351. shtml,2013-12-29.

[35] 彭博新闻社. 页岩气如何拯救中国[EB/OL]. http://column. cankaoxiaoxi. com/2013/

0712/238641. shtml,2013-12-10.

[36] 章轲. 社科院李扬:中国真实 GDP 增速仅 5％左右[EB/OL]. http://finance. ifeng. com/
news/macro/20121217/7440401. shtml,2013-11-23.

[37] 李增伟,刘军国,青木等. 西方减排大倒退引全球指责 没办法又拿中国说事[EB/OL].
http://news. sina. com. cn/w/2013-11-20/023528757102. shtml,2013-11-23.

[38] 国务院办公厅. 国务院发布《大气污染防治行动计划》十条措施[EB/OL]. http://
www. gov. cn/jrzg/2013-09/12/content_2486918. htm,2013-10-27.